国家社科基金项目"当代中原作家群资料整理与研究"成果
河南省哲学社会科学基础研究重大项目"中原作家群资料库建设"成果
本成果出版得到淮河文明研究中心资助

中原作家群研究资料丛刊（第二辑）

吴圣刚　沈文慧　主编

SU JINSAN YANJIU
苏金伞研究

樊会芹　编著

河南大学出版社
HENAN UNIVERSITY PRESS
·郑州·

图书在版编目(CIP)数据

苏金伞研究 / 樊会芹编著. — 郑州：河南大学出版社，2017.4
ISBN 978-7-5649-2808-7

Ⅰ.①苏… Ⅱ.①樊… Ⅲ.①苏金伞(1906—1997)—诗歌研究 ②苏金伞(1906—1997)—人物研究 Ⅳ.①I207.22 ②K825.6

中国版本图书馆 CIP 数据核字(2017)第 086981 号

出 版 人	张云鹏
出版统筹	侯若愚
责任编辑	王　珂
责任校对	时二凤
封面设计	侯一言

出　　版	河南大学出版社
地　　址	郑州市郑东新区商务外环中华大厦 2401 室
电　　话	0371—60993151(人文社科出版分社)
	0371—86059753
网　　址	www.hupress.com
印　　刷	河南瑞之光印刷股份有限公司
版　　次	2017 年 7 月第 1 版
印　　次	2017 年 7 月第 1 次印刷
开　　本	710mm×1000mm　1/16
印　　张	16.5
字　　数	305 千字
定　　价	58.00 元

本书如有印装质量问题，请与河南大学出版社营销部联系调换。

编选说明

"中原作家群研究资料丛刊"第二辑的编选是在第一辑的基础上进行的,其体例和编著方式也是相同的。第二辑的编著花费时间将近一年,编著者投入的精力也是较为可观的,因为丛书绝不仅仅是已有研究成果的简单整合。首先,编著者必须通读该作家的所有作品,包括文学作品、演讲报告、论文等,形成对作家作品的感性认识及理性判断,这是编著作家研究资料的基础和前提。其次是收集研究资料,编著者通过期刊、报纸、著作、网络、访谈作家本人及其亲友故交等各种途径获取材料,尽可能做到细针密缕的程度。最耗时、最费力的工作是资料的甄别、遴选和整理,它体现了编著者的眼光和学养,决定了研究资料的学术品质。典型性、历史性、多元性是编著者选文的基本原则,每册研究资料的编著都力求能够展现作家的全部创作活动状况,研究论文选辑则兼顾专家批评和新锐批评,呈现不同时期的文学生态和文化场域。总之,整个编著过程没有捷径可走,编著者花费的多是笨功夫、苦功夫。尽管如此,丛书中的疏漏之处也肯定不少,恳请专家学者不吝指正。

每册研究资料主要分为四个部分,即"自述·访谈·印象记""研究论文选辑""作品年表""研究资料索引"。"研究论文选辑"以时间为线索,以"问题"为中心,先总论、后分论,同一"问题"相对集中,体现逻辑性和层次感,并努力体现作家作品研究的历史进程。对入选的文章,为了出版上的便利,做统一技术处理,删减了摘要、关键词,注释一律改为脚注;出于保存历史氛围的考虑,编著整理中除对一些明显的文字和标点符号的疏误做订正外,其他方面包括注释的不完整、不规范,词语使用的不当等,一律保持原貌。"作品年表"部分按时间顺序排列整理收录,截止时间为 2015 年 12 月。作家的作品只列出作品的首发、首印时间,其再版、转载情况不再列入年表,海外翻译版本尽可能列入年表。期刊、著作均按年、月排序,报纸具体到日期。重要散文、发表的重要演讲等列入作品年表,但作家编辑的书目、研究资料等均不列入。"研究资料索引"包括单篇学术论文索引、学位论文索引、研究专著索引三部分,截止时间同样为 2015 年 12 月,均按刊发或出版的时间先后顺序编排。

  需要说明的是,由于各种原因,编委会没能与被选用论文的作者一一取得联系,丛书出版后,将赠送样书,以示歉意和谢意!且本丛书仅用于学术研究而非商业目的,想学界同人亦能理解支持,在此真诚致谢!如需稿费,请与编委会联系。

编委会
2017.3.31

总　序

程光炜　吴圣刚

　　新时期以来,中国当代文学呈现为多样、多态发展的趋势。在当代文学的版图中,"文学豫军"或"中原作家群"早已成为中国当代文学的重要现象和重要构成。之所以称之为"文学豫军"或"中原作家群",是因为它呈现出群体性,是一个集合的概念。但是,这绝不意味着这个群体中的个体是孱弱的,没有独立呈现的分量。相反,正是一个个有分量的个体组成了一个有广泛影响的作家群体:姚雪垠、魏巍、李准、叶楠、白桦、苏金伞、宗璞、张一弓、南丁、田中禾、张宇、郑彦英、李佩甫、二月河、周同宾、刘震云、阎连科、周大新、刘庆邦、李洱、柳建伟、孙方友、墨白、邵丽、乔叶、计文君等,每位作家都有不凡的创作业绩,每个人都有自己的独特之处,都是文学中的"这一个"。

　　地处中原的河南,在当代中国政治、经济版图上不是核心地带,但在历史、文化地理图上却是积淀深厚的重镇。这里也在接受全球化的荡涤,也在搭载现代化的快车,但这里与中国当下的经济前沿存在着距离,呈现着现代化的滞后性。因此,河南在时代的节奏中存在着"时间差"。这使得中州大地在现代化的浪潮中还氤氲着农业文明、历史文化的气息,也使得中原儿女在这种相对的"慢节奏"中对历史、现实和文化进行思考,精神和灵魂回归这片土地,并以中原文化的思维方式进行着多种表达。走进历史、走进中原文化是豫籍作家的共同选择。无论是身居河南的作家,还是移居他乡的作家,他们的灵魂仍然栖居在家乡故土,并用他们敏感的触角细腻地联系和感受着中原文化,中原文化是他们精神发生的原点,河南历史和家乡生活是他们创作的源泉。对于这些河南作家来说,似乎只有这片故土和其中的点点滴滴才能够激活创作的灵性。正如阎连科所说:"我家住在一个镇子上,那是一个很大的村庄。那个村庄是我写作取之不尽的生活源泉、情感源泉、想象的源泉。一句话,是我写作的一切的灵感之源。那个镇子奇妙无比,任何现实中的一件事情都可能是荒诞的、合理的。"正是在这种表达中,作家们完成了自己的一个个皇皇巨篇,成就了当代河南文学的气象大观。

　　"中原作家群"不仅是河南的文学现象,也是全国的文学现象;产生于中原大地的河南文学,早已超越了这一区域空间。姚雪垠、魏巍、李准的作品在中国当代文学史上占有重要分量,二月河的作品红遍全国,阎连科、李洱的作品传播域外,在九届茅盾文学奖四十余位获奖作家中,豫籍作家有八位,都说明豫籍作家的作品是全国性的,也具有世界性的分量。这足以构成河南自己的文学史。关于河南文学和"中原作家群"研究,近十年来,随着作家作品的动态性呈现,更多表现为个案化的文学研究,而当代河南文学的整体性、系统性研究则不够。这一方面与河南的经济实力及其对文化提升、带动能力的不足有关,另一方面也与学界、文学界对河南文学在当下中国文化地理学上的地位认识不足有关,特别是与本土学界的研究、推介的成绩有关。弥补这一不足,是一项浩繁的工作。但起步必须从基础开始。

资料整理无疑是学术研究中最基础性的工作。学术界目前关于河南作家的研究资料,主要是20世纪80年代出版的《李准研究资料》《姚雪垠研究资料》等有限的几种。相关研究主要体现在三个方面:一是关于"文学豫军""中原作家群"正当性和合理性的阐述,这方面的研究成果主要有孙荪的《文学豫军论》等,该文系统性地评述了"文学豫军"的由来、构成及文化特征;二是"中原作家群"形成的历史文化原因以及具体作家作品的研究。刘增杰主编的《精神中原》以论文集的形式综合了学界对于中原作家群整体把握和作家研究的成果;张鸿声主编的《河南文学史·当代卷》则是系统描述当代河南文学发展的第一部史著;梁鸿的《外省笔记:20世纪河南文学》以"外省"的视角考察河南文学,从文化的角度寻觅和审视河南文学;何弘的《超越还是重复——中原文学论稿》试图对"中原作家群"或中原文学做出一个整体性的描述。这些研究对于解说一种文学现象的发生、发展是必要的,但都是初步的,特别是对"中原作家群"形成的历史文化原因和整体性特征的研究,远未形成对"中原作家群"完整的、核心的解说,更没有评估、揭示出"中原作家群"的应有价值。因此,就需要有人真正深入下去,沉入到纷繁的资料中去,耐心、细密地梳理,把那些能够反映和体现作家创作实绩、作品价值和当代河南文学整体面貌的资料整理出来,形成完整、系统的当代河南文学的资料体系,为文学史的生成奠定坚实的基础。

信阳师范学院文学院的一些老师近年来致力于河南文学研究,逐渐形成了自己的方向和领域,引起了学界的关注。作为一所本土的有长期人文积淀的高校,研究河南文学、推动河南文学发展是应有的责任。2013年起,文学院整合文艺学、现当代文学和写作学等学科的十几位教授、博士组成研究团队,集中开展当代河南文学研究,并在此基础上,建立了"当代河南文学发展与中原文化建设"协同创新中心,把当代河南文学研究与中原文化建设纳入统一视野,研究的空间更加广阔。这个团队以博士为主,中青年结合,队伍整齐,潜力很大。他们首先从资料整理开始,扎扎实实开展研究工作。第一批选取"中原作家群"中影响最大、创作力仍然旺盛的十五位作家,经过近一年的努力,整理出《白桦研究》(陶广学讲师)、《张一弓研究》(吕东亮副教授)、《田中禾研究》(徐洪军讲师)、《张宇研究》(杨文臣讲师)、《李佩甫研究》(樊会芹讲师)、《二月河研究》(吴圣刚教授)、《刘震云研究》(禹权恒讲师)、《阎连科研究》(方志红副教授)、《周大新研究》(沈文慧教授)、《刘庆邦研究》(杜昆讲师)、《李洱研究》(王雨海教授)、《墨白研究》(杨文臣讲师)、《邵丽、乔叶、计文君研究》(李群副教授)十三卷,2015年5月,已由河南大学出版社出版。资料选编力求翔实、准确、有代表性,中国现代文学馆将其作为当代文学研究的重要著作,永久性收藏入馆。《人民日报》、《光明日报》、《中国青年报》、《中华读书报》、新华网、搜狐网、新浪网等国内主流媒体相继进行了介绍和报道,在文学界和学术界产生了广泛的影响。

第一辑告罄之后,团队立即启动第二辑的编著工作,又经过一年的努力,整理出了《姚雪垠研究》(禹权恒讲师)、《李准研究》(王雨海教授)、《魏巍研究》(刘家民博士)、《叶楠研究》(陶广学博士)、《苏金伞研究》(樊会芹讲师)、《宗璞研究》(徐洪军讲师)、《周同宾研究》(吕东亮副教授)、《柳建伟研究》(王丹副教授)、《孙方友研究》(杨文臣讲师)、《乔典运研究》(王海涛教授)十卷,目标是把"中原作家群"主要作家的资料完整、系统地拓展出来,真正为当代河南文学的深化研究做些基础性的工作。

由于编选者的眼界、学识、水平有限,疏漏、不足,甚至差错定然存在,敬请学界批评指正。

目　录

自述·访谈·印象记

- 3　苏金伞　《鹁鸪鸟》后记
- 4　苏金伞　我是怎样写起诗来的
- 8　苏金伞　《苏金伞诗选》序
- 13　苏金伞　我开始写诗的时候
- 17　苏金伞　我和新诗
- 23　苏金伞　路要自己去开创(文学之路)
- 27　苏金伞　创作生活回顾
- 58　苏金伞　黄河与诗
- 62　苏金伞　论诗"短见"
- 64　苏金伞　诗人应有赤子之心
- 66　张　结　质朴的美和力量——记苏金伞
- 69　阎豫昌　纤道——诗人苏金伞小记
- 71　魏　巍　金伞的诗
- 73　南　丁　长不大的苏金伞
- 75　牛　汉　诗，苏金伞和我
- 80　苏　湲　怀念父亲苏金伞
- 83　王幅明　苏金伞：烂入农民记忆的乡土诗人

研究论文选辑

- 95　谷　丰　论苏金伞的新诗创作
- 104　西　羽　滴滴汗水撒在泥土里——苏金伞的诗歌创作
- 109　石发亮　小河淌水和铮铮响泉——论苏金伞诗歌创作的成就
- 115　张俊山　读苏金伞诗歌断想
- 122　青　勃　田野上的蒲公英——苏金伞散论之一
- 127　青　勃　他在向祖国倾诉——苏金伞散论之二
- 133　吴奔星　一首被失落的诗——读苏金伞的《离家》

136　阎豫昌　论苏金伞的诗
143　李传申　论诗人苏金伞的艺术道路
150　许凤才　时代的画卷　泥土的芬芳——苏金伞新诗研究之一
155　刘家骥　论诗人苏金伞
162　朱　强　纯朴的语言　深情的歌唱——杂谈苏金伞诗歌的语言风格
168　谢　冕　率性而为　发自真心
171　张俊山　论苏金伞的诗歌语言及其诗意生成机制
182　张雁泉　易成俊　苏金伞前期诗歌创作简评
185　刘同般　评苏金伞的诗歌创作
192　韩爱平　植根泥土　诗意芬芳——简论苏金伞和他的诗
201　安春华　苏金伞：一个诗人的名字
206　卓厚宝　李伯仲　超脱现实　情理相生——苏金伞《雪夜》赏析
208　张晓雪　现代语境中的乡土与家园——从苏金伞的诗歌谈乡土家园的诗性重构
215　李耀威　在中原土地上行走——苏金伞诗歌的三重空间
222　白玉红　解读苏金伞诗歌的灵魂价值
226　赵战委　简述苏金伞农村诗歌创作的三个高峰

作品年表

233　苏金伞作品年表

研究资料索引

249　苏金伞研究资料索引

251　编后记

自述 · 访谈 · 印象记

自述 · 访谈 · 印象记

《鹁鸪鸟》后记

苏金伞

《鹁鸪鸟》算是一个选集。包括抗日战争时期、解放战争时期以及革命胜利后社会改革时期各个阶段所写的诗。这些诗绝大部分都发表过,也曾分别收到几个诗集里,只有三两首诗,因当时的环境未能发表。

抗日战争以前,也曾写过一些诗,但原稿因日寇侵犯洛阳时,连同衣物一同遗失,而且当时的报刊也不易找到,加上那时的诗,还未能完全接触现实,所以不再搜集选入。

选别人的诗,虽然也不易,但至少总还有一个喜欢不喜欢这个不科学的主观欣赏能力作标准。选自己的诗,实在很难。因为每一首诗里面都包含着自己的一段感情;每一首诗,自己都觉得怪喜欢,很难断然割爱。因此,这个集子可能选得很不精。但也不是没经过一番选择:首先,把有着比较忧郁情调的一些诗割舍了;其次,为求得风格的统一,另有一些诗,虽然不是忧郁情调的,也去掉了。

从这个集子里,可以看出我的思想感情随着革命浪潮的高涨与低落而起着变化。但总的说来,感情是比较沉伏的。对于当时统治阶级的满腔愤怒与憎恨以及对革命的期望与倾心,在当时的情势之下,不得不通过含蓄的意境委曲婉转地表达出来,把感情隐藏在语句背后,这是我写诗的苦心,也是我当时努力的所在。

从入解放区到新中国成立以后,感情自然起了极大的变化,产生了愉快乐观的情绪。所以第三辑里面的几首诗,较之前两辑,不管在情调上,在风格上都有了改变。但有一点我是不打算改变的:即用朴素的语言表达出实在的感情,并且打算以后继续这样做。

原载《鹁鸪鸟》作家出版社 1957 年版

我是怎样写起诗来的

苏金伞

　　我生长在农村。十二岁以前,完全在农村中生活,一步也没离开过家和我的那个小乡村——豫东大平原上的一个只有几十户人家的小村庄。每一户人家,从老人到婴儿,我都熟悉;每一家我都去玩过。一到过年,挨门挨户地去拜年。平时晚上,跟全村的孩子在一起捉迷藏,喊声全村都能听见。虽然大人们说,晚上会有吉觉(无常鬼的名字)变成小孩混在我们中间跟我们一起玩。但既经变成我们中间的一个,不像戏台上戴着高帽子,挂着长舌头,身穿白孝衣,手执哭丧棒那种可怕的模样,我们也就不在乎了。而况跟我们一同游戏的都是从小在一起长大的伙伴,自然都是极为熟悉的,要是捉住一个生人,那可能就是吉觉了,但又从来没遇见过一次生人。

　　白天一块去割草,在草地上打滚;一块在禾场上踢破鞋摞,翻筋斗;一块掏麻雀,捣马蜂窝;一块跳在水中学游泳。一家有喜事,全村的孩子都去看新媳妇,闹新房;一家有丧事,全村的孩子都跟在棺材后面看热闹,眼看着棺材下到墓坑里,用土堆成坟头后再回家。而我一看送葬的人,披麻戴孝,一路哭泣,嘴上流着长长的鼻涕,就不知不觉地流眼泪。唢呐在前面领着路,一直吹到坟地里。那唢呐深深地打动了我幼小的心灵。一直到今天,我一听见唢呐声就失神落魄似的,顿然想起几十年前的情景。

　　全村的人都按着行辈称呼:有的喊爷爷奶奶,有的喊叔叔婶子,就像一个家族似的。我对每一个人的性格,习性,讲话的声调,走路的姿态等都极为熟悉。对每一家的生活状况也都十分了解。

　　十二岁到县城上高小,十五岁到开封上师范,后来又上体专,离家远了。但每逢寒暑假还是要回家的。因此二十二岁以前基本上是在农村生活的。

　　这很重要,影响了我一生的创作,决定了我写诗的题材主要是农村。连我写诗的风格也朴素得像是北方的农村一样。

　　早年的农村生活,奠定了我的生活基础。这个基础是相当扎实深厚的。以至每次下乡生活或工作,都是在这个基础之上积累起来的。虽然社会制度改变了,幼年的伙伴大多不在了,我们村子的情况也可能不同了,但农民的气质,农村的色调,以及农民的要求和心理状态,我自认为还是能摸底的。

因此我认为:一个写诗的人,能不能写好,就看他的生活基础如何。这种生活基础,是从小打下的,早已化为自己的血肉,渗入自己的灵魂。后来我被划为右派,放到农村劳动改造数年;"文化大革命"中又被赶到五七干校。这对我虽是惩罚,却给我的生活培了土,当时虽然不能写东西,但过后却反而成为我写东西的一个源泉。

由此可见,生活对于一个作者是多么重要。

八岁上小学。那时小学叫国民小学,除了国文、算术外,还有一个私塾先生教我五经四书,教古文。《唐诗三百首》和《千家诗》也是这时读过的。一些有名的诗,到今天我还会背。《古文观止》里的一些名篇,到今天我还记得一些句子。这对我后来的写诗,不知不觉产生了影响。每到天快黑时,老师高声朗诵起古文来,声音洪亮,震动屋宇;感情专注,读到悲切处,声音沉痛,非常感人。我们自己读的是什么,竟完全忘记了。

晚上我还得在棉油灯下读古文,熬过两炷香,祖父才准睡觉。有时祖父在书屋里读《宣讲拾遗》,无非是二十四孝如"鞭打芦花""郭巨埋儿"之类的故事。这些故事,自然都是对人们进行封建教育的。而我只作为故事听,听得很入心,听到感人的地方就流泪,要比读古文有趣得多了。祖父宣讲这些故事的时候,祖母、母亲、姑姑坐在一起纺棉花。纺车的嗡嗡声并不影响祖父的讲解。我流泪,她们也流泪。封建的流毒在我身上并未留下很深的痕迹,而作为文学的熏陶,反而在我身上起了作用。

因此在我的童年,不仅在生活上打下了基础,在文学修养上也初步打下了基础。

但这些只能作为写作的准备条件,要搞创作,而且能达到发表的水平,还要经过很多艰苦的努力。

少年时期,喜欢文艺,喜欢画画。后来画画没有机会深造,就把兴趣集中在写诗上。那时正是"五四"时代,新文学刚刚萌芽,新诗也在试验。一接触新的文学作品,我的兴趣就全部转移到这方面来了。从1922年开始,一直到1932年,才能在大刊物及《大公报》上发表作品。中间这十来年都是在摸索学习中。这些年,读了很多中国的和外国的文学作品,一方面也试着写些小诗,也试着投稿。但都是石沉大海,杳无音信。

稿子发不出去,自然很灰心。但过一阵子又恢复了勇气,还是要投稿,而且专往大刊物上碰。碰得多了,总能碰上几篇。日子久了,发表的就多了。所以写东西得有个韧性,不怕失败,失败了再继续努力,实践的多了水平自然可以提高。但要严肃认真从事,即使一首小诗,也得经过每日酝酿,酝酿成熟再动笔。一首诗的好坏,自己也能鉴别。对于一个题材,自己印象深,受感动,写出来就会得意。反之，自己并没有感触，感情上不起波动，只在那里苦思冥想，搜索枯肠，写出来的东西大半是平庸的。

　　作为一个诗人，心胸中总滋生着一种葱茏的诗意。这种诗意是生活、思想、感情的总和。这三种东西融合在一起，酿成一股酒一般的不断的溪流，在胸中潺潺地涌动。一阵骤雨来临，小溪就会突然奋涨起来，这就是诗。胸中干涸着，像一片沙漠，肯定写不出诗来的。

　　这种诗意是可以培养的。主要是到生活中去，接触群众多了，把群众的喜怒哀乐变成自己的血肉，化入自己的记忆。这种记忆，日子越久，沉淀得越深，酿造得越纯。这就是酿诗的酵母菌。这样写出来的诗才能深厚有味。所谓构思，也就是酝酿过程。酝酿成熟，构思也完成了。

　　这种诗意，有时由于一个偶然的火星溅落在上面而突然爆发起来，这就是灵感。灵感并不是神秘的不可理解的东西。否认灵感，说灵感是唯心主义，这是没有写过诗的人说的。一脑子教条，是产生不出灵感的。

　　诗人应该为培养灵感而努力。

　　但也不能专凭灵感作诗。灵感虽非神妙莫测，但也并不像可靠的书报投递员一样，每天到时候就来扣你的门。尤其到了老年，情感不那么旺盛，感觉不那么灵敏了，对周围的事物，兴趣不那么浓厚了，产生灵感的条件受到了限制。就像到了秋天，呼雷打闪的事究竟少了。所以人到老年还能写出诗来是不容易的。

　　那么怎么办呢？这就需要解放思想，跟上时代的要求。大胆思考一些新问题，冲破一切禁区。思想活跃，灵感虽不天天来，但胸中诗趣并不枯竭，仍然可以写出新诗来的。如果思想僵化，脑血管凝固，诗就永远跟你告别了。勉强抓住它，让它跟你同住，勉强凑出几行来，也会索然无味，难成声调了。

　　鹤发童颜，还得有赤子之心，才能长葆创作的青春。

　　写诗我没有考虑过什么技巧。我总是觉得怎样更好地表达出我想说的，我就怎样写。力求朴素自然，不装腔作势。我不赞成写诗故意朦胧迷离，叫人看不懂；但我却赞成在表现方法上大胆探索。如果含意深刻而又不易被人马上理解，但只要多思索片刻还是能懂的，对于这样的诗，我不仅不反对，而且我自己也想试一试。

　　风格也是不能模仿的。模仿别人的风格就失掉了自己的东西。风格是在不断创造中形成的。风格，看起来像是形式，是诗的外表；而实际上也是诗的实质。风格是由诗人的思想、气质、修养等决定的。风格只能自己追求，为自己所独有。最初可能模仿别人的风格，但最终总要形成自己的风格。没有风格，不能算是一个好的诗人。

诗贵朴素，我终生追求的就是这两个字。因为我土生土长，身上和灵魂都浸透了泥土的气息。一切华丽的外衣对我都是不相称的。而且我根本就不会用彩色的羽毛炫饰自己。这是一个人的性情，作假也作不来的。

原载《诗刊》1981 年第 3 期

《苏金伞诗选》序

苏金伞

一九二〇年我考上河南省立开封第一师范，正是"五四"运动的第二年，革命浪潮还在继续，新诗刚刚萌芽。从那时起到今天，六十多年来，我一直是新诗的忠实读者，也是坚持不懈的新诗习作者。

胡适的《尝试集》，郭沫若的《女神》，是我得到的最早的两本诗集。这两本诗集，有迥然不同的风格。《尝试集》是在中国古典诗歌的基础上变化出来的，带有旧诗词的味道。《女神》则完全以崭新的形式闯进诗坛，这种形式无疑是受外国诗的影响。中国新诗一开始就是从这两条路上发展起来的。

随后外国诗大量翻译过来。外国诗也有格律诗，也有自由体。不论格律诗、自由体，一经翻译到中国来，都成为中国新诗的营养了。外国的格律诗翻译成汉文，不可能保持原有的格律，正如中国的律诗翻译到外国，不可能保持原来的格律一样。

中国新诗的路子越走越宽，逐渐脱离开中国诗歌的旧形式，走上全新的诗歌创作的新道路。

这好不好呢？是否是抛弃了中国的优秀传统，成为一种谬种流传呢？

我的理解是：中国的古典诗词，具有极高的艺术价值，同时又是从民间产生发展起来的。在漫长的封建时代，中国诗体一直沿着它固有的道路发展着。可是"五四"以后，随着外国诗歌大量翻译过来，诗的门禁打开了，诗的视野宽阔多了，诗的营养丰富多了。不止把外国诗翻译过来，而且还有用它们的形式写诗的，如英国的商籁体（十四行）、日本的俳句。各种派别的诗也介绍过来了，如浪漫派、印象派、现代派，等等。

这些，对中国新诗都是有影响的，对我当然也不例外。

问题是：对中国古典诗歌怎么办？怎样接受这份优秀的遗产？我认为：它不应该是因袭旧形式，而主要是接受中国诗歌几千年来的现实主义传统、高度艺术概括的手法等。就像吃东西一样，经过咀嚼消化，吸收排泄，变成营养。"五四"以来的新诗正是这样做的，所以认为它只是接受了外国诗的影响，背离了中国的传统的看法是不全面的。

"五四"以来发展起来的新诗，已具有深厚的根基，成为今天新诗发展的优良传统。有的人不承认它,这种态度,以及他们的理论,当然不能和新诗刚萌芽时遭到封建文人的抵制相提并论,但至少可以说对中国新诗的发展是不理解的。有人仍然坚持写旧诗,这是各人的爱好,用不着反对,但也无须以此反对新诗。

在"五四"新文学运动中,没有提出向民歌学习并把民歌作为新诗体的口号。但用口语入诗,而口语又是经过提炼了的群众的语言,因此新诗也是有群众基础的,要不然,怎么会很快地流行开来?学习民歌,应该是学习它植根于生活和人民血肉相连的传统,学习它的语言和表现手法,而不应单单停留在句型上。民歌是人民自发创作的,有某些人操笔代劳也名之为民歌,是说不过去的。指使农民编民歌,立赛诗台,那都是违反艺术创作规律,纯粹以主观意图搞瞎指挥,其结果必然败坏了读者的胃口。

以上这么一些,就是我对新诗的基本观点。我就是根据这种观点写自己的诗的。但我的创作道路却有几次转变。一九二九年出狱以后,栖身体育场上,每日与足球为伍,成了中原有名的运动员。同时试着练习写诗,这是我的爱好。我喜欢艺术性高、写得深厚一些的诗,浅露地说明观点而缺乏艺术性的诗,我是不喜欢的。我推崇鲁迅的诗,鲁迅的旧诗写得深刻,感情又炽烈,我喜欢这样的诗,新诗也应该这样写。

我正式发表作品,开始于三十年代,第一首诗《出狱》发表在一九三四年六月号《现代》文学杂志上。因为是亲身遭遇和真实情感,写来不加雕琢,比较自然,实际上也开始显示了自己的诗风。因此把这首诗选在这里。

《大公报·文艺》专页常登卞之琳、何其芳、李广田等人的诗,我喜欢这种诗,所以也喜欢往上面投稿,大多也能登出来。这些诗原稿早已丢失,登在当时报刊上的,搜寻不易,在这个选集中只好从略了。但有一首诗保留下来了,这就是《雪夜》。它发表在《新诗》上,被闻一多选入《现代诗抄》,现存《闻一多全集》第四卷。可作为那一时期我的创作的一点踪迹。

抗战开始,国共合作,全国文艺界活跃起来了,对于我,不论思想,还是创作,也有了一个转变。写了一首《我们不能逃走》,发表在《七月》第二期上。

四十年代,是我发表诗最多的一个时期,也写得比较好。当时有三种思想感情在心中鼓荡与交织着:一种是反对日本侵略的爱国心;一种是国民党不断地发动反共高潮,卖国投降的嘴脸日益暴露,对知识分子、进步人士残酷迫害,无情镇压,因而激起心中的仇恨;一种是对共产党的倾慕。共产党的抗日民族统一战线,坚持抗日,反对投降等政策深入人心。很多文艺界朋友都到了延安,不断地从抗日根据地和前线传来一些振奋人心的消息,这些都使我鼓舞兴奋。再一种情况,就是国民党消极抗日,借机抓兵派差,搜刮民财,人民生活日益困苦,日本人一来,又得流离失所,妻离子散,这引起我深深的愤慨和同情。

由于以上几种感情不断在胸中翻涌,要求发泄出来,因此灵感往往猝然而至,随手写来,就是一首比较完整的诗。

日本投降以后,国民党违背全国人民的意愿,撕毁《双十协定》,悍然发动内战,这使我的感情又提升了一步,"反内战、反饥饿、反迫害"的情绪燃烧着我的心。从一九四六年到一九四八年这两年写的诗,全部内容都是围绕着这个中心。一九四七年出版的诗集《地层下》和一九四九年的《窗外》,把这一时期的诗都收进去了。现今的这个选集,也以这个时期的诗选入的较多。可惜四十年代初期有一本诗集,交重庆出版,广告已登出,但因日本投降,经手人不知何去,连原稿也丢失了。

一九四六年到一九四八年,我写的几乎全部是政治讽刺诗,一九四六年《大公报》评论我的诗"讽刺深刻得体",我想无非是说,这些诗讽刺虽尖刻,但却含蓄,有诗的味道。

一九四八年我到解放区。这对于我是一个极大的转折。从一个我所极端憎恨的地区,来到一个我衷心倾慕的地区,精神上是无比愉快的。但创作上的转变,却需要一个过程,一来是对解放区的情况不熟悉,不知应该怎样写;二来歌颂要比讽刺难;三来,诗的情调(包括形式)也得转变。而诗的形式却苦恼了我。

到解放区以前的诗,我用的是比较自由的形式,字句不要求整齐,连韵脚也不押,随着感情的起伏,语气的轻重,运用自然的节奏,不加雕琢,不凑句凑韵。

到解放区以后,再这样写觉得不合时宜了。报刊上刊登的是大量的快板、顺口溜以及民歌之类。我怎么办?也用这种形式,我不大习惯。说实在的,思想也有些抵触。每一个学习运动,我都检查自己的这种思想,但又总改不了。于是就用所谓押大致相近的韵,形式大致整齐这种办法试着写诗。这就是四行一节,每行字数勿过长过短。这种形式一直到现在还在沿用。这种形式来自外国。"五四"以后,新诗采用这种形式也很普遍。这种形式也有缺点,为了每节四句,就得凑字凑句。为了凑韵,有时破坏了原意,如果辞藻陈旧,就成了陈腔老调。

至于内容,新中国成立后,文艺为政治服务是不容怀疑的,因此各种政治事件在我的诗里都有反映。两次参加土改,因此写土改的诗比较多。也有图解政策的地方。以后合作化、大跃进,我被错划为右派,没资格反映这些东西了,要不然,它们也会在我的诗里出现的。

在相当长的一段时间里,是不许通过"自我"来抒发感情的,因此凡是诗里有"我"字的地方都必须写成"我们"。从作品里抽掉(或者削弱)了抒情个性和真情实感,所以总是不能使人感动。但有时有些事物和人真正感动了自己,感情真正出自于肺腑,也能写出真正的诗来。

在我被错划为右派的二十多年中,没有写出几首诗。"左"的错误不仅影响了我的创作,更为痛心的是影响了中国文学的繁荣发展。这种"左"的东西,一九五七年以前就已存在,棍子已经有人在那里抡起来了。这种棍子我都亲身经受过,并没把我打伤,而"反右"和"文化大革命",倒是几乎把我送到绝境了。但是不管多么艰辛痛苦,我终于走过来了。而被迫下放、"劳动改造",使我和农民多年相处,和他们建立了感情,熟悉了他们的生活,对于创作反而起了有益的作用,这或者可以叫作"绝地逢生"吧。

要不是粉碎了"四人帮",党召开了十一届三中全会,拨乱反正,平反冤假错案,落实了政策,我这一生也就彻底完结了,还发表什么作品!三中全会不仅挽救了中国的命运,也挽救了我和跟我具有同样命运的人。

粉碎"四人帮"后,我又写起诗来。但有一两年之久,作品却很难和读者见面,现在我才了解了真正的原因,原来极"左"思潮还在设置路障。直到一九七七年以后,《诗刊》《人民文学》才最先发表了我的诗。从这以后,两年多时间,陆续在全国各大刊物以及《人民日报》上发表了几十首诗。两年多的时间发表的作品超过了以往二十年。三中全会精神使我焕发了青春。由于思想解放,敢于触动过去的老框框、老调调,思想比较活跃,心情愉快,这就是我虽然年老还能写出诗来的原因。

回顾几十年来,"马齿徒长",诗却没有写好。诗虽没写好,但我却有个老主意:

——我的诗是反映生活的,主要是反映农村生活。因为从小生长在农村,以后又不断地到农村去,对农村生活比较熟悉;

——在风格上力求朴实无华,带有泥土气息,并在朴实中透出清新,这种风格始终不变;

——在形式上不拘一格,企图做到形式和内容协调一致。

最后,我得感谢以下几位同志:

一九四六年到一九四八年,国民党统治区内形式险恶,白色恐怖严重,作品很难发表。我把诗寄给叶圣陶同志,他转给上海一些刊物(有的是党的地下刊物)发表,以后又蒙奖掖。他是我的前辈,我将终生感戴!

萧乾同志三十年代编上海《大公报》文艺专栏时,多次发表我的习作;一九四八年出版条件十分困难时,将我的诗集介绍给巴金同志在文化生活出版社出版,对我是一个很大的鼓舞;

张光年、臧克家同志在诗集出版和发表作品上对我也十分关怀;

人民文学出版社的同志对我的这个选集，静心甄选，热情协助，使这本选集得以出版。

特在这里一并表示诚挚的谢意！

原载《苏金伞诗选》人民文学出版社1983年版

我开始写诗的时候

苏金伞

我是和新诗一同长大的。

"五四"运动的第二年,即1920年,我考上开封第一师范。这时中国新诗刚刚萌芽。

我没到开封以前,先是在闭塞的乡村后又在偏僻的小县读初小和高小。虽然是个小学生,却也很喜欢诗。石印的《唐诗三百首》和《千家诗》是我喜爱的读物。有些名诗,就是那时读熟的,一直到今天还能记住。一到开封,突然接触到了新的文学和新的诗体,真是眼界大开,思感一新,自然对新诗也发生了兴趣。那时还是个小学生(上第一师范时才十四岁),好奇心盛,模仿性强,有时也想诌几句,自然是胡诌。有一个秋天的星期日,我到开封城西郊去玩。那时开封城外都是沙丘,平坦的地方也种庄稼,这时地里只剩下冬瓜了。冬瓜满身白粉卧在那里,叶蔓已经稀疏。回来写了一首诗,六十年后的今天,还记得头两句:

生怕秋来,/秋偏不知不觉地来了。

这首诗被我上一班的同学段景从看到,他一节一节加了评语,送到校刊编辑室,这首诗就发表出来了。这是我的笔迹变成铅字的第一首诗。这是完全"五四"型的自由体。这时我又爱上了宋词,段景从送我一部《绝妙好词》(这里面当然不止宋词),我读得极有兴趣,并把当时介绍宋词的书和文章也都看了。后来又在校刊上发表了一首诗,就是受了这种影响。嗣后不久,又读了《昭明文选》及《庄子》。读杜甫、李白、李商隐的专集,更是以后的事了。

喜读古诗旧词,这只是一个方面。主要的精力还是放在新诗上,除了当时的一些新诗集一本不剩地买来阅读外,对于从外国翻译过来的诗、诗集和评论外国诗人的文章也都阅读。我把拜伦、雪莱、海涅、普希金的一些诗读得很熟,有些还能背诵。买书成了癖好,宁肯穿着破袜子烂鞋。前年写的《寻找》一诗里有两句:

在泥泞小巷里,/老是粘掉我的鞋。

就是当时的实际情况。

除了爱好诗以外,我还爱好美术和踢球。踢球占去的时间和精力太多,到二十岁,才在《洪水》上发表了一篇不算新的小文章,这是在全国性的大刊物上发表的第一篇东西,时间是1926年。1927年加入共产党,1928年被捕,1929年出狱。出狱后,写了一首诗《出狱》,发表在30年代初的《现代》上。

当时曾有一阵普罗文学出现,把文学作品作为直接宣传的工具,也有标语口号式的诗歌。对这类作品我是不喜欢的,觉得太浅露没有诗味。从那时起我就主张诗要有含蓄,有嚼头,有余味。一览无余,总不能算好诗。当时在古诗中我喜欢李商隐,在新诗中我喜欢卞之琳。卞之琳的诗总得让你思索一下。卞之琳的诗很多发表在《大公报》上,因此我也往上投,大多也发表了。我不能不感谢当时的《大公报》副刊编辑萧乾先生。

但我对卞的诗并不模仿,我在摸索自己的风格。卞的诗有时让人看不懂,但多看几遍,总能悟出点意味来。他的诗也有读多遍读不懂的,但比起李金发来要好多了。李金发的诗集,我也买来看,一首能领会两三句也就满足了。即使是这样的诗,我觉得也比标语口号式毫无诗意的押韵体强,前者不管怎样不会令人倒胃口,后者就会叫人起反感。对于前者,总想钻一钻,对于后者,一遍没看完就不想看了。

但我自己并不做这样的诗。我的诗总是有内容的,反映某一种生活,虽然谈不上思想性,但曲折而又曲折地带有某种倾向性。因为思想是进步的,总会不知不觉溶化到自己的诗里。

1927年蒋介石背叛革命,大肆屠杀共产党人及进步人士,我也坐了监。出狱后,并没有颓废绝望,在诗里很少有灰色伤感的情调。虽然有时也不免有些彷徨。

1936年以前,即我三十岁以前所写的诗,数量不多,这时期主要是打球。打球之余就沉湎于诗,甚至到了入迷的境地。有一段时间我在河南省体育场工作。体育场前面就是龙亭湖。晚上我到龙亭湖边散步,实际在考虑诗。有一次正在思索着漫步,忽然一支枪对住我的胸口。原来是查夜的巡警。老远向我喝问,我没有听见。我向他们解释:我在做诗。因为是在夜间,我看不见他们的脸上是否笑了,但未再盘问也就走开了。

这股迷劲是很重要的。有迷劲,才能有韧性;有迷劲,才能经得起退稿的打击;有迷劲,才能过三十岁大关继续向前迈进。

从二十多岁开始发表诗以来,我在逐渐追求自己的风格。我这个人,生在农村,长在农村,性格老实单纯,年轻时傻气十足。一直到今天,七十多岁了,别人说还有一种憨气。既不会鼓翼抖毛炫耀色彩,也不会狂啸长吟膨胀情感。我总是在默默地用泥浆雕塑自己的感受,雕塑出来的东西不加彩绘。我是有意形成一种自然朴素的美,如果还有清新,那是诗的内在里的,含蕴在诗的构思和意境里的。

抗日战争爆发,国共第二次合作。全国一致的抗日热潮,开阔了我的诗域,1937年在《七月》上发表的《我们不能逃走》,是我诗的第二阶段的开始。进入40年代,对国民党统治集团的消极抗日,残酷压制人民,尤其一再制造反共高潮等罪行,心中充满一种愤懑不平的情绪,发表的控诉讽刺的诗多起来,因此40年代是我创作的旺盛时期。此是后话,这里就不多说了。

从开始写诗到现在,我一直坚持用口语写诗。所谓口语,也就是活的交谈用的语言,是从生活中提炼出来的带有农民声气的我自己的语言。

下面附录我在30年代最初发表的三首诗(没有收入我的选集),可以看出我早期诗作的一斑。

午饭

一手掂起贴皮的湿布衫,/一手拼命地摇蒲扇:/"小碛子,去喊你爸吃饭!"

爸在庄外坑沿的树凉下,/枕着锄杆睡晌觉,/鼾声的根盘两肋巴,/像一架糜烂的葡萄。

胳肢下有蚂蚁窝,/汗毛里有野风窝,/红蚂蚁正衔走肚脐上的谷壳。

树叶间漏下一滴光,/从爸的左肩跳上鼻子。/起来吧,爸爸,/知了尿撒了你一嘴。

有人说一天他锄地回来,/见一瞳仁里的小人,/在车辙水的草芥上漂——/于是醒来说梦渡大海。

现在我要看爸的梦在做啥,/要是爬越土坷垃,/我将猜他梦登高山。/但除了槐虫打秋千,/坯痕下觅穴的蚰蜒,/别的啥也没看见,/也许教知了翅驮上了远天。

妈蒸了一箅子黄槐花,/我又摸了三条泥鳅正肥,/快起来呀爸,吃饭哩!

1936年8月28日《大公报·文艺》

午睡

窗外的蜂翅是个小钥匙,/轻轻地开开了我的午睡;/看梦里没有花香,/又密密地给合住。

驼铃是过时的拙笨商,/驮梦到辽远的沙漠去;/及检点梦里的货色,/却是做过丝的蚕矢。

1936年11月1日《大公报·文艺》

夜巷

小巷的记忆力最坏,/虽有纸糊灯刚走过,/马上又糊涂得如拔了藕的塘泥;/一只壁油灯,/抛下的黑影比光还多。

而且有着消化不良症,/一辆豪华的马车驶入,/像细蛇吞一头青蛙,/在肚里翻不过身来,/至于失眠是不会有的。

也有足以炫耀的地方:星子多,/因为大街上的,/都被明灯赶到这里了,/就像鱼被渔火赶入河湾。

1937年3月19日《大公报·文艺》

1983年
原载《苏金伞诗文集》河南文艺出版社 1998年版

我和新诗

苏金伞

1939年春天,我到了河南大学。不是去上学,而是去教体育。那时河南大学迁在嵩县潭头镇。这是一个小小的土寨,周围尽是崇山峻岭。土寨外面有三五里地的小平原。同学们就分住在附近的小村子里,教授职工们大多住在寨内。地方乡绅很是照顾,腾出了不少院落供教授们安家。教室则设在寨墙北面一个庙宇里,原来是个小学。图书馆也设在那里。

到河南大学,对我的写作是一个重要的转折。这时我三十三岁,已是"人到中年"了。

未到河南大学以前,我已发表了一些新诗。发表得比较多的是《大公报》文艺副刊。在全国性的大刊物上如《现代》《文学》《新诗》《七月》等也发表了一些,但数量并不多。

回想起来,到河大以前算是我的诗歌创作的第一阶段。

我是1929年从"开封第一模范监狱"出来,在失业中迎来了三十年代第一春的。《出狱》一诗,写的是实际情况,真实感受,发表在1932年的《现代》文学月刊上,这是当时发行最多、影响最大的文学刊物。这是我发表在大刊物上的第一首诗。

这一首诗,跟《现代》上登载的其他的诗,调子并不相同。我的这首诗,是遵循"五四"以来传统的形式写成的。表现的是现实内容。当时,徐志摩的影响仍然很大。在形式上他尝试了不少样式,有时也接触实际生活。我也受过他的影响。徐志摩后期企图建立比较整齐的形式。二十年代我学写诗时也模仿过。自然,从形式上模仿,也许是初学写诗时难免的,但肯定是要失败的。我还写过"十四行"体,写过"豆腐干"体,不够发表的水平,用什么体也不行。三十年代也做这样的尝试,但这样的诗一首也没发表过。《出狱》这首诗,形式比较自由,感情比较真挚,基本上显示出了我的诗的朴素风格。

二十年代虽然没有发表什么诗(在地方报纸上零星发表的不算数),三十年代虽然发的诗不算多,但对诗却已有自己的看法。我喜欢较为深刻、艺术性强的诗,不喜欢浅露地直接说出自己意图的作品。我受鲁迅的影响最深,在争论中我完全站在鲁迅一边。虽然我没有跟他通过一次信。他偶尔发表几首旧诗,我也极为推崇。虽然我反对写旧诗,在《国内周报》及鸳鸯蝴蝶派的刊物上发表的旧诗我一首也不看。但鲁迅的诗我却反复地读,一直到读熟。我觉得写新诗也应该这样:有深度、耐寻味,又有战斗性。而战斗并不等于叫骂。在古诗里我偏重于喜爱李商隐,也是由于这个原因。

1935年发表在《新诗》上、被闻一多选入《中国新诗选》的《雪夜》,可作为这方面的一例。1936年在《大公报》上发表的《午睡》,也是一例。就《午睡》而论,从表面上看起来好像有点"朦胧",但里面隐藏着一种情感。当时革命处于低潮,在人们的处境中,没有花香,不仅现实中没有,连梦里也没有。一片沙漠,驼铃带着人们的梦远行。这梦不过是一把蚕矢而已。全诗八句,引录如下:

  窗外的蜂翅是个小钥匙,/轻轻地开开了我的午睡;/看梦里没有花香,/又密密地给合住。

  驼铃是过时的拙笨商,/驮梦到辽远的沙漠去;/及检点梦里的货色,/却是做过丝的蚕矢。

这跟1937年发表在《大公报》上的《夜巷》的第一节意思是有点仿佛的:

  小巷的记忆力最坏,/虽有纸糊灯刚走过,/马上又糊涂得如拔了藕的塘泥;/一只壁油灯,/抛下的黑影比光还多。

浓重的黑夜,街灯抛下的黑影反而遮住了光线。

可见当时虽然偏重注意艺术,但还是曲折地反映了现实的。

三十年代,徐志摩逐渐失去了光彩。这时出现了三个引人注目的诗人:卞之琳、何其芳、李广田。他们三个人风格虽然不尽相同,但也有共同的一面。就是都比较朴素,含蓄,诗意浓厚。他们三个人在商务印书馆合出了一个选集《汉园集》,我认为是当时最好的诗,我难免受了某些影响。

写诗总是难免互相影响的。二十年代到三十年代,我读了很多翻译的外国诗,也读了很多中国古典诗,至于当代人的就更不用说了。不管谁的诗集,只要出版我总要买的。在外国诗中,从古典诗人到当代诗人的诗,只要有译本,我总要买来看。有现实主义的,有未来派的,有象征派的……我说不上我受那一派的影响最深。总起来说,现实主义是主导,但表现手法上可能各派都有,台北出版的一个中国诗选,把我归入后期象征派,连我自己也没想到。

抗日战争爆发,国共合作,空气较为松动。我的感情也激发起来了。发表在《七月》上的《我们不能逃走》,态度就明朗多了。

但接着就从开封逃出来。先到镇平石佛寺水专,又到淅川滔河乡村师范,又到淅川县城省立女中。带着家小辗转了几个地方,生活不安定心情也慌乱。

看不到外面的刊物,如处绝境。有两年几乎要和文艺绝缘了。

一到河南大学,环境、心情都突然大变。潭头虽然也处在深山之中,但有两个大学在,究竟不同了。

一个大学,等于一个社会。大学生中,各种各样的思想都有,但我接触到的同学以进步学生较多。有些学生,是抗战开始时参加过救亡运动、这时又回来继续上大学的。有些同学,在高中读书时,就已经加入了共产党。这些同学,经常到我屋子里玩。还有进步教授,朝夕相处,成为知心。

另外,同学中不少有文学修养的,有的已经在刊物报章上发表过一些作品了。和他们的接触就更多。

河南大学有一个很大的图书馆,中外书籍都很丰富,可以借到我想看的书。同学们也订了各种文学期刊。重庆的、桂林的、昆明的刊物都有。他们主动拿给我看。

河南大学也出有壁报,常约我写点稿子。

由于以上种种原因,我到河南大学后,思想开阔多了,感情激荡起来了,创作兴趣恢复起来了,而且更加高涨了。

所以我到河南大学后,可以说是进入了另一个创作阶段。如果三十年代算是第一阶段,四十年代就是第二阶段。

三十年代以打球为主,写诗是"搞副业";四十年代是以诗创作为主,打球成了谋生的手段,五十年代以后,就完全弃武就文。端上了文艺工作的"铁饭碗",说起"铁饭碗",实际上从胡风问题开始,接着反右,接着又是"文化大革命",二十年来,"铁饭碗"里盛的不过是苦酒而已!这是后话,暂且不表。

第二阶段的特点是:在诗的内容上更加接触了现实,思想上更加靠近了党,诗的形式上更加解放,更加自由了。这一时期我喜欢艾青的诗,难免也受他的影响。诗,不押韵脚,不讲求音乐性,节奏不要求整齐一致。

主要是从诗的内容出发。这时我更加有意地向朴素方面努力。我甚至主张不要形容词。

在河南大学的几年,我写了不少诗,发表在重庆、桂林、昆明等地刊物上。在我的集子里有一些比较好的诗,就是这个时期写的。如《斑鸠》:

叱咤一声/呼开了冬的闸门,/千万条河流/一齐拥进;/然后又一株一株把树唤醒,/枝条上的嫩芽,/挨次睁开了眼睛。

埋在泥土里的陈雷,/也该繁殖出成群的乳雷了。/于是先呼来一阵烟雨/松一松土壤,/然后高呼一声,/嘟嘟噜噜/一下子都滚出来了。

这是可以说明我这时的心情的。再如《睡眠》,借一个战士的口吻叙述他在战斗中：

　　有时睡在尖棱刺背的石块上；/有时睡在星星产卵的污水旁；/有时睡在积满落叶的地界沟里，/蜥蜴在身子底乱窜……/而且不远的地方/炮声响着，/可以感到地的颤动，/分明有一部分战斗还没结束；

　　但不管怎样，/怀里抱着枪，/睡得同样的甜蜜。

　　过河来，/有温暖的床，/有熏梦的花香，/但我却老是睡不着。

　　而且身边没有枪/像母亲失去了婴儿，/感到空虚而又怅惘。

此外如《雪中开拔》《一个女宣传员》都是写战地生活的。实际上写的是八路军。

这个时期的诗，较之三十年代，显然有变化，有进展，境界也高了。

1943年，嵇文甫、王毅斋、李俊甫，还有些同学被捕。我也被解聘，离开了河南大学。几经辗转，到日本投降后迁回开封，我又回到河南大学，一直到1948年进入解放区为止。

因此，我在河南大学前前后后将近十年光景。这十年可以说是用诗作战的十年。尤其是1946年以后，反对国民党的情绪极为强烈，共产党提出的"反饥饿、反内战、反迫害"的口号，成为我的诗的主要内容。但我不喊口号，不叫骂，所以1946年《大公报》介绍我们编的刊物《春潮》时，说我的诗"讽刺深刻而又得体，当世无第二人"。

说我当时的诗，讽刺深刻得体，这我也承认，但说当世无第二人，那太过誉了。但这位作者的意思，也不过指的是当时那一阵子。因为那一阵子，我连续发了不少这类的诗，而《控诉太阳》尤为突出。这一首诗是悼念闻一多的，诗的最后两节中有这样的句子：

　　——哎哎，淫雨的昆明，/淫雨的中国呵！

　　谁叫你带来与黑夜不分/而又同样可怖的白天哪！

一进入解放区，心情豁然开朗，精神十分愉快，看见每一个同志都想拥抱。随即就写诗反映了这种心情，如《在豫皖苏军区》：

　　树荫满村，/鸟声满村。/村里/安着我们的司令部。

一开始就把司令部看成是我们的了，我觉得是很亲切的。另外一首诗《在汝河岸上》：

　　在汝河岸上，/我们大笑着/握手相逢。

　　河水响着/时常把我们的谈话淹没，/因此/不得不把声音提得更高。

这种心情是真实的,一直在国民党的黑暗统治下,在随时都有被捕可能的环境里,突然到了自己梦想多年的自由天地,谁都会有这样的心情。

但是这些诗,在解放区的报刊上是发表不出来的。报刊上刊登的全是信天游、快板诗、数来宝、顺口溜等。我苦恼了。当然,苦恼的只是诗的形式,心情上仍然是愉快的。因此,诗虽然发表不出去,我仍然写着我的自由体诗,不过形式上比较整齐了,也押了韵脚。北京解放后,我先在"北平军管会"做接管工作,工作结束后,又到华北大学创作组。这时北京的文艺爱好者有人筹钱让我们办刊物。我和沙鸥编诗刊《号角》,和严辰、吕剑编《文艺劳动》。我的一些诗在上面发表了。上海"华东人民出版社"的冯雪峰主编了一套丛书,把我这时期的诗《入伍》列为丛书之一出版。

新中国成立以后,也写过比较满意的诗,如《三黑和土地》《场边夜话》《劳模三唱》等,但由于文艺上存在着左的思想,总怕越出条条框框,不敢坚持过去用惯的那种诗体。以后沦落二十年,几乎放弃写诗了。

三中全会以后,拨乱反正,问题得到彻底解决。由于提出"实践是检验真理的唯一标准",也纠正了过去那些左的口号,我的思想疙瘩解开了。感情激动,思路开阔,不断感受到新的冲激,我又焕发了青春。

于是,我的诗歌创作又出现了一个新的春天。

这几年,每一首诗都有生活,每一首诗都有新意,每一首诗都是我的真情流露,我的诗有了新的突破。八一年我住院前后在《人民文学》上发表的《农村二题》,以及在《诗刊》上发表的《海的收获》,可作例证。

八一年十月以来,由于疾病,未能再写东西。最近不断地写些回忆录之类的散文,诗当不敢考虑。因为写诗实在是一种艰苦的劳动,我怕我的身体还不能胜任。

回顾过去,如果从二十年代开始学写诗算起,到今天已经六十年,如果从三十年代发表诗算起,到今天已五十年,中间除去二十年,共有三十年的写作历史。三十年时间不算短,但成就却不高。三十年中虽有三次变化,但总的目标未改,即:

——始终保持着朴素无华的风格,争取做到在深厚含蕴中透出清新;

——坚持用生活中的语言写诗,不矫揉造作,不故作深奥,使人感到晦涩难懂;

——坚持现实主义。生活是诗的基础,诗是生活的升华。至于表现手法,则不妨博采众长,借鉴古今;

——形式多样化,要不断地探索和创新,不能固滞僵化,自造框框。

以上四条，可算作我的创作总结。

各人有各人的道路，各人有各人的癖爱，诗人们也许可能互相影响，但决不能彼此雷同。诗表现自己是不对的，但诗的内在里又不能没自己。没有自己就没有特色。

今年三月，《苏金伞诗选》由人民文学出版社出版，《中国文学》（外文版）准备翻译介绍其中的六首。我期待着国内外读者的批评！

原载《河南师范大学学报》（哲学社会科学版）1983年第5期

路要自己去开创(文学之路)

苏金伞

年青时候有两迷:一迷打球二迷诗。还迷过画,由于客观条件不具备,这一迷没能坚持。

这两迷也不是同时并重的,先是迷于球而喜爱诗,后来就迷于诗而打球不过是为了谋生而已。

辛亥革命时,我五岁,但在乡下什么也没听说。

"五四"运动时,我在县城上高小,也什么没有听说。

穷乡僻壤和外县小城是同样愚昧。

在愚昧的农村里,我上的是半私塾性质的"国民小学"。一方面学《国文》和《算术》,一方面读四书五经。除了这些以外,还有《唐诗三百首》和《千家诗》。这倒成了优越性,使我较早地接触到了诗。从那时起我爱上诗了。对这两部诗选内的有些名诗,我读得很熟,一直到今天犹能记忆。这无形中对于我以后的写诗起到了影响的作用。

另外老师还给我讲古文。从秦汉到唐宋八大家选入《古文观止》里的有名的篇章,点完两炷香才能睡觉。因此每篇都读得很熟,一直读到不经过大脑就能背出来。当时并不理解文章的精义。到以后理解力强的时候,回忆起这些文章,也就懂得了文章的奥秘了。

读古文也是文学修养的基础,对创作也是有益处的。

在高小,课文里讲了更多的古文和古诗。《修身》一课,选的多是从各类古书中摘录下来的先哲的言行,不少出之于《世说新语》。上课以外也看了很多侠义小说,侠义小说把我迷住了。这时最流行的是梁启超的《饮冰室全集》。学校虽然没有一个阅览室,但这部书和《古文观止》却是许多同学都有的。那时梁启超在我们心目中是一个了不起的人。

1920年,我考上开封第一师范。从偏僻小县来到大城市,突然接触到了很多新事物,听到了很多新传闻,这时我才知道了孙中山。更重要的是"五四"运动对我的感召,这一伟大的民主运动对我各方面影响太大了。我是1920年秋季入学的,运动仍在蓬勃发展。第一学期根本没有上课,终天到街上查日货,捉奸商,游行示威,围坐督军府。把每个青年都锻炼成为一个坚强的民主战士。

随着民主运动的蓬勃开展,新文学运动也跟着风起云涌迅速兴起。由思想革命到文化革命,把一切腐朽的封建的旧制度、旧观念、旧形式,摧枯拉朽般的予以扫除。

新诗涌现出来了。

这时我十五岁,还是一个少年,接受新事物较快,而我的国文老师嵇文甫又在课堂上专讲这些新文学运动的文章和作品。在小学时期,可以说受的是私塾般的启蒙教育。一到开封,马上又接受了新文化的启蒙教育。对我影响最大的新文化运动——当然也包括新诗。

我很快成为一个喜爱新文学的新青年。《新青年》成为我们的必读物。

胡适和李大钊成为我心目中的圣人。稍后,鲁迅成为我心目中的圣人。

胡适的《尝试集》,现在看来水平并不高,受旧形式的影响又很深,但那时却真是一个了不起的"尝试"。在各种刊物上,刊登的都是新诗,旧诗几乎没有阵地了。写旧诗的遗老遗少和"鸳鸯蝴蝶派"的作品是为青年所不齿的。

因此新诗对旧诗就形式来说是一场革命。

我读的新诗多起来了,从外国翻译过来的作品也大量发表,介绍各国大诗人的文章也不断在各刊物上刊载。我读外国的诗歌要比读中国古典诗歌多得多。而我写诗也是从这开始的。

自由体是我写诗开始采用的形式,也是我以后一直到今天所遵循的唯一形式。

所谓自由体,就是没有固定规律,没有固定形式,没有固定的韵辙,而以白话为基础的新的形式。

但是在我摸索的过程中,也效仿过"豆腐干"体,还袭用过词的调子。这一段摸索失败之后,又回到自由体上来。这我才认识到:没有真实的思想内容,企图用建行来解决诗的"美"的问题,是解决不了的。

读了很多外国诗,有古典的,有浪漫派的,有现实主义的,有未来派的,有印象派的,有象征派的。我说不上我受了哪一派的影响,我基本上是现实主义,在表现手法上也可能受这派或那派的影响。吴奔星同志后来写信告诉我,他看到台湾出版的诗选,把我归入后期象征派,这我可没想到。

二十年代,前几年在上学,后来又坐监。所以虽然经过摸索,经过努力,也发表不出什么作品来。即使那样,我对诗还是有看法的,即不同意浅露地直接宣传,而是主张艺术性应该强一些。我虽然有"左"倾思想,而且还加入了共产党,但我并不同意"左"的文学言论和作品。"左"的文学主张从那时起开始就有了。

当然,二十年代,我主要是"与球为伍",对诗的考虑究竟少些。球场上出了名,在诗坛上正刚刚试着露头呢。

从监狱出来以后,到了三十年代。写了《出狱》一诗,发表在三十年代初期的《现代》文学刊物上,这是我在全国性的大刊物上发表的第一首诗,这是完完全全的自由体。三十年代仍然是我的摸索阶段,但在文学问题的争论上,我是完全站在鲁迅一边的。诗应该含蓄而深刻,像鲁迅的作品一样。这时,已不是从形式上进行搜索,而是从艺术手法上进行一些试探。三十年代前期在《新诗》上发表,被闻一多选入他所编的诗选中的《雪夜》可作为代表。三十年代,我喜欢卞之琳、何其芳、李广田的诗,他们三人在商务印书馆出版了一本选集《汉园集》。我认为是当时最好的诗,徐志摩在二十年代极为盛行,到三十年代就逐渐暗淡下来了。

卞之琳的诗,有些不容易懂,看若干遍只能领会个大意。但我觉得这比一目了然或者没有看完就已经了然的诗好得多。诗总得耐人寻味而不能倒人的胃口。

他们三个人多在《大公报·文艺》上发表诗作,我也往上面投稿,大多也发表了。主编萧乾同志,我当时不认识,他连封信也没给过我。但他乐意发表我的诗,对于我的成长以及我的诗的风格的形成是起了积极的作用的。所以我在《苏金伞诗选》自序中特别提到了他。

抗日战争开始,"五四"时期那种爱国主义精神又强烈地燃烧起来,目标仍然是日本帝国主义。胡风同志在武汉主编的《七月》创刊后,我写了一首诗《我们不能逃走》,发表在第二期上。这可以说是我的诗有了一个新的转折,这就是和现实更加结合得密切了。四十年代,我的诗基本上是和党的步调一致的,尤其是1946年以后到1948年进入解放区这一阶段。态度是明朗的,倾向是明确的。进入四十年代,我喜欢艾青同志的诗,也受了他的影响,在诗的形式上更自由了,也不押韵脚。不过多地局限于形式,不过多地在韵律上花费精力,主要考虑诗的意义和意境,是把新诗引入更新的境界的必要条件。我觉得写诗首先考虑的是诗而不是音乐。如果音乐性能增加诗的美,那恐怕也不是应该奖励的。

1948年进入解放区,我的这种主张自然不敢再坚持,我又经历了一个苦恼的阶段。

有人说自由体是小资产阶级的,民歌体和民族形式是无产阶级的,这也是"左"的偏见。

只要真正从中国的现实生活出发,用人民的生活语言表现了中国人民的精神面貌,这就是具有中国特色的诗。

现在我对自由体有了更进一步的理解,这就是:语言必须是生活中日常应用的口语,从生活提炼出来的生动的活生生的语言。因此我主张,既不用古诗的形式，也不用古诗的语言，否则就会形成僵化或者带有陈腐气味。

那么怎样对待中国的诗歌传统？其实我除了读过很多西洋诗和中国现代诗外，也读过不少古典诗，尤其是李白、杜甫和李商隐。对宋代的词也迷过一阵子。上小学时即对中国的古诗打下了爱好的基础。这些对我有没有影响呢？肯定是有的。这些都作为我的高级营养品，这种营养经过吸收，化成自己的血肉，因此写出的是崭新的新诗，说不定会带有古诗的某种韵味。皮毛上的抄袭或搬运它的词句，无助于新诗的发展。

因此我早年就开始喜欢读古诗，对我不是没有用处的。

因为语言是从生活中来的，童年开始学话时，学的就是农民习用的地方语言。这些语言必然是朴拙的，形象化的。很多动词，很多形容词，都是从实际生活中总结出来的。既没有酸溜溜的学究气，也没有城市小市民的油腔滑调。这些语言同我早年熟悉的生活一样，成为我诗的基础，也是我的诗所以写的朴素的一个因素。没有朴素的语言就不会有朴素的诗。当然，农民的语言，后来又加上只是分子的语言，又加上文学作品中习用的文学语言。这些语言，以农民的语言为核心（早年学会的地方语言是到老也改不了的），互相融合，去粗取精，提炼成自己独有的语言。我不会学别人的腔调，但我的腔调别人也不会学。

这就是我的风格。

构思无妨巧妙，风格务必朴素。

手法需要夸张，语言应该简约。

设想也许奇异，表现却须平实。

各有各的道路，但必须自己去艰苦摸索。

在我写诗的道路上，遇到的还有更多的磨难，在这里不说也罢！

1983 年 2 月 28 日

原载《奔流》1983 年第 5 期

创作生活回顾

苏金伞

一、童年即诗

河南东部有一个大平原。平得连一个土丘都没有。太阳很早很早从地平线上喷出一片红霞,接着就是又红又大的火球跳了出来。一下子跳到东村的树梢上,一会儿就高高地照在我村东头的关帝庙上。然后就越升越高,越走越远,一直到快落的时候,才又回到我们村边来。然后沉到深厚的泥土中去了。

睢县就是在这大平原的中部,我的家就在睢县东南的一个小村子里。这个小村子叫周营。全村只有二三十户人家。这样一个小村摆在大平原里,早晨没有刚出来的太阳大,黄昏时,夕阳把村西大杨树的影子拖得很长很长,几乎把整个村子都遮盖住了。

我是1906年生。这年是丙戌年,属马,生我时,母亲梦见一匹马从家里逃走,奔跳踢腾,被本村一个神汉孙马拦头捉住。于是认他作为我的干大。每年生日,到他家去戴锁(所谓戴锁,就是把大铜钱串起来,每年加一文,带在脖子上),一直戴到十二岁。五年以后,发生辛亥革命,改成了民国。我八岁的时候,我村成立了一个"国民小学",我是第一批学生。

因为废了科举,考秀才,中举人已无希望,私塾自然慢慢淘汰了。但"国民小学"实乃半私塾性质。除了《国文》《算术》外,我们村有个教多年私塾的老先生,按辈数我应该叫"爷爷"的周国良,还教我四书五经,我一直读到《诗经》。全部包了本。所谓包本,就是从头到尾毫不思考地背诵下来。一句忘掉或停顿片刻,就得重新温读,一直到整个一本书,一字不漏、一字不错地背诵下来,才算包本。当然,背一本书,得很长时间,老师也没这耐心听下去,于是就拦腰提出一句,让你接着背。反复提句接背如流。这本书就算结束了,然后教读另一部。当然,这还是光念不讲。到开讲的时候,就到了高级阶段。我并没达到这个阶段。

除了读《论语》《孟子》等书外,还讲古文。比较流行的选本《古文观止》和《古文释义》,凡是家里有读书人是必备的。给我讲古文的这个老师,只是个启蒙先生,学问并不很深。给我选讲的大多是唐宋八大家的文章,也讲了李斯的《谏逐客》、贾谊的《过秦论》、诸葛亮的《隆中对》及《前后出师表》等。

另外,每个学生都有一本《唐诗三百首》《千家诗》。《古文观止》是草板大字刻印本,《唐诗三百首》则是油光纸石印本。《唐诗三百首》,老师不讲也不教,却是我心爱的读物。除了长诗外,律诗和绝句,我几乎全会背诵。那时我喜欢读唐诗,却毫无要学做诗的要求,而且有些诗,如李商隐的《无题》,我还读不懂呢。

周国良爷爷给我讲古文,对我自然是个很重要的辅导,而他的朗诵也感染了我。每当一天教学任务完成以后,下午散学以前,他总要高声朗诵一篇古文。他的声音洪亮,震动屋瓦,把所有的学生的读书声都压下去,完全沉浸在文章的感情里。学生们并不了解他朗诵的内容,但都为他的声音感动了。他读完以后,宣布放学。我们离开座位,走出课堂。夕阳将落,那又浓又红的落日余晖,照在作为课堂的大庙的西边檐角上。彩绘的斗拱都已陈旧,上面有个蜘蛛网,一个比大拇指还大的母蜘蛛伏在蛛网中心。蜘蛛和蛛网都被照红。不知为什么我看到这些似乎有点迷惘,那震撼人心的读书声制服着我,一时很难解脱出来。学校离家还有一段路,在路上我也蹦跳不起来了。

上面说到我们的课堂是一座大庙。这是一座关帝庙。神像前摆几排没有抽屉的课桌。这就是我们的教室。在这里我整整上了四年学,因为"国民小学"是四年毕业。

关帝庙孤零零地在村外东南角上。每天天刚亮,就跑到学校去早读。教室里自然没电灯(那时我还不知电灯为何物呢),灰蒙蒙的看不清楚。周仓的面目特别可怕。可能神经上受了刺激,夜间睡在床上,常常看见周仓的神像在我眼前出现。越长越大,大得充塞了天地,以致把我惊醒。

和神像朝夕相处,慢慢就熟惯了。平常在他们面前读书,到过年,还要给他们烧香。大年初一,鸡不叫就起床,起床后第一件事,就是给关帝烧香。夜黑得正深,路上还不见人影,我一个人拿着一炷点着了的香,插在神台上的香炉里。抢得第一炷香,方显得我们全家的虔诚。插上香,磕了头,再放三个纸炮,然后回家,这时一点也不害怕了。

我们这个小村,除了东南角有这个关帝庙外,村西头还有个小土地庙。这个土地庙,和关帝庙相比就太可怜了。说是庙,实际上是个土坯垒的神龛,墙基只有两层砖,屋顶有几片瓦,也不过丈把高。土台上供着土地爷和他的夫人。神像不及一尺高。神虽小,但它和居民的关系,远比关帝庙密切。位置正在村西路口,人们拉着拖车去犁地或套上牛车拉庄稼,逢年过节,人们穿着新衣服到外村走亲戚,都得从土地庙前经过。

我们从地里割草回来,总得在小庙前再玩一会,做"走方"或"憋死猫"等游戏。"走方"就是在地上画很多小格格,二人各占一方,用草或别的什么,抢先摆成一方,谁成的方多谁赢。"憋死猫"是在地上画一方形,中间画个×。在一面挖个凹,有凹的一面算死线。谁憋在这条线走不通就算憋死了。

我们这个村,地势低洼,夏天一下暴雨,四周形成湖泊,村子成一个孤岛。这个土地庙从来没淹没过。农民们不能下地耕作,有些人就聚集在小庙前"走方"或摔跤。一到冬天,老人们靠在小庙土墙上晒暖,解开烂棉袄捉虱子。

谁家死了人,当天晚上全家老小穿着白孝衣,跪在地下向土地爷报告,叫作"报庙"。哭声动地,这使我很感动,我也跟着孝子们的哭声流泪。容易动感情,是我天生的弱点,也由于这个缺点使我对任何事物都容易感动,感情脆弱却又极丰富,这可能就是以后喜欢诗的"基因"。

除了读四书五经和古文外,还按照私塾里一贯的规定,每天饭后到学校,先写一张"仿"。虽然科举已经废除,但字写不好不能中举更不能中状元的余威犹在,把写字放在极重要的地位。我的祖父最注重写字,他虽不是学校的老师,但他比老师更负责,每天到学校,我写字时,站在我背后监视,最初写仿,他教笔顺;丢了仿影临碑帖,他看着我一笔一画地照着写。我临的是柳公权的《玄秘塔》,后来又改临颜真卿的《八关斋》。因为写字,不知挨过祖父多少打。一划写不好,他就劈头一巴掌。所以我的字,在全校是写得最好的。以后离开了家,写字就不那么经心了,但仍然不断地临写草帖。到今天,字没写成,但能有这个水平,不能不归功于祖父最初的严厉督促。

到十来岁的时候,全村的春联,几乎都到我家让我写。人家送去黄丹纸,祖父按人家的要求割好、叠好。祖父还特意用竹批削了一把割纸刀。除对联、门头外,还有贴在门前的"出门见喜",贴在槽头上的"六畜兴旺",贴在粮囤上的"五谷丰登",贴在床边的"身卧福地"。以一个十来岁的孩子,用拙劣字迹给全村人写春联,足见我们那个小村文化落后的情况。

祖父为了使我"出人头地"以补他读了多年诗书到头来仍然是一介布衣之憾,在我身上花了特别的力气,也发挥尽了严酷的天性。他规定我每天晚上温读古文。那时还没有手表,就用神香标示时间,要点尽两根香才能睡觉。两根香,多么长的时间呵!晚饭后,正是孩子们尽情嬉闹的时候。但是我,却坐在家里背古文!在未上学以前,我也有过这最快乐的时刻。每天吃过晚饭,不用召唤,几乎全村的孩子们都自动地聚集在村子中心街口上。最好的游戏是捉迷藏。捉迷藏也是强烈的体育运动。为了捉住别人或不为人所捉住,必须跑得快。跑起来把一切都置之度外,连性命都不顾了,更何论丢了鞋子或摔倒在地碰破一层皮!

到上学以后,吃过晚饭,只能在大门口玩片刻,或索性不玩,马上点着灯、点着香,开始夜读。反正点两股香,早读完早睡。在我琅琅读书的时候,心早跑到外面跟伙伴们捉迷藏去了。他们的吆喝声使我神不守舍,而且我甚至能听出谁喊的声音最高。书是读熟了的,并不经过大脑,只是动动嘴而已。

跟我一块夜读的还有我的叔叔,比我小两岁,但比我调皮得多。他把香在热灶灰里烫一烫,香就燃得快了。有时打听出祖父摸纸牌去了,我和叔叔就下起象棋来。

读古文也有用心读的时候。有一种说法:说读诸葛亮《前后出师表》和韩愈的《祭十二郎文》不哭,就是没有感情或是没有读懂。我为了考验自己,曾把心沉浸到文义中去,果然流下了眼泪。这使我认识到:我也是一个有感情的人,颇引为自傲。

其实,我的感情倒是很丰富的。小小的年纪,不知为什么容易伤感。同村有谁家死人时,出殡时刻,唢呐吹奏着送殡曲,灵柩抬起,哭声震天,我在一边站着跟着流泪;如果到亲戚家吊丧,也会痛哭的。一直到今天,一听见唢呐声,我就像失魂落魄似的。

祖父除了逼着我读古文外,晚上有时也在堂屋里朗读《宣讲拾遗》。无非是二十四孝之类。这些故事也使我非常感动。每次宣讲,总使我流泪。堂屋里摆着几辆纺花车,我的母亲、三个姑姑在纺棉花,纺花的嗡嗡声,都被祖父的朗读声压下了。她们一面抽着线,一面也在流泪,啜泣声和纺花声混合在一起了。

有时村子里来个说书的瞎子,说书内容大多是悲欢离合、公子落难或冤案昭雪等故事。但总是节外生枝,故意绕圈子,一回书往往几天说不完。一个晚上只能说一个开头,因此感到很遗憾,心里惆怅不已。附近村庄唱野台戏,看到最后一天,戏台拆掉,戏团(那时叫戏班)送走,临时作为剧场的空地上,搭戏台的柱子拔掉后剩下的空洞穴和卖小吃的商贩倒下的炉灰等,就会感到难过。

农村里有一句俗语:"拿不住奸贼不煞戏。"所以看戏时,对于剧中的奸贼,如曹操、秦桧、严嵩等,真是恨之入骨。一直到今天,曹操的白脸还留在我心上。对于忠臣,真是无限崇敬。一个忠臣受了压抑,斗奸贼不过,有两句唱词,我一直到今天还牢牢记着。这句唱词是"不居高官不害怕,不享荣华不担惊"。当时对人物的处境很是同情。

我家堂屋的条几上,有三部书,都是木板刻印的,纸很薄,字很大。一部是《三国志演义》,一部是《康熙字典》,一部是《宣讲拾遗》。《宣讲拾遗》祖父有时给我讲讲,《康熙字典》有时查查字,按部首查字,就是那时学会的。以后的"四角号码""注音字母"以及现在的"汉语拼音",我都不大习惯。但这三部书中,最使我感兴趣的是《三国志演义》。祖父读了多年四书,没有考中秀才,却给我留下这一部宝贵财产。到我十来岁的时候,阅读能力当然还不够强,对《三国志演义》并不能十分理解,因为是半文言体,有些字也不认得,但里面的故事,大体还能弄清楚。有些人名,因为在戏曲中常出现,所以并不陌生。这样,《三国志演义》就极度地吸引了我。一放学,就跑到堂屋抱住书站在那里入心地读起来。《三国志演义》极大地增长了我的历史知识,引起了我阅读小说的兴趣。对于以后的喜爱文学也是有关系的。

祖父对于我爱看《三国志演义》,却不以为然。由于看得太贪,往往忘记吃饭,也常常挨吵。只有一次他鼓励我,那是因为我害疟疾,老治不好。他让我带着《三国志演义》到野外去看,意思是叫我"躲疟疾"。这时盛夏已过,到了秋天,但天气仍然很热,高粱已经砍过,田野有点空荡。我就在收过庄稼的田野上,一面看着《三国志演义》,一面信步走去。太阳还很毒,晒得我满身是汗。眼也不停,步也不停,一直到下午,发疟疾时间已过,也有点饿了,我回到家里,疟疾居然叫我"躲"过去了。从此没有再犯。一直到今天,我还不明白,疟疾怎么会"躲"过去。《三国志演义》把我迷住,疟鬼也无可奈何,足见《三国志演义》神奇的力量。

在《三国志演义》里,我最景仰的是诸葛亮。看到六出祁山,诸葛亮在五丈原病死后,就不愿再看了。草草看到最后,什么印象也没留下。《三国志演义》就只看这一遍,以后没再看过。但直到今天,里面的一些重要人物及重要事件,还记得清清楚楚。

我的父亲可能也念过几年私塾,《三国志演义》他肯定能看懂,但我没见他看过什么书,他如果喜欢看旧小说,那我的课外读物就丰富多了。父亲别有所好,他会做木匠活,有一套木工器具。家里用的板凳桌椅,他都会做。祖父还叫他做祖宗三代牌位,做牌位木龛。木龛上要雕花,要描金,父亲没有这种水平,祖父就踩住他的长辫子痛打他。父亲一点也不反抗。父亲在家里很少说话,甚至跟母亲也不多说话,他既不抚爱我,也不打我,也不管我。就像我不是他的儿子一样。其实我是他的头生子,他是应该爱我的。他不会不爱我,只是祖父经常打我,管教很严,他就不好再插手了。

父亲还会打猎,他有一根线枪,细长细长的枪筒子,还有一个用猪血和桐油漆得发黑的药葫芦。至于枪药,是他自己配的,还是买的,我就不清楚了。一到秋冬,庄稼割尽,野兔无处藏身,就缩在地墒沟里或土坟周围的草窝里。农事已毕,父亲清闲了,他就扛着线枪,到村外打兔子。大平原上也只有兔子可打。他一发现兔子,就远远地托着枪绕圈子,越绕圈子越小,兔子也不敢动了。这时才开枪射击,往往会有所获。打到兔子,全家就可以开一次荤。终年不吃肉,兔子肉也是很香的。

除了打兔子,父亲还会捉鸟。我家后园里有两棵楝树,冬天,所有的树木叶子全都落光,只有楝树上挂着稠密的金黄金黄的楝豆。有一种鸟,家乡叫麻扑棱,到现在我也不知道学名是什么,专吃楝豆。父亲就拔下几根长马尾,挽成活圈套,挂在楝豆上,鸟去吃楝豆,就被活捉了。麻扑棱样子不好看,叫的也不好听,也没吃过它的肉,父亲捉它只是好玩而已。那时我还小,也不会爬树,没有学会这种本领。但父亲捉住这种鸟,在手里扑扑棱棱拼命挣扎,我也感到很好玩。

父亲还会做风筝,全村就他一个人会做,他做的"七星毫",有一人多高;放到空中,很远都能看到,还会做纸鸢,两只翅膀,顺着线爬上去。爬到顶端,纸炮一响,翅膀合住,又顺着线滑下来。这种风筝我不会放,我举不起来,放上去后,我也牵不住。爸爸把它放上去以后,就把线缚到树上,让它久久地在天空飘荡。

但他并不教我扎风筝。我的叔叔,自己扎了一个小风筝,飞起来总不稳定,一头栽在人家院子里。人家告到祖父那里,被祖父狠狠打了一顿。风筝落在院子里,不知为什么是不祥之兆,惹得人家那样恼怒。

父亲的这种手艺,没有传授给我,以后上手工课,自己的手工制品,总是低劣粗糙,有时请人代作。而对画画却有兴趣。我买了一部《芥子园画谱》,油光纸石印,又是小本,如获至宝,并不从前面的基本画法入手,而是成幅的临摹。过年写对联,我在门方上画画。在农村成了个小画家了。

我的母亲是全村称道的贤惠人。对公婆孝顺,我的祖父脾气那么怪,她没惹他生过一次气。我的三个姑姑也从来没议论过她。常言道,小姑对嫂嫂总是要挑剔的。她们相处得却很好。和父亲没有吵过一次嘴。对我当然也很慈爱,很少打我,除非我跟小叔叔打架。她把我拉过去,拍几巴掌。到晚上,给我做鞋的时候,又往往暗自流泪,打儿子她是心疼的。

三个姑姑相继出嫁以后,全家人的饭她一个人做;全家人吃的米面,她一个人磨,甚至全家人穿的衣服,也是她一个人做。

四十年代我写过《头发》一诗,说母亲的头发总是落满了烧火时进出的灰星子和磨面时荡上的面屑。这是实际情况。

但她的遭遇不好。父亲年纪轻轻得了一种什么病,肚子有痞块,脸发黄,到处求医也治不好,又加上祖父的折磨,都说他肚子里的痞是生气结成的。四十多岁就死去了。母亲年轻守寡,精神上受很大打击,过不几年也死去了。

二、离开我的小乡村

国民小学四年毕业,我十二岁,考上了睢县高等小学。正是 1917 年。竟然不知道这年俄国发生了伟大的十月革命。我仍然是一个傻小子。

睢县县城,这以前我也来过。那是祖父带我进城拜师习字。睢县有个前清举人,叫陈继修,是睢县有名的书法家。举人,在一个小县城里地位也很高,所以是睢县的名人。改民国后,做官无望,就在家里专写字。他的字我县几乎家家有。他办了一个书法学习班,全县收徒。其实也并不讲课,只是在各自的家里每天写一张字,到月底订成一本送去请他评阅。他就用红笔圈阅一下,然后列榜排出名次,贴在他家大门外。祖父买两封点心,让我骑着小毛驴进城拜师。磕了一个头,他就收下了。这样我每月可以进城一次。一个十来岁的孩子,进城也不敢乱跑,睢县县城有多大,并不清楚。这回到城里住下了。在城里上学,在我们村子里我还是第一个呢。

说是县城,跟农村也差不多。不过在乡下点棉油灯,到城里点"洋油灯"了。一到校先买个琉璃灯座和玻璃灯罩,再用玻璃瓶打四两"美孚牌洋油"。晚上点着,比棉油灯亮多了。另外一个不同的地方,是城里有个县衙门。这是个热闹所在。门口有几家小饭铺,是专为打官司的人开放的。县衙东边是片空地,有不少卖零食的小摊贩。过去我的父亲到城里纳粮,回家曾说:老衙门的蒜面真好吃。进城后我也没吃过这种蒜面。在家里终年不吃白面,更不用说捞面。夏天天热,吃不下热饭,就用漏勺把高粱面漏成"蛤蟆蝌蚪",过过水,用蒜汁拌拌吃。觉得这就是最好的"盛餐",其味无穷。进城能吃到蒜面条,那确实是应该夸耀的。

那时的县太爷,还穿着长袍马褂,出衙来坐着蓝呢小轿,前面还打着"回避"的虎头牌,仪仗威严,不可侵犯。学校东墙是萧曹庙,庙院里有个戏楼,经常有外地"戏班"来唱戏,听戏也比乡下方便多了。

学校是在一个旧书院的遗址上改建的。三个教室一排宿舍。教师多是师范学校毕业的。我们班最初的国文教员还是前清的"拔贡"呢。据说"拔贡"比举人略低一级,自然也是饱学之士。国文课文还是文言,不过已不是古文,而是当时流行的文体。梁启超的文章盛极一时,学生们把他视为圣人。但国文里仍选有很多古文,不少我都读过。也选了很多古诗,多是《唐诗三百首》中没有的,如《古诗十九首》《木兰辞》《孔雀东南飞》等。所以对国文课,很感兴趣。作文成绩也是比较好的,拔贡老师有时批了很长的批语,予以鼓励。此外,还有修身一课,很多是选自《世说新语》。还有历史课,对中国的历代兴衰,重大事件,都有了梗概的了解,这些都给我的文化知识打了初步的基础,也是初步的文学修养。但最使我入迷的是武侠小说。什么《七侠五义》《小五义》《彭公案》《施公案》等,我一部接一部地看。《西游记》更不用说了。这些小说,一律是油光纸石印,油光纸反光,字又小,是最粗劣的版本;但也最便宜,小学生买得起。事实上,这些书都是同学互相借阅的,用不着每一部都自己买。这些书看上了瘾,难免影响正课。上课时,课本下压一本小说,不想听时,就看小说。夜间睡在被窝里,枕头边放一盏煤油灯,还在看小说。听见"查斋"的脚步声,赶紧把灯吹灭。高小三年,我把能借到的小说,都看了一遍,《封神榜》《东周列国志》《隋唐演义》等都看过。只有《红楼梦》《水浒传》《儒林外史》等,是考上开封第一师范后阅读的,是有新式标点的本子。这些读物,不能说跟我的文学修养没有一点关系。

学校后面有一个操场,两头还安有不合格的足球门,但无体育教员,谁也不知道足球应该怎样踢。于是孩子们聚集在一起,抓住足球朝天踢,谁踢的高谁有本领,等落下来谁能抢到谁是胜利者。我是班上最小的,抢球很难抢到手,但也跟着瞎哄哄,感到很大的兴趣。

学校里也设有图画课,但没有美术教员。教图画课的老师,预先在小黑板上用粉笔画好一幅画,也不知从哪里抄来的。一上课,挂在大黑板上让学生临摹,什么也不讲。甚至挂上以后,索性走开,到摇下课铃时再来收作业。我对画画的爱好未能施展开。

上高小后虽说离开了我的小村庄,但实际上并未离开,因为一个十一二岁的孩子,怎能离开母亲?一到星期六下午,我就往家跑。可以在家整整玩一天,到星期日下午再回学校。二十五里路程,不到两个小时就跑到了。

家里还是温暖的,因为有母亲。母亲,是温暖的源泉,母亲给予人的永远是温暖。回家以后,母亲把我的衣裳洗一洗,该补的补一补,掉了扣子缝一缝。上国民小学时,还留一条小辫子,进城上高小,把辫子剪掉了,后来又剃了光头,她不用再给我梳头了。但是还穿着布鞋布袜子,都得她给我做。如果鞋破了,她就给我换上新的。

回到家里,在水坑边逮蛤蟆,到地里捉蚂蚱,捉蝈蝈儿。小时候的伙伴,不上学都可以下地割草了。我也挎个草篮跟他们一块去割草,实际上是跟着去玩玩。要是割麦秋收时节,我就帮助抱抱麦捆,用芟刀芟芟谷穗,看看场。高粱砍倒后,用高粱秆在场里搭个草庵,晚上睡在庵子里,也很有诗意。

在高小上到二年级,学校忽然闹起学潮来。由于年纪小,摸不清原因,可能是县教育界的地区势力在起作用。因为省教育厅派了一个光山人易立猷去当校长。易是省第一师范毕业,似乎颇有学问。那时每个人除了本名外,还要起个"字"。我原名苏鹤田,他就根据鹤字给我起个字叫"筲仙"。后来工作时,干脆把本名废掉,叫起苏筲仙来。发表诗时,最初总是发表不出去,把名字改来改去也不行。有一次以苏金伞作笔名,偶然发表了,以后就以这个笔名写诗,未再改过。金伞是筲仙的谐音。此是后话,暂且不提。

校长似乎应该本县人当的,来了这个外县人易立猷,岂不抢了本县的地盘?

于是就有人耸动高年级学生闹事,组织全校学生到教育局请愿。队伍排列在校门口,却无人敢扛大旗。大学生却最聪明,只在后面鼓动,并不出面。这根大旗竖在墙上,半天没人去摸一摸。我看着很着急,也不问事情根由,就慨然把大旗扛在肩上,队伍开动了,一直开到教育局。我充当了一次英雄。结果学生胜利了,易立猷校长被撤走。其实我是个十足的傻瓜,完全被利用了还不知道。

憨傻,可能是我的天性。说明我不会随机应变,不会投机取巧。傻劲一来不顾后果,这一次据说因为我的年纪小,没有受处分,否则就被开除了。

高小没有习字课,但我还得抽空每天写一张字,因为回家须把字带回去让祖父看。祖父对我其他各门功课的成绩无从考核,对写字他是抓紧不放的。而且陈继修举人离学校不远,我仍然去送课,但是写字越来越不经常,陈举人那里也去的少了。

睢县没有什么好玩的地方,既无山,也无水,也没有什么文物古迹。据县志记载:睢县原来的县城,明朝黄河决口被淹没,现在城北有很大一片水荡,大雨后成为一个湖泊;平时片片水潦,芦荻丛生;到冬天结冰时,可以踏着冰遍游全湖。这就是原来的县城。旧县城里当然也有什么庙,据说苏东坡曾在那里停留过,还写过《洞庭春色》和《松醪》两赋。有个庙的遗址还在,但我没有去过。

小学毕业,我十五岁,1920年暑假,我考上开封第一师范学校。这样,我从闭塞的小县到了河南省会,中国古城开封。

开封,农村都叫汴梁城。离睢县一百八十里。但我们村子里去过汴梁的却寥寥无几。我到开封去上学,这在我们村子里是独一无二的。

开封第一师范并不是好考的。当年报了两千多名考生,只录取四十名。能不能考取,只好凭运气。在未发榜以前,我到相国寺里去玩,从一个算卦摊子前走过,那个算卦先生向我高声喊叫道:"开封第一师范要发榜了。"这引起我的好奇心,他怎么知道我是考第一师范的? 于是拐到他的摊子前要求算一卦。他算了一下,说我能考取。我虽然很高兴,但并不相信。谁知居然应了他的话。我一生中仅仅算过这一次卦,倒是很"灵验"的。

于是我搬进了第一师范。这是1920年,"五四"运动的第二年。

"五四"运动的余波方兴未艾,一进学校,就投入到炽烈的学生运动中去,强烈的爱国主义感情,高涨的民主思潮,冲荡着每一个青年。青年们成了烈火中的凤凰。

在这样的时刻,谁也不能平静地坐在教室里听课,自动地组成小组把守各个城门检查日货,检查出来就没收烧掉;逮住走私奸商就游行示众。开封马道街有个"丰乐园",是开封最早的剧场,学生们整天在那里集会,成了全市爱国民主运动的活动中心。

河南督军赵倜,是个反动的旧军阀,取缔群众组织,镇压爱国运动。各个学校联合起来围困督军府,要求督军赵倜出面答应学生会提出的要求。我们整整在督军府前坐了一天,也没谈出什么结果。

隔几天,各校学生再次组织游行示威。但军警布满学校前后,手里掂着木棒,如临大敌。我们从后门往外冲,军警就用木棒打我们。由于我年幼身个矮,只听木棒在头上噼噼啪啪响,却打不到我头上。有些人被打得头破血流,冲不出去只好退了回来。

退回到宿舍,有的痛哭,有的大骂,一股愤恨难泄的悲壮气氛充满了学校。领导学生运动的同学则跳墙到校外,跟别校去联系,酝酿下一次的行动。

开封第一师范校长徐侍峰,是一个比较开明的教育家。不干涉学生的民主爱国运动,学校里民主自由的空气相当浓厚。聘请教师不拘一格,有教书多年的老教师,也有刚从北京大学毕业的新派教员。教国文课的,有专教古文、写文言文的郭镂冰;有大力介绍文艺新思潮、鼓励学写白话文的嵇文甫。我们班的国文教员就是嵇文甫先生。他是对我影响最大的一个老师。

嵇文甫先生给我们讲胡适的《文学改良刍议》,以及陈独秀、李大钊、刘半农等人的文章。鲁迅的小说《狂人日记》《阿 Q 正传》《孔乙己》等,都给我们讲过。在提倡白话文、反对文言文的战斗时刻,他这样做,是有革命意义的。他也讲古文,如《史记》上的《陈涉世家》《项羽本纪》《高祖本纪》《商君列传》《滑稽列传》等。他也讲古诗。他不用现成的课本(那时也可能没有现成的课本),而是用讲义的形式,石印出来零页发给学生。总之,从文学到思想,他给我们的影响,都起着启蒙的作用。

在高小时,我心目中的圣人是梁启超,上开师时,心目中的圣人是胡适之。稍后,心目中的圣人是鲁迅。

1921 年,中国共产党成立,开明军人胡笠僧统治河南。胡笠僧对共产党表示支持,因此,在开封建立公开机构。胡笠僧还请李大钊到开封活动。接着国共第一次合作,不少共产党员参加了国民党,使国民党发生了质的变化。凡此种种,使开封很快展现出一个新局面。共产主义思想很快传播起来。我的同班同学,很多人都参加了共产党,我的一些好朋友,全都参加了。

至于我自己,当时正迷于踢球,大部分时间放在球场上。对于政治活动没有兴趣。因此没有参加共产党的要求。但思想上还是要求进步的,对共产党也是同情的。

开封第一师范有不少高年级同学足球踢得不错,且常常举行校际比赛。第一师范有个大操场,我的劲头可以施展开了;再说,第一学期,完全在搞学生运动,几乎没有上课,连期考都没举行。只要不到外边去游行活动,我把所有的时间表都钉在球场上。晚上一直踢到太阳从球场外边落下,足球看不见轮廓了,才挟着脱下的衣服回到宿舍,晚饭从来没吃过,回去以后到厨房泡一碗馍吃吃也就行了。如果饿了,就在操场门口买块烧红薯,一边吃着一边踢。下雨下雪,操场上寂无一人,我就一个人对着墙踢,弄得浑身泥浆,球也弹不起来了。

这样的傻小子,全校第一。但我对于文学和美术却极有兴趣,当时新出的诗集,如胡适的《尝试集》、郭沫若的《女神》、康白情的《草儿集》、汪静之的《蕙的风》、谢冰心的《春水》等都买来读。《新青年》每期必买。里面发表的新诗,每一首都细读过。一些报纸副刊上面发表的新诗,也很留心。我几乎成了新诗爱好狂了。既然喜欢读,难免有时也想诌一诌。我们班出壁报,我第一次写了一首诗,原句不记得了,大意是:瞎子戴着墨镜在看报,装作有学问的样子,其中有一句是"自己一身白毛翼,还说人家是妖精"。登出后,同学们大笑。我也怪不好意思。

到了二三年级,我踢球已很出名,因为踢球勇猛。讲国文讲到一篇《大铁锥传》,刚讲过,一个同学对着我喊:"大铁锥!"同学们在一旁起哄。于是"大铁锥"成了我的外号,很快传开。每逢赛球,我踢一脚就有人叫好,我走在街上,往往有一群孩子跟在后面喊"大铁锥"!

师范学校,每月有五块钱的膳食费。再跟家要些钱,全都买书了。袜子露着脚后跟,走在街上,袜子老是往下滑,走不几步,就得弯下腰用手提一提袜子和鞋。1980年写了一首诗《寻找》,内有一句:

在泥泞小巷里,/老是粘掉我的鞋。

写的是实际情况。

开封虽然是一座古城,但不止一次地被黄河决口淹没过,汴河早已淤塞,不见痕迹;相国寺成了小商贩会集和群众游艺场所,南关外东南角有个禹王台,辟为公园,星期日约人不少。此外曹门、宋门、北门、西门各城门外,都只有几户人家,很是荒凉。于是假日就约几个同学到郊外去玩。开封西北城墙,被黄沙埋没,出城去玩,不用经过城门,越过城墙就到了郊外。一个秋天,我们到西郊去玩,到处是沙岗隆起,地里种着冬瓜,像是一群白羊卧在那里,瓜叶已经有些发黑了。柳叶发黄,无风自落,在阳光照耀下透明发亮,旋转着落下地来。居然一种莫名其妙的零落之感袭上心来。回校写了一首诗,头两句是:

生怕秋来,/秋偏不知不觉地来了。

下面的已全部忘掉。诗被上一班的同学段景从看到,大加赞赏,每节加以评语送校刊编辑室。段景从是一个狂热写诗的青年,他曾自费出了一本诗集,是个活跃的人物。诗送到校刊编辑室后,校刊编辑派人找我,征询我的意见,是否可以不要评语。我当然同意。于是这首诗发表出来了。形式是"五四"的自由体。感情是古典诗词以及新诗中常见的一种伤秋情调。正像辛弃疾所说:"少年不识愁滋味……为赋新词强说愁。"

这是我的字迹变成铅字的第一首诗,要说处女作,这才真是处女作。可惜六十年前的开封第一师范校刊早已无存,这首诗再也难以找到了。

开封第一师范学校,有一个我入校时即已成名的诗人徐玉诺。我是预科,他比我高四年。虽然没有接触过,但知道他是个狂热的爱国者,也是个狂热的诗人。到我二年级,他已出版《将来的花园》。他毕业后,到处奔波,有很多轶闻。1949年,我和李蕤筹备河南省文联时,把他请到文联,但早已作不出新诗。1951年我们一块到许昌搞土改,他是个极"左"派,嫌土改温和,写了一首诗:

　　　　土地改革五女街,斗争地主如煮鳖;
　　　　大鳖小鳖一齐煮,可惜锅里水不热!

徐玉诺后来得了食道癌,于1959年逝世,那时我因划右派,在大别山劳改,未能参加丧礼,很觉遗憾。

我在第一师范读书时,还有个于赓虞,比我高一年级。不知为什么被开除,到北京去上燕京大学,也成了诗人,还是"新月派"的发起人呢。在学校时我不认识他。他大学毕业后回开封教书,出版《晨曦之前》《魔鬼的舞蹈》等诗集。以后也不写诗了。日本投降后,他到了河南大学,我们成了同事。新中国成立后,不知为什么被捕,死在监狱里。

在第一师范时,除了沉醉于新诗外,对词曲也迷过一阵子。段景从开了一个小书店,他送我一部线装布函《绝妙好词选》,简直如获至宝。又陆续读了不少关于词曲的论文。嵇文甫先生也在课堂上讲梁启超及王国维等人论诗词的文章。我曾用词调写新诗,记得有什么"墙荫下卖樱桃"之句,也在校刊上发表了。

嵇文甫先生对我很鼓励,我在作文本上写过一首诗,有什么"串杨絮作胡子",写的是孩子们的情况,他在诗后面写了一个很长的批语。还鼓励我和一个会写小说的同学王锡钦合办一个壁报。但我俩自知力量不足,未能满足他的愿望。看见我在校刊上发表那篇关于秋天的诗,见到我很称赞。除了文学外,我的美术成绩也是突出的。开封第一师范成立二十五周年校庆时,专辟一个展览室展览我的绘画。嵇文甫先生可以说是我的恩师,图画教员孙一青也是我的恩师。

我在开封第一师范是被开除的。这时我已上到三年级,差一年就毕业了。

前面我曾说过我是个傻小子,在高小时未被开除,这回却不可饶恕了。原因是网球打烂了,我去找体育教员换新的。体育教员洪瑞智见球大怒,把破网球狠命朝地下一摔,断然不给。我不禁突然发狂,破口大骂。经过几道排房,一直骂到我们宿舍。同学们纷纷站在甬道两旁观看,都为之愕然。但当时未敢开除,怕引起风潮,到暑假以三门功课不及格勒令我退学了。

祖父得知,自然要对我严加惩罚。恰好河南体育专门学校招生,经人说情,祖父又放我去开封。不用说,考体专是没有问题的。因为体专是初办,正需要一批体育运动员撑门面,而我早已出名全省,学校自然会录取。

考上体专后,自然以运动为主,但对文学的爱好仍未退减。因为功课不紧,除了打球外,我有更多的时间阅读文学作品。这是 1924 年,《创造》《小说月报》《语丝》《洪水》等刊物正在风行。鲁迅、韦素园、韦丛芜主编的《莽原》,冯至、杨晦等人编的《沉钟》等也很有影响。徐志摩的诗风靡一时,这时也介绍了更多的外国诗。虽然学体育,但对踢球的狂热已经减弱了。在文学修养上,有了更充实的基础。依然不断地写诗。但那时思路窄,阅历浅,容易受别人的影响。徐志摩在创建各种形式,于赓虞则用整齐划一的形式写诗,人称"豆腐干"体。我都模仿过。单从形式上模仿,肯定会失败的。在这期间曾向《语丝》等刊物上投稿,全部杳无音信。1925 年北伐战争前夕,共产党曾在睢县杞县一带发动农民运动,但被镇压,一些农民惨遭杀害。睢县是我的家乡,这消息使我悲痛已极,写了一篇短文。以农民对话的形式抒发失败后的心情。文句自然是幼稚的。更可笑的是这篇文章的题目叫《拟拟曲》。周作人翻译希腊古曲,有人按这形式写东西,称《拟拟曲》,我也盲目地予以仿照。脸红也来不及了。这篇小文投到《洪水》上,居然发表了。这是我在大刊物发表的第一篇作品,也算是我的处女作。

三、出狱前后

1925 年"五卅惨案",引起全国人民的愤怒,革命浪潮不断高涨。不久,北伐战争爆发,很快占领武汉,进入河南。在未到开封以前,所有机关学校一律放假。我回到家里,住了几个月,被土匪拉走。当时土匪遍地,杆子拉大了就被收编,头目成为师、团长,变成军阀。我被拉走,家里无钱赎我,生死难卜。土匪每天"挪窑",一条长绳绑住我们的胳膊,用一条黑布条捂住眼,两边土匪戒备森严,想逃也逃不脱。后面还跟着车辆,上面载着拉来的妇女小孩。在土匪窝里辗转了个把月,刘镇华派兵剿匪,包围了土匪窝。村外传来枪声,土匪不断地被打死、打伤。支持不住了。突围以前,土匪用手枪打死了几个"票子",和我挨肩坐在一起的那个人,被一枪打死,尸体倒在我身上,溅了我一身血,我以为他们会把全部"票子"撕掉。等待着第二次枪声。哪知并没杀我,让我和另一个青年站出来去抬伤号。我们两个出来躲在一间屋子里,剿匪的部队已打进村子,土匪都各自仓皇逃命去了。到天明,我们两个走出村子,路口都有士兵架着枪把守着。问我们是干什么的,我们说是被拉的肉票。脖子里挂着捂眼的黑布条可以作证。于是放我们过去了。

侥幸回到家,家里自然高兴。但家里不能再住了,于是又到开封去。

这已经是 1927 年六七月间,蒋介石四一二叛变革命刚刚过去。清党还在进行中。1925 年国共第一次合作,很多共产党员为工作方便,参加了国民党,这时却被抓起来,有的杀掉,有的坐牢。一场革命被反革命压下。我极为气愤,在这革命低潮时期,我却产生了加入共产党的强烈愿望。于是由第一师范同学吴维钧介绍加入了共产党。入党后积极开展活动。但当时正是极"左"路线当权,各地相继组织暴动。开封也在准备。由于条件不成熟,未能发动起来。我对这种主张,内心不同意,但不敢提出。党的组织遭到破坏后转入地下,发展组织很困难。工人组织不起来,又没有部队参加,暴动难以成为事实。

1926 年原来放假停课的各个机关学校,又恢复起来。我在开封第九小学当教员。冯玉祥主持河南,由于财政困难,机关学校一律发临时工资二十元,大家也没意见,总算有碗饭吃。

我参加党后,由于积极活动,表现勇敢,不几天就被指定为支部书记。也正因为活动积极又不断在我住房开支部会,我塞在院墙洞隙里的传单被发现。校长报告到国民党开封市党部,学校把我解聘。到 1928 年 5 月,这时我到私立两河中学教体育,被开封警备司令部抓走。审问了一次,我没承认,又无证据,随即转送"开封第一模范监狱"关押起来。一进狱门,先砸上一副脚镣,然后装进一个监房里。一个房间住五个犯人,中间一个马桶,屙尿都在屋子里。每顿饭,一碗白水,两个高粱窝窝。我尝到了"铁窗风味"。

由于政治犯抓进来的很多,监狱里已难装下。于是在附近城隍庙另辟一座,把政治犯集中在一起。一个大殿用木栏杆隔成许多小间,下面铺上木炕。每一间里住五六人或七八人不等。这一来,对政治犯倒有很多方便。隔着栏杆可以互通情报,传阅书籍。通过监狱里的地下党员,可以和外面发生联系。政治犯中有人领导斗争,组织活动。在这里读了不少书,有文学方面的,甚至外面的杂志也能传进来。蔡和森的《社会进化史》,摩尔根的《古代社会》等,都是这时读到的。还学会了《国际歌》。

我们还办了一个小小的文学刊物,刊物的名字忘掉了。邻间有个张耀南已在刊物发表过一些新诗,还有刘枝,也发表过作品。我们三个人为主,由我编抄。我把铅笔磨得很尖很尖,密密麻麻地写在一张白麻纸上。编好后各间传阅。大约出了五六期。

监狱的"看守",是最凶恶的,对普通犯人常常责骂殴打,只能忍受。但在政治犯人这里,他们一高声吆唤,全体犯人都摇动脚镣,咣啷咣啷一片声响,表示强烈抗议。看守们无可奈何。

反对白水窝窝头,我们要求改善伙食。开展绝食斗争。坚持了两天,我们胜利了。吃上了白面馍,上午还能有一碗稀菜汤。但不几天就发生了一次大搜查,开来军警,到各间翻床扒铺,把所有的书籍、纸笔统统搜去。把斗争组织者都调到"独自间",加上重镣,铐上手铐。我也被调到独自间,因为我办了小报。可见在犯人中间埋藏有暗探。

我调到独自间,书籍纸笔全无,没书看,又没人谈话,独自一人对着铁窗,看窗外的白云悠然飘动,这是在另一个世界,正与我无干。在普通犯房间,因为架子床互相连接,还可以和隔壁打"电话"。现在单床孤立,连"电话"也打不成了。在独自间里唯一的安慰,就是请蚂蚁搬兵。我把一粒馍屑放在窗台上,蚂蚁寻食,发现馍屑但又拉不走,于是回寓求援,一会儿搬来一哨人马,把馍屑搬去了。蚂蚁可以从铁窗自由出入,看守无可奈何,蚂蚁是应该羡慕的。

而且离开集体房间,我多么怀念我同间的几个兄弟呵!他们几个除了一个拉"洋车"的以外,全是开封第一师范学校的学生。跟我是前后同学。一个叫张炳昌的才十七岁,因为是同志,视为兄弟。我想在独自间经过一段惩罚,会把我重调回原房间的。哪知以后未再回去,同房难友,以后有的竟没再见的机会,现在尚在人间的恐怕很少了!

1929年5月,韩复榘到河南,政治犯已经抓进来一年多,都未处理。于是统交高等法院依法审判。我被提审两次,因为没有证据。我又没有口供,判了我一年有期徒刑。按规定:在押期间,一天折合两天。我已经住了一年零两个月,一折合期满有余。把我放出来。这叫"刑满释放"。

我从监狱出来,是1929年8月间。这一天正值下雨,一阵雨一阵太阳,把衣服淋湿又晒干,但也找不到去处。发表在《现代》文学杂志1934年6月号的《出狱》,写的完全是真实情况和切身体会。这一首诗也是我在全国大型刊物上发表的第一首诗。

从监狱里出来后,精神有过一阵苦闷。各地暴动均已失败,觉得革命已无出路。对当时"左"倾路线虽无认识,但感觉这样做只有牺牲。于是也想钻钻古书堆。在这时期,我读了《老子》《庄子》《昭明文选》《尚书》《史记》等。对胡适、顾颉刚等人历史考证感兴趣。但对新诗及新文学的爱好并未衰减。左联已经成立，但尚未发表多少作品的一个文学爱好者，无资格参加，且开封也没这种组织。在开封高中教书的黎锦明，在开封第一师范教书的叶鼎洛，发表作品的高潮时期已经过去。叶鼎洛嫖妓、打牌，精神颓唐。自然都不会和左联联系。左联刊物《北斗》《作家》等相继问世，我还未敢投稿。蒋光赤的《少年飘泊者》出版，但我又觉太浅直，缺乏艺术性。另外胡适之、梁实秋、徐志摩等人反对进步文学，宣扬资产阶级文艺观点，我更不同意。我是鲁迅的热诚拥护者，他的作品深刻耐读，艺术性高，特别是他的杂文尖锐辛辣，战斗性强，我的思想所以没有消沉，没有走向别路，受鲁迅的影响最深。

出狱后到一个私立"东岳艺术学校"教体育。在监狱一年多，踢球无机会，最强烈的愿望是从监狱里出来。到东岳学校以后，又得重温故技，踢球仍然踢得很好。在东岳学校最使我不能忘记的，是在监狱里同住过一个房间的张炳昌来找我。张炳昌出狱后和党取得了联系。他比我小四五岁，还是一个十八岁的孩子。他比我坚强，做了职业革命家。他没地方住，找到我。在监狱里同处几个月，亲同手足。出狱以后相见，更觉亲切。我就把他留在我的房子里，白天出去活动，夜晚回来宿栖。他也是个文学爱好者，他竭力赞扬蒋光赤的作品，我则竭力贬低，常常发生争执，谁也驳不倒谁。但对鲁迅的崇拜却是共同的。

他有时外出几天又回来，我不问他干些什么，他也很信赖我。住了几个月，组织派他到黄河以北去工作。我徒步送他到黄河南岸柳园口渡口，眼看他上船走了很远才回来。从这以后，就再没见到他。后来听说在豫南一带什么地方牺牲了，也不知他结过婚没有。

以后我又到"民众师范学院"，又到开封第一高中，1932年到了河南体育场。自此生活才算安顿下来。体育场在有名的"龙亭"后面，离市中心很远。地方僻静，环境安适。这时最有兴趣的除了打球以外，是到书店买书报刊物，《现代》《文学》等刊物，我是每期必买。对上海《大公报·文艺》，特别喜欢。我觉得那上面发表的作品都是有分量的，特别是诗。卞之琳、何其芳等人的作品经常在上面发表。我喜欢那种叫人费点思索的诗。我也写了一些这样的诗，投到《大公报》上，大多发表了。当时《大公报·文艺》编辑萧乾，虽然没有通过信，我是很感激他的。就在这个时候我写了《乱葬岗》，发表在王统照先生主编的《文学》上。还写了一首《雪夜》，发表在戴望舒主编的《新诗》上，并被闻一多先生编入他的《中国现代诗选》。这几年的诗，受过现代派的一些影响，但并不晦涩难懂；主张艺术性强一些，但并不唯美主义。我当时的诗基本上应该说是现实主义的。鲁迅和郭沫若的论战，左联跟鲁迅的一些意见不一致，以及后来两个口号的论争，我都是站在鲁迅一边的；虽然我没跟他通过信，没有参加过论战。

摹仿阶段已经过去了。我在追求自己的风格。这时我就试图用乡土语言表现朴素的形式。

有时写诗也入了魔。体育场前面是龙亭湖,晚上我常在湖边散步,大多是在考虑诗句。有一天晚上,天很黑,夜已深,我正走动,忽然一支枪口对住我的胸口,问我干什么?他老远就喊,我却没有听见。原来是几个巡夜的军警。我说我就在后面体育场住,我在考虑写诗。几个巡警的没有再盘查,走开了,他们是否觉得可笑。夜间我看不清他们的表情。

1932年我结了婚,妻子道铎,是北仓女中的学生,经人介绍认识。在这以前,也有过恋爱,遭到破坏,未能成功。在恋爱期间,人的感情是异常的,总是浮躁不安,六神无主,结了婚,有了个家,好像生活上有了根据地了。这年我二十八岁。

四、创作上的新时期

我在河南体育场工作时,又在河南水专兼课,生活相当优裕了。因为职业是体育,花在体育上的时间自然比较多。这时主要兴趣是打篮球。每天总要打一场,甚至打两场。还打乒乓球,还打网球。我们组织了一个篮球队,经常跟各校球队比赛。每天早晨还要起来锻炼身体或者指导来场练习田径赛的运动员。身体可真是响当当、硬棒棒了。但体育活动占的时间太多,自然会影响文学创作的。文和武,总是有矛盾的。所谓文武双全,那是不可能的。在我把主要精力放在体育上的时候,写诗只能是业余或者叫副业。我发表诗作比较晚,也是由于这个原因。有些作家,比我小几岁,这时已经成名了。

1936年10月,鲁迅逝世,我是非常痛苦的。看到巴金等人抬着他的灵柩入殡的消息,我流下了眼泪,泣不成声。他逝世以前所写的文章,特别是《答徐懋庸并关于抗日统一战线问题》,给我很大震动。这一篇尖刻火辣的战斗文章,像一条强光的闪电,掣亮了天空。这是他生前最后一次战斗,不多天就结束了他光辉的一生。

1936年12月,西安事变,时局发生很大的变化,国共两党第二次合作,政治空气缓和多了。1937年抗日战争爆发,人们怀着强烈的仇恨心情和高涨的爱国热情,投入到抗日救亡中去。我自从出狱以后潜伏下来的情感也解脱出来了,当时红军长征早已胜利到达延安。我非常关心延安的情况。斯诺写的《西行漫记》,我如饥似渴地读着。胡风同志编的《七月》,在武汉创刊,我看第一期后,就写了一首诗《我们不能逃走》寄给他,他马上回信,第二期就发表了。这首诗,开始了我创作上的新时期。

1937年年底,日本侵略军接近安阳,各机关、学校逃向河南内乡、镇平一带,河南体育场宣布解散。我携带着妻女到了河南镇平县石佛寺,河南水专迁到那里。石佛寺是以生产丝绸出名的大集镇,彭雪枫同志就出生在这里。当时彭雪枫已经很有名气了。

在这个集镇上,也有个临时开设的小书店,并代订各种报刊。延安出的一些小册子,都可以买到。我还在这里订了一份《新华日报》,并寄钱给报社表示支持。上海、武汉沦陷,很多作家都到解放区了,我向往他们。

1940年春天,我辗转到了河南大学。河南大学迁在嵩县潭头镇,在嵩县西一百华里的伏牛山深山中。有一个小小的盆地。潭头周围三五里有几个村庄。而潭头是一个破败的土寨。寨里住着当地最大的地主,寨外是一个集市。逢集日,山区二三十里以内的山民都到这里交易货物,是一个很盛大的集市。一直到下午人才散尽。我才知道古书上说的"日中为市"是确实有的。在我的家乡,早晨露水未干,集市已空,叫作"露水集"。在山里露水干了才去赶集。

河南大学使这个小盆地突然繁荣起来。教授和职员住在寨子里。几乎所有稍好一点的院落都腾出来了。文、理、农三个学院的院长及教授、讲师们,集中在一个小寨子里,朝夕碰头,互相交往,这在城市里是不可能的。

周围的村庄里,住满了学生。教室则设在一个中学校舍里。图书馆也在那里。

既然是一个大学,即使搬迁到山窝里,也总有个大学气派。河南大学有很丰富的图书,有各科系的学者,有各种各样的思想。不少学生都是做过救亡运动又来上大学的老学生。有积极进行活动的共产党地下党员,有思想进步的教授,经售书报杂志的小商店也开设起来了。这片小盆地竟然成了一个大学城。

来河大以前两年,携家带眷,几经迁徙,过着流亡的生活,连一行诗也没写。到河大以后,由于环境发生了很大的变化。我枯竭的供血不足的心脏突然充满了活力,好像一条搁浅的小船,一下子驶入大海一样。二三年没有写诗,现在又诗意葱茏,而且较之在体育场的几年又前进了一步,创作到了一个新的转折。而且在这以前,是以打球为主,写诗为辅,现在是以写诗为主,打球为辅了。

力量从哪里来?来自同学们活跃的进步思想浪潮。同学们中有不少地下党员,也有不少酷爱写诗的青年,有的已发表过不少作品,如栾星、林涧等。这些同学,经常在我屋子里闲谈。我屋子里总是坐满了人。谈思想,谈文艺,谈创作。有些党员跟我熟极了。甚至我可以知道他们就是党员,我出狱以后一向隐蔽的思想,在抗战初期即已公开,到此更加明朗。思想上的活跃,把我的感情燃烧起来了。同学们有订阅各种刊物的,也拿来给我看。这些刊物是在重庆、昆明、桂林等地出刊的。这时我才知道,原来还有这么多刊物。一些写诗的同学,拿来他们新的作品让我看。我的创作热情也鼓动起来了。因此在这几年里,我发表了不少诗,把创作水平提高了一步,整个四十年代可以说是我的旺盛时期。

国共第二次合作以后,头两年政治上有些松动,但接着国民党就发动了反共高潮。因此我到河大后,思想感情激荡起来了,但精神上是压抑的,是苦闷的。就像一团火,压在铁板下,虽然不能迸发,但更炽烈,更凝聚,而表现为诗,就显出了这种特色,再加上朴素的语言,就形成了我这一时期创作上的特色。

如果说前期受过徐志摩、卞之琳、戴望舒的影响,现在又对艾青的诗大加倾慕,也难免受他的影响。表现在:写诗更自由了。不押韵脚,建行不讲求整齐。按着自然的节奏,语气的顿挫分行。虽是自由体,但不散文化。

这时期写的诗,投到重庆、桂林、昆明等地的刊物上。桂林胡危舟等编的《诗创作》每期寄我数十册,让我代售。放在小书店里很快就卖完了。我在《诗创作》上发表的诗较多。

《无弦琴》《睡眼》等诗可作为这时期的代表。这一期发表的诗,曾辑了一个集子名为《无弦琴》交"诗创作社"出版。广告已登出,但未等出书,湘桂撤退大家纷纷离开桂林,《诗创作》停刊,《无弦琴》未出来,连原稿也丢失了。

我在开封第一师范上学时的国文老师嵇文甫先生,现在是河南大学的文学院院长。少年时受到他的鼓励,现在看到我已经是一个作家了。这时发表的诗,他也很注意地阅读。有一次晚饭后在寨外散步。他刚看过我的《无弦琴》,他很赞赏。他说很早就看出这个苗头了。他嘴角上的笑似乎有点得意。嵇文甫先生的思想、学问、道德,都为同学们所尊重。他仍然是我的老师。还有个王毅斋,经济系主任,曾留学德国,思想进步,敢于发表意见,反对他的人称他为"王疯子"。对于他,我也是很尊重的。

还有化学系主任李俊甫,留学美国,抗战开始时他由浙江大学回到家乡洛宁,积极支持抗日救亡运动,参与共产党活动,并参加了共产党。现在来到河大,对他,我也是很尊重的。以上三人,我有意多接近他们,和李俊甫建立了深厚的感情,终日相处,成为我最好的朋友。

1943年冬,放寒假,我回家看望妻女们。我去河大时,把家安置在洛宁她舅家。我在洛宁正过春节,学校给我去信,说嵇文甫、王毅斋、李俊甫等人被捕,还有些学生。我接到信后,就等待着来抓我。开学每日不敢回校。等了两个月,不见动静,可能事情已过,何况我的诗稿及一切用具还在那里。于是决定回到学校去。回到学校,大家都以为我也被抓走了。看到我感到惊异,就在这年暑假终于把我辞退了。

嵇文甫等人的被捕,给我极大的震动。我的日子就更不好过了。他们是被所谓"伏牛山工作队"抓去的。这支特务队伍和校内的特务勾结起来,校长王广庆的表弟杜新吾,名义上是秘书,实际上是特务。学生中的特务,都受他的控制和指挥,有情况向他汇报。这个人穿着蓝布大褂,留着希特勒式的分头。说起话摇头摆尾,令人厌恶。校长王广庆,是个旧官僚,无知无识,懵懂腐朽,学生给起个外号,叫"广庆粮行掌柜"。他就凭着表弟的卑鄙手段统治学校。以特务治校,这也是当时各个学校的特色。学生中的特务,是人人皆知的。我也大多都认识。他们也常到我屋里去聊天。有个女特务吴冰心。1943年暑假,我从洛宁经洛阳回校,到嵩县雇驮子,然后到潭头。骑在马上,正好和这个特务同行。她说她是从西安来河大上学的。当时我就怀疑:从西安为什么来河南上学,而且不经过考试?我有了戒心。但她性格开朗,毫无女儿忸怩之态。跟人一见面就像老相识似的。一路上跟我骑着马一前一后地走着。骑马上下山,很不好走,但她倒很熟练。跟我一同到校部。我把她领到注册处,她办了手续。西安特务组织派她来,当然早就联系好的。

到校以后,当然她也常到我屋里来。她的身份大家也都清落的。嵇文甫等人被捕时,有几个女生也被捕,都是她提供的名单。他们被捕以后我回学校,说了很多同情他们的话,并且写诗表示愤愤不平之情。也是她汇报给学校当局,把我辞退的。

我在河大这几年,除了白天打打球外,没有其他社会活动,因此大部分的时间从事读书、写作。读了不少世界名著。写了不少诗。稿子投寄的方面也广,只要我能见到的刊物,几乎我都寄了稿子。可惜这些刊物散在各地,沦陷区看不到,延安也看不到,非沦陷区也互相隔绝。所以我仍然是个土生土长的作家,没有走出河南一步,跟外地的作家也很少联系。

五、在战斗中

1943年暑假被河南大学解聘后,由朋友介绍到洛阳中学。不到一学期,日本进兵洛阳。蒋介石部队炸坏了洛阳桥,并未能阻止敌人。在洛阳桥的爆炸声中,我们仓促离开了洛阳。学生教师星散,我回到了洛宁临时家中。等我赶到家,洛宁县城也跟着沦陷了。

在洛阳乡下过了春节,住了几个月,和河南省立第九中学几个教师结伴走出沦陷区,到了卢氏县城。

卢氏县是曹靖华同志的故乡,这时我还没跟他见过面。在河大时曾通过信,他把他翻译出版的小说都寄给我。《铁流》影响最大,用黄色草纸印刷,但销行极广。我对他是很尊重的,他对我也因为是同乡人非常关怀。卢氏县南有一条峡谷,叫五里川,是他的老家所在地,我们从卢氏到内乡,路过五里川口,要不是有同伴多人,我想到他家看看。

刚到卢氏,在街上碰见李根红。那时他笔名叫塞风,是一个发表了不少诗作的青年诗人。他请我在一个小饭馆里吃饭。从沦陷区出来遇到故人,感到特别亲切。

他似乎是从重庆回来。在重庆时和王亚平等组织"春草社"。在重庆《新华日报》上发表了一些散文,要在重庆出个集子,要我写篇小序,我写了。不知以后出版了没有。

在沦陷区住了几个月,没能理个发,头发很长很长,像个野人似的。到卢氏县才理了个发。

从洛宁出来时,没法携带妻女,她们仍然留在洛宁乡下。我离开家时,孩子们正害疟疾,躺在窑洞炕上打战,不能送我,我难过极了。后来写了一首诗《离家》,发表在重庆《大公报》上,完全是真实的心情。1981年《苏金伞诗选》交稿时,没有找到这首诗,未能辑入。台北出版《抗战时期的诗人和诗歌》,收入这首诗,被吴奔星同志看到,他把这首诗抄给我,并写了一篇文章专谈这首诗。可惜此时《苏金伞诗选》即将由人民文学出版社出版,已经来不及补入了。这首诗是借一个战士的口气写的,大意是:家里住不下去了,要离家去打仗,离家以前到集上买的几丸"金鸡纳霜"(现在叫奎宁丸),让正在害疟疾的孩子吃了。妻子送他到高岗上,一再叮嘱他,不打仗了可要回家,切记常来信。丈夫茫然地答应着走了。两旁谷地里,蝈蝈儿叫得正欢。

> 他后悔/不曾捉几只/挂在床头。/好在他走后,/代替他/安慰孩子的寂寞。

离家的时候,确实感到生死难卜,团聚无日,心情自然是极凄怆的。

从卢氏出来,到了内乡。河南省立水专,这时改成"国立黄河流域水利专科学校",我又重回这个学校教体育。

学校在内乡北峪,山乡幽静,又有了几个月的暂时安顿生活。我又写诗往重庆刊物上投寄,《离家》就是这时写的。还写一首走出沦陷区的诗,发表在重庆邵荃麟同志编的《文学杂志》上。

1945年四五月间,日本再次向西进犯,又随水专迁到宝鸡。我们雇马车逃到西安。随身只有一个被卷,别无长物。我把诗稿装在一个小口袋里,挂在脖子上。除非我遇难,稿子不会丢失。这是接受了从洛阳出逃的教训,从洛阳逃出时,我把一个箱子交给洛中的同事们,趁他们的车替我带到卢氏,我回到洛宁家中看一看再追他们。没想到我一到家,洛宁随即沦陷,我走不出去了。而这几个同事,走到卢氏遭遇敌人,衣物全部丢掉,而诗稿自然也无有下落。所以这次采取诗稿不离身,存亡与共的方针。一路上难免被人嘲笑:囊中何物,如此珍贵?我笑答:"此中乃诗也!"

到达西安,见到牛汉。他这时正在西安。他是西北大学的学生,用"谷风"的笔名,发了很多诗。我在河南大学时,曾通过信,他编一个刊物,名叫《流火》,约我写诗,我寄了一首《徘徊》去,发表在《流火》第一期上。还有一个刊物《高原》,我也写过稿。这次见到牛汉,是第一次见面。他领我去拜访了郑伯奇。郑伯奇是创造社的老人,二十年前我就很熟悉他,现在见到他,自然很高兴。但也只是见了这一面,以后未再相逢。

在西安住了个把月,就到水专去了。水专迁到宝鸡北十几里地一个山窝里。离渭河不远。教室设立一个小学里,未带家眷的老师有十几个人,集中住在一个祠堂里。

从这里去宝鸡,可坐一站火车。我经常去宝鸡书店买新出的杂志或新书。也写了几首诗,《诉》就是这时写的。投到《抗战文艺》,来信说要发表,稿费也寄来了。但由于日本投降,大家忙于复原,这最后一期刊物没有印出来。

1945 年 8 月,日本投降。八年灾难及流亡生活,总算结束了。心里自然很高兴,但是,根据当时的情况,内战恐怕不可避免,心里又不免忧愁。经过共产党的呼吁及各民主党派的协同斗争,蒋介石不得不表面上表示接受,毛主席带领共产党代表团赴重庆谈判,又给人们以希望。总之,当时的心情是复杂的。但能复员回家,总是值得安慰的。

日本虽然投降,却又不能马上回去,因为铁路断绝,交通不便。学校先派人回开封安排住处,整理校舍。我和最后一批教师于十二月间合伙雇马车东下,到渑池,我下车回洛宁接家小,其他人径直回开封。

回到家里,正如杜甫的《北征》一样,女儿们蓬头垢面,衣服褴褛。我离家已一年有余,音讯断绝,她们的生活可想而知,我回去以后,全家团圆,自然值得庆幸;但蒋介石能否保证不打内战,也还是忧心忡忡。

我在洛宁过了春节,携带全家回到阔别九年的我的第二故乡——开封。离开开封,我是很怀念的。因为从上中学一直到工作,差不多二十年没有离开过开封。我在宝鸡时曾写过一首诗,对于开封的风沙也颇觉留恋,使我闭着眼睛,不管走到哪里,都可以知道到了什么街。我熟悉开封,就像熟悉我们小小的村庄一样。

现在回到开封,真像回到家里一样。但敌人刚刚撤走,疮痍满目,而国民党在"劫收"之后又在开始内战,显出一种紧张慌乱的局面,我原来所在的河南省体育场,只留下一个大门,我居住过的小楼,一点痕迹也没有了。看台上所有的砖全被拆掉,球场也都不见了。真是一片荒凉!原来主席台下面有两个暗房,现在住着国民党的一个摩托车队。我们虽然恢复了工资,但无法去工作,连立脚的地方也没有。重建体育场,根本无此可能。所以就干脆不去,白拿薪金,倒也省事。

而水专呢？却合并到河南大学去。于是我又回到河大。我教三四年级的体育,上课时能去打打球也就不错,用不着备课。

所以这次回开封,我的本身工作,并不花费时间,可以把全部精力放在文学活动上。前一阶段,文武并举,从此算是"弃武就文"了。

我刚回到开封,《中国时报》社社长郭海长,要我编文艺副刊,我答应了。白尽义务,兴趣很高。郭海长是地下党员,河大迁在潭头时,他在那里上学,我们接触很多,他在河大待不住了,转到重庆复旦大学。现在回来办报,自然是党的安排。报社内很多党员,我都知道,我在那里编副刊,我们的方向是一致的。

1946年春天,《中国时报》和南阳《前锋报》合刊,李蕤任主笔兼编副刊,让我另编《诗与散文》专页。副刊定名为《春蛰》,创刊号让我写首诗,我写了《地层下》,李蕤把它作为发刊词发在最前面。

1946到1948年,这两三年中,我的诗又前进一步,写的诗也多,可以说是我创作上的丰收期。原因是对现实生活的感触更深,时势的逼迫使我义愤难平。胸中总像有一团火燃烧着但又不能尽情发挥。这一心情形成了我这一段诗歌的特点。

我从洛宁回到开封时,是1946年2月,较场口事件刚刚过去。郭沫若等人挨打的消息报刊上犹在报道,蒋介石的和谈,只不过迫于舆论,而发动内战的决心是早已定下了的。共产党提出"反内战、反饥饿、反迫害"的口号是为全国人民所拥护的。因此这一时期所写的诗全部是这个内容。1946年7月5日闻一多先生被特务杀害,引起我的极度愤恨,立即写了一首诗《控诉太阳》,正是这种心情的集中表现。到1947年,共产党节节胜利,打进国民党的心脏,我看到了希望。因此,在《地层下》一诗里暗示:虽然在地层下,但生命却在萌动,不久就是彩色的世纪和音响的世界。

1946年,河南大学学生林涧和林汀要我出头创编《春潮》,纸张印刷全由他们筹措,稿子则由我约集。当时姚雪垠从重庆回到开封,芦焚也由上海来到开封。芦焚已改名师陀。李蕤也在开封,他们都写了文章。

《春潮》第一期出刊后,上海《大公报》曾有介绍,给以应有的评价。

当时在开封的作家,还有索开、李根红(那时叫"塞风"),在郑州的还有春勃、栾星,也都参与了这个活动。还有《河南民报》的赵慎应(笔名曼曼)河南大学学生张结,都发表过不少诗。他俩到解放区较早,从事新闻工作,不再写诗了。

除此以外，出狱不久的牛汉（谷风）于 1946 年夏天从豫南新野县给我一信，说准备到开封工作，希望我为之介绍。我去信表示欢迎。这年六月间，牛汉偕同他的爱人吴海华来到开封。原来我打算让他到《中国时报》社，跟社长郭海长商量，郭意《中国时报》已引起特务们注意，牛汉也许是共产党，集中在一起，更遭忌恨。于是我把他介绍到《正义日报》社。《正义日报》是属于三青团系统的报纸，社长李更夫，也喜欢写点东西。对文人愿意接触，谷风的名字他是很熟悉的，所以我一推荐，他就接受了，让他主编副刊。吴海华到省立女中教英语。女中校长杨子固，三十年代用"紫菇"的笔名在河南报刊上发表很多诗，这时又用古风的形式写旧诗，也发表不少。他对于作家文人，也是很乐意来往的。所以我一介绍，他也接受了。

还有陈雨门，三十年代在全国报刊上发表不少诗，在开封还自己编过《青春》诗刊及《山雨》文学刊物，在河南是有影响的。我们办《春潮》，请他当发行人。因为他在社会处当科长。而社会处是审查、登记刊物的机构。请他当发行人，登记会顺利些。他当然答应了。

此外，河南大学还有教授于赓虞、万曼、刘溶池等人。于赓虞虽是新月社的发起人，但他的诗并不同于"新月派"，人称魔鬼诗人。万曼在三十年代也发表过不少小说，是老作家了。刘溶池也在重庆报刊上发表过不少新诗。但这时三个人都不写作品了。我们的一些活动，还是争取他们参加的。

所以，1946 年，开封聚集了不少文人作家，可谓极一时之盛。

但形势越来越紧张，国民党统治越来越恐慌，而对人们的压抑、迫害，也越来越严酷。师陀在开封住了很短时间又回上海，姚雪垠也转往上海，牛汉夫妇因从事地下活动，在开封停了几个月，也由地下党组织派到伏牛山区去了。到 1947 年，李根红、赵慎应、张结都到解放区，他们临行之前都告诉了我。还有木刻艺术家刘岘，也从苏北根据地到开封，开封有他的家。《中国时报》社展览过他和他夫人王卓君的木刻作品，我们来往较多。李根红临走时到我家告诉我，他听说最近特务系统拟了一个黑名单：有刘岘和我，也有姚雪垠。于是刘岘也离开开封到洛阳他大哥处暂避。

这样，开封又成了一个荒凉的沙漠的城。索开等人编辑出版了《沙漠文艺》。而《春潮》在这以前只出了三期已停刊了。

1947 年曹禺、张骏祥同志到开封，我和李蕤去看他们，并组织一个报告会，请他们两位去讲话。那时群众集会是禁止的，为了怕特务们冲击会场，我们特意请了一个特务头子去主持会议。会场借用一个破败的戏院，听众也坐满了。他们两位当时讲话都很小心。并且把请特务主持会场的事也告诉了他们。报告会平安无事过去了。据说台下坐了很多特务。

1946年王亚平从重庆去解放区,在开封停了几天。卢甸去解放区前在《中国时报》也住过一段时间,临走以前,到我家辞行,把我手头存放的《希望》全部带走。全国第一次文代会时见过几面,以后划为"胡风分子",监禁多年,再也没见过,现在已经作古。

1947年,大军南下,过了黄河,建立了中原根据地,开封形势更为紧张,街口建立暗堡,增派岗警,对于来往行人,可以随时检查;颁发"国民身份证",对于无证行人即行扣押。还进行过一次全城大搜捕,把无户口的居民以及一些报社的编辑记者,抓了几千人,关在一个"戏园"里。国民党各个特务系统,由于权利之争,互相倾轧,这次大搜捕,有的把特务也抓进去了。《力行日报》社社长,中统特务头子史紫忱,因为抓了他的人,破口大骂。李蕤也被抓了进去,经人营救,释放出来,开封待不住,由萧乾同志介绍,到北京编《新路》。

于是开封成了一座死城。

在这二年期间,我写了很多的政治讽刺诗。《国民身份证》可作代表。这首诗写出后,寄给叶圣陶同志,请他介绍到《新文萃》,很快发表了。《新文萃》当时每期发表对解放战争形势的分析,鼓舞人心。我想可能是地下刊物,因为言论是倾向共产党的。

说起叶圣陶,不由引起我的感戴之情。我没有和他见过面,因为少年时期就读过他的作品,使我倾慕。这时他编《中学生》,我把诗寄给他,他都在《中学生》上发表了。《中学生》上还有一篇评论我的诗的文章。我去信,他总是回信的。近来看茅盾及巴金同志的回忆录,他们的第一篇小说都是叶圣陶编发的。而且在"矛"字上添个草字头,成为"茅盾"终身的笔名。这些都使我有同感。他可谓中国文学史上的引路人。

《头发》《鹁鸪鸟》《歌的王国》《马蹄》等,都是这时写的。1947年上海《诗创造》社要出一套诗丛,由臧克家同志主编。还要每人拿一百元印刷费。为了能使自己的诗集出版,也只好照办。我的一本诗集叫《地层下》。这是薄薄的几页。收诗很少,由上海星群出版公司出版。我又给萧乾同志去信,请他介绍另出一本,他交给巴金同志,收入《文季丛书》,由上海文化生活出版社于1949年年初出版,这就是《窗外》。上海解放后我才见到。在那个出版困难的时刻,巴金同志肯接受这本诗集,我也是永远不忘的。

六、进入解放区

解放战争进入1948年,胜利的曙光已经在望。河南已在人民解放军掌握之中。洛阳首先解放,开封已成了孤城。物价一日数涨,国民党发行的"关金券"几乎成了废纸。发了工资马上就得买成面粉。否则第二天物价就涨一倍,或者路断粮绝,面粉厂关闭,就只有死路一条。

1948年6月26日,解放开封的战斗开始,困守开封的国民党部队,孤军无援,抵抗了四天,终于全军覆没,省府主席刘茂恩化装逃走。开封解放。

解放开封,是解放军过河以来解放的第一个省会城市,影响极大。在这次战役刚结束,做了大量的知识分子的工作。地下党派党员《中国时报》编辑刘世明找我,邀我到解放区去。同时也邀请了嵇文甫、主颜斋、李俊甫等人。河南大学学生刘世昌,于1947年回解放区,这时回来做宣传工作,帮我们要了两辆卡车,我们几家携带儿女离开了开封。由郭海长、刘世昌护送,到了豫西根据地鲁山。经过襄县时,正在那里开会的刘伯承、邓小平、陈毅、陈赓等领导同志接见并宴请了我们,他们把当时的革命形势详细地向我们做了介绍,使我们豁然开朗,耳目一新。对全国解放充满了信心。

一到解放区,真是到了又一个天地,心情舒畅,精神愉快。多年的积郁压抑,一下子消除净尽。所接触到的一切干部,都十分亲切温暖,我写的《汝河岸上》一诗可以代表当时的心情。汝河即襄县城外的一条河。在襄县也见到了张结。他于1947年到解放区去时,走前到我家告诉了我,连他的父亲都不知道。他的父亲张邃青先生,是河大的历史教授,也是我在第一师范时的老师。和张结在这里相逢,感到格外亲近。

从开封出来时,第一站到了豫皖苏军区,张国华司令员接待了我们。在这里我写了到解放区后的第一首诗《在豫皖苏军区》。

　　　树荫满村,/鸟声满村。/村里/安着我们的司令部。

诗里表现了亲切欢快的感情,这是过去所没有的。

鲁山,位于豫西南山区,新中国成立后已进行过土改,地方安全,农村都已建立了新政权。河南省委及军区、新华社及《中原日报》都设在这里。省委书记张玺同志,天天陪着我们,饭后到城外菜园里去玩,向我们介绍解放区的情况,真是亲如一家人。

曾克同志也正在那里。她天天跟我们生活在一起,教孩子们唱歌,领着孩子们玩。她还组织起我们来教《黄河大合唱》,开诗歌朗诵会,她朗诵了我的《国民身份证》。我的诗集《地层下》出版后,带了十几本到解放区,送了她一本。《国民身份证》是《地层下》中的一首诗。在鲁山住了个把月,征求我的意见,我愿意到老解放区看看。于是我和李俊甫两家,由郭海长护送,经洛阳,由孟津过黄河,穿过太行山,沿途派马车,辗转来到石家庄。石家庄正在开解放区文代会,我到那天刚刚开完,人还未散,我见到了周扬、艾青、田间、鲁藜及吕剑等同志。

在石家庄,由晁哲甫同志接待我们。把我们安置到华北大学。华北大学设在石家庄北几十里地的正定县城内。名义上给我一个文学研究室研究员的名义,实际上住在该校第四部。第四部是历史研究所,领导人范文澜,书记刘大年。第四部所在地是一座很大的院落,方砖铺地,房屋犹新,是北洋政府时期内政部长王士轸的住宅。在这里住的还有王冶秋、李何林、丁易和历史学家荣孟源、尚钺等,范文澜也住在那里。

华北大学第三部是文学院,院长沙可夫,副院长是文青及张光年,聚集了不少作家和艺术家。初到的时候,为我们小型演出了《夫妻识字》《兄妹开荒》等小剧。还观看了郭兰英演唱大型歌剧《白毛女》和《赤叶河》。临时露天剧场,舞台上挂着两盏煤气灯,风一吹咣啷咣啷地响,校长吴玉章,副校长范文澜、成仿吾,及教务长钱俊瑞等都到场观看,开演前一片拉歌声,满场欢笑,我们初到者的欢乐和他们融合在一起了。

在这里我写了《我们的校长——吴老》和《三黑和土地》。

在正定街上碰上牛汉,他在华大一部学习。毕业后马上分赴前线。牛汉从河南出来后,到了上海,辗转进入华北解放区,胡风为他出了一本诗集《彩色的生活》。诗集用牛汉作笔名,从此改名牛汉,谷风的名字废除了。我们在解放区相逢,心情可想而知。在开封那一段艰苦的日子,那一段战斗生活,使我们的感情凝结在一起了。

在华大第四部住着,因刚到解放区,主要是熟悉解放区的情况和学习马列主义及毛主席著作。在学习理论上,我下了一番功夫,这在国统区是不可能的。我读了马克思的《法兰西内战》、《雇佣劳动与资本》、《路易·波拿巴的雾月十八日》、《哥达纲领批判》、《政治经济学批判序言》及导言,恩格斯的《反杜林论》《社会主义从空想到科学的发展》《费尔巴哈和德国古典哲学的终结》,列宁的《国家与革命》《批判经验主义》《卡尔·马克思》等。还发给我一部东北出版的《毛泽东选集》。读了这些书,使我聪明多了。提高了理论水平,对于认识事物、分析事物,有了正确的标准。这个标准就是唯物主义。

1948年十月间,傅作义出兵侵犯解放区,华北大学疏散到邯郸。我们住在一个教堂里。满院的白杨树,垒满了老鸹窝,屙了一地鸦粪,终日聒叫不息。但不几天傅军即缩回北京,我们又回到正定。

这一次的转移是从容的,我们全家以及华大第四部的其他同志,由学校雇了马车,沿途护送,并派先遣队,在前面预先安排食宿,对我们关怀备至。在解放区里人与人的关系,互相爱护,互相尊重,互相体贴,中间没有一点距离。在邯郸时，有一天夜里，到城外去看戏，我的一个女儿迷失了。全体同志出动，到各条路上去寻找，终于被范文澜的通信员（可惜他的名字我忘记了）找到了。这种亲密的关系，新中国成立以后淡漠了。

1948年12月，华北大学教务长钱俊瑞同志通知我和李俊甫，要调我们去北平参加接管工作，北平要解放了。我到解放区思想上是做了充分准备的，原以为要长期斗争，经受考验，经过一段学习会分发到更艰苦的地方去工作。不想一到解放区，胜利到来了。兴奋的心情自然可想而知。于是我把家小留在正定，实际我的妻子道铎已去华北大学第三部学习，四个女儿都送入阜平育才小学。我和王冶秋、李俊甫、丁易，还有一些华北大学的学生，坐了几辆马车，向北平进发。

坐着马车，走在北方的土路上，马蹄嘚嘚，我们随着马车的摇荡，心潮起伏，一路欢笑，颇不寂寞。走了两三天，晚上住在农民家里。王冶秋同志有一个毛病，他睡觉要枕头垫得特别高，高到他的脖子折起来。否则睡不着觉。王冶秋同志写过不少作品，冯玉祥将军请他当老师，是一个很有成就的作家。但这时已不写文学作品，研究起文物来，成了一位文物专家。丁易同志是搞文学理论及文学史的，是一位教授。我们坐车同行了几天，结下了友谊。

我们走到良乡住下来。良乡县城已经解放。生意也开张了。在良乡住了个把月，学习接管城市政策及熟悉北平各学校的情况，因为我们准备接管各大学。在这以前，通过调查，早已编印出了详细的资料。足见为了解放并接管北平，早做了充分的准备工作。

在良乡过了春节。北平和平解放。严辰随军入城并写了诗发表在报纸上，我们在良乡也看到了。

在良乡跟我住在一起的还有徐放和侯民泽等。侯民泽后来到《文艺报》当编辑；用"敏泽"的笔名开始发表评论及理论性文章。

北平解放数日后，我们才进了北平。北平解放盛况，我未能目睹。进城后，我们编入"北平军管会文化接管委员会"。主任钱俊瑞。我和丁易还有几个华大学生接管北平师范大学，住在校内。所谓接管，不过是召集全体师生，宣布一下学校已属于人民，一切人员保持原位，工资照发。在这种接管仪式上，多是钱俊瑞同志主持并讲话。这样一来，人心安定，秩序井然。我们接管人员的责任，就是学校有什么大事，和我们商量一下。等于协助学校维持一段时间，过渡到正常化。等高教部成立，我们的接管任务就完成了。

1949年3月，党中央及毛主席由西柏坡进驻北平。我写了一首《毛主席来了》发表在《人民日报》上。这是我进入解放区以来发表的第一首诗。

进入解放区，心情是舒畅的，但创作上陷入苦恼。主要是诗的形式问题。

由于过分强调向民歌学习，新诗多采用民歌形式。《王贵和李香香》，在国统区就看见了，说老实话，我并不喜欢。国统区《马凡陀的山歌》，影响很大，说老实话，我也不喜欢。我最喜欢的是艾青的诗。但在解放区，这种自由诗的形式显然不行了。而我却坚持写自由体诗，决不写民歌体，我的这种矛盾是解决不了的。只好干脆不写，要写，还写自由体诗，不能发表也罢。其实我进入解放区，由于心情的欢快，难免要写点诗，写出后，就放在身边。刚到华北大学，我写了一首解放开封的诗，寄到《华北日报》，一直不得消息，有同志看见，压在编辑部的桌子上。后来当然丢掉了。那时我不知道解放区要的是什么样的诗，贸然寄了出去，有点欠慎重。当时解放区刊物很少，印刷条件困难。出版物难以跟上需要；而文艺为工农兵服务的政策，执行者又看得太死，掌握得太左，这也影响诗的发展。可是那时总觉着自己刚入解放区，思想还有距离，担心违背《在延安文艺座谈会上的讲话》的精神，所以每会必检讨，而检讨又解决不了问题。

《毛主席来了》用的仍然是自由体。但押了韵脚，节奏较整齐。跟以前用的自由体形式显然有很大的变化。在正定时写的《我们的校长——吴老》用的还是从前的形式，要比这首诗好。得到王冶秋、王亚平等同志的奖励。因此我觉得过多地讲求形式，必然损害内容，束缚情思。而民歌体和快板诗就更呆板，凑多了令人感到乏味。再加上"文艺为无产阶级政治服务""文艺是阶级斗争的工具"等，把诗歌弄得浅露直白，千篇一律，沦为标语口号或图解政策。于是诗就不成其为诗了。

1949年6月，接管工作结束，我又回到华北大学创作组。这时北京大学学生赵立生要我为他们代编《诗号角》，纸张印刷及经费，全由他负责。我就邀沙鸥同志同编。沙鸥住在"翠明庄"另外一个接管机构里。有稿我们共同商酌，并约请诗人们写稿。艾青、田间、严辰、吕剑等人都写了稿。艾青在当时的情况下，也用民歌体写了一首诗。这是我所见到的他所写的唯一的一首民歌体诗。以后出集子也再没收录过。

《诗号角》，三十二开本，当时全国尚未解放，发行渠道不通，印数不多，影响不大。但在北平刚刚解放，所有刊物均未出现之际，这个小小的诗刊也算填了这段空白。

沙鸥过去没见过面，1946年我编《中国时报》副刊时，曾向他要过稿，通过信。在北京相遇，因为共编《诗号角》，一时过从甚密。

北平解放后，南方作家或一些暂住香港的作家，陆续来到北平。茅盾到北平时，我们创作组写了一篇欢迎文章，发表在刚创刊的《文艺报》第一期上。我和臧克家、严辰、碧野、陈北鸥、青苗等人的名字都排在文章后面。我和严辰、吕剑一块到寓所去看他。戴望舒也来北平加入我们的创作组，跟我们住在一起。

戴望舒的诗我是喜欢的。不过这时他已不写诗了。我为《诗号角》向他要诗，也没写成。他哮喘严重，呼吸困难，也不能多打搅他。他过去写的诗，在当时是难以做出评价的，因为距离太大了。所以他到北平，也未引起文艺界多大注意。

胡风也从香港来到北平。他是应邀来参加全国政协的。对于胡风，我是敬重的。虽然我只在他编的《七月》上发表过一首诗，但我对他所编的刊物，包括在重庆编的《希望》，影响极大，我是很喜欢的。在他编的刊物上我闻到了一种革命气息。在上面发表的许多诗，如艾青、绿原、邹荻帆等人的诗，都给过我影响。但我的诗不合他的要求，除了在《七月》第二期发表过一首诗外，后来数次往《希望》上投稿，都没有发表。

现在胡风来到北京，我要去拜访他。徐放和鲁煤（在《七月》上发表诗用牧青笔名）跟他较熟。鲁煤领我去见到胡风和梅志。鲁煤劝胡看看解放区的文艺理论，如何其芳及萧殷等人的文章。那时我刚看到胡风写的一本论争性的理论书《论现实主义的路》，就是跟何其芳、林默涵等人论战的。现在来到解放区，对文艺问题他有他的看法。但并没有仔细谈。我也有我的看法，我怕我的看法是错误的，也不敢发表。

叶圣陶也来了。对叶老，我更尊重，我把他看作我的前辈。有一天晚上我到他家去看他。他刚参加宴会回来，喝的有点醉意，脸红红的。我自报姓名。他热情接待，使我感到亲切。但他在醉中，我不便多坐，匆匆离去。他把这件事老记在心里，后来每次去，他总提到这件事，表示歉意。

我也去看了邵荃麟及葛琴。他们在桂林编《青年文学》，发过我两首诗，葛琴同志去信说两首诗分两期发。那时我在河南大学。

我也去看了巴金。他出版我的诗集《窗外》，在当时出版条件十分困难的情况下，他肯接受出版我的诗集，我是感激不尽的。

巴金同志给我的印象极好，诚挚坦率，热情洋溢。从上海来的朋友，谈起他来，一致赞扬，也加深了我的印象。

我和严辰、吕剑一起还看过一次郭沫若。

郭沫若当然也是我的前辈。他的《女神》，是我接触到的第一本诗集，那时还是一个少年，对他的诗非常崇拜，有些诗我读的会背。后来对于他的参加革命，领导文艺界斗争以及较场口挨打等，都使我钦佩。但他反对鲁迅，和鲁迅论争，却不得人心。我见他时，他耳聋，带着助听器。谈些什么，现在都已忘记。我就见他这一面，以后未再看他。

也见到了萧乾。因为他编《大公报·文艺》时多次发表我的诗，并介绍我的诗集《窗外》出版，对他我是感恩的，好像有一种特殊的感情。有一次我和妻子、女儿，在街上遇见他，他给我们照了一张相。那时我们还穿着粗布灰色解放服，洗出以后还给我送来。以后我每次到京总去看他。

1949年7月,在北平召开全国第一次文代会。我作为华中代表团的团员参加了大会。团长于黑丁,代表有李季、绿原、李蕤、何家槐等。

在大会期间,我认识了更多的作家。过去只是慕名未能见面的,这次都见到了。如王统照、俞平伯、靳以、何其芳、卞之琳、李广田,等等。

在开会期间,天津出了一个文艺刊物(名字我忘记了),跟我要稿子,我把《吴老》一诗寄去。开会中间,正好出版,每个代表赠送了一本。

这次文代会,是解放区和国统区两支文艺大军大会师。周总理做了长达五个小时的讲话。毛主席也接见了全体代表并致了祝词,还照了相。这一次照相,比延安文艺座谈会规模大多了。单从这一点来看,也是一个伟大的胜利。

但从创作上来看,却未显出繁荣景象。解放区的作家进入城市,生活环境改变了;而城市的作家却又不熟悉解放区人民的生活,一时沉默下来了,他们采取向解放区作家学习的态度,解放区的作家成了主力。这种情况一直延续到五十年代中期,出现了一代新的作者,才发生了变化,可惜到1957年,反右派以后,又出现衰煞冷落局面。

在文代会期间,李蕤要我回河南和他一同筹备河南省文联。我没有表态。原因是过去多年一直在河南,不想再回去了。我想在北平住下来,换一换环境。而且已和周扬同志商量,他答应另外给我安排工作。当时我除了编《诗号角》外,还跟严辰、吕剑、侯敏泽伙编《文艺劳动》。侯民泽原在北平上学,人事关系较熟,由他筹措经费,跑印刷发行。《文艺劳动》出了三期。《人民文学》创刊,吕剑调去任诗歌编辑,敏泽到《文艺报》。我又回河南。《文艺劳动》停刊。《诗号角》和《文艺劳动》是自办刊物,是在当时的特殊情况下出版的,以后个人办刊物就成了非法的了。

我参加了开国大典,毛主席讲话和升旗的姿态历历在目。北平改为北京,成了新中国的首都。我写了几首政治抒情诗。但由于这种诗,都是配合某种政治事件的,所以艺术性都不强。

10月下旬,河南省政府主席吴芝圃到北京向中央组织部提出调我回河南,组织部同意,通知我要我跟吴一块回去。于是吴要了一节专车,请郭晓棠、李俊甫、李嘉言和我,携带家属回到了开封。

原载《新文学史料》1985年第3期

黄河与诗

苏金伞

这次参加黄河笔会我很兴奋,对于山西第一次举办"黄河笔会"的气派、胆识很钦佩,很感动。

对于黄河,我不知为什么有特殊的感情。明明黄河经过八省,是八省共有的一条河,我却总觉得它是我家乡的一条河,仿佛就从我家屋后流过。一看到黄河就感到亲切,心胸开阔,情感奔放。

其实,黄河在新中国成立前对于河南没起过什么好作用,害多利少。蒋介石扒黄河,河南淹死、逃失几百万人,造成荒野千里,灾害是空前的。但我觉得不应该责备黄河,对黄河,我并不怨恨。

我对黄河为什么偏爱呢?因为黄河是中华民族的摇篮,摇出了几千年的灿烂文化。因此我对黄河的感情是深厚的。过去有人劝我写黄河,写一万行长诗,我没这个胆量,我没敢尝试。最近河南青年诗人孔令更,自动要求停薪留职,沿黄河体验生活。河南省文联帮助他一些钱,他徒步循黄河西上东下,上穷河源,下到入海口,沿途考察,他要写一首长诗。他走前到我家,我当然很鼓励他,但我劝他不要写长诗,因为没人看。短诗容易写精彩。他可能接受了我的意见。河南还有两个老画家谢瑞阶、周中孚,他们也是沿途考察黄河,速写上千张。谢瑞阶画了百十幅黄河图,周中孚画了一百多米的长卷,气魄很大。所以,河南文艺工作者虽然对黄河说不上什么贡献,但还是稍微做了些工作。至于我,也写过几首关于黄河的诗,但要叫我到黄河上下看看,写几首长诗,我已没有这个野心了。

我是到会年纪最大的,七十九岁了,但我还在写诗,明年八十岁还要写诗。这一点,我还没有丧失信心。过去极"左"路线时,写诗没有写出成绩来,又划成右派。随后又是"文化大革命",多年没好好写诗了。十一届三中全会以后,思想解放,二十多年压抑的感情突然爆发,恢复了青春,一时写了许多诗。有人劝我遍地开花,我接受了这个建议。除了在《人民文学》等大杂志上发表诗作外,还在地方刊物上发表,如《上海文学》《北京文学》《雨花》《长江文艺》《奔流》等。1981年做了大手术,到1983年身体还没恢复,在《人民文学》等刊物上又发表了诗。像我这个年纪,一般人写不出诗了。我为什么能写出来?最重要的一条就是思想解放，精神愉快，盛情不衰。这是三中全会给我的感召。过去写诗曾为形式苦恼，形式束缚了我。三中全会后，提出反左，强调了"百花齐放"，文学出现了繁荣的局面。而我也受了鼓舞，反映面宽了，思考问题深了，诗也有了起色。别人说我新中国成立前写出许多优秀诗作，新中国成立后形成低潮，三中全会后又有新的突破，就是这个原因。这就是人老心不老，精神永在。

　　但是我现在感到了挑战，青年人当面跟我说：老一代诗人的诗，青年一代都不喜欢看。这个挑战对于我是一个很大的震动。当时我想，我也不写了吧。与其越写越坏，让人讨厌，反而把以前写诗稍有的一点名声也败坏了。但是又觉得不大甘心，不甘心寂寞，不甘心就这样死了。所以对青年人的挑战我感到痛苦。不过对青年我要分析一下。目前青年情况很复杂，有很多青年思想不健康，对目前流行的武打、斗殴、黄色、低级、侦破、凶杀、离奇情节等很感兴趣。无数自命为通俗文学的小报、刊物和"传奇文学"畅销一时，印数一般都是百万册以上，而真正的文学作品很少有人看了。对目前的情况我们怎么办呢？我在《文学报》上发过一篇短文，人家还不同意我的意见，反驳我说通俗文学现在是发展的必然趋势。对于这种现象，我无能为力，但感到隐忧。青年们受精神上的伤害是很严重的。应动员社会上的一切力量，提高他们的文化水平及艺术欣赏能力。我觉得有些青年是可怜的。但是也有一部分青年，他们确确实实在思考一些问题。有些喜欢写诗的青年也确确实实在探索一种新的道路，新的东西。对这些青年我很佩服，也很尊重他们。我问他们：老一代诗人的诗不喜欢了，那么喜欢什么诗呢？他们也不明确，可能是喜欢朦胧诗。对朦胧诗，我不反对，而且是支持的。中国的新诗几十年来受极"左"思潮影响，口号是"为政治服务"。于是，文学艺术公式化，概念化，标语口号话，形式单调，内容贫乏。对于旧的东西要反思，探索新的道路、方向，这是必然的，是发展的自然趋势。有人称这些新出现的青年诗人为"崛起的一群"，我看是可以的。他们的诗给中国的新诗注入了新鲜血液，对于新诗的发展必然起到有益的作用，有益的影响。对于这一点，我们老一代诗人不要害怕，不要反对，给他们发表诗作的园地，让他们试试看，能否走出新的道路来，能否出现新的高峰。在中国的古典诗歌中，李白、杜甫是高峰，早已过去了。"五四"以来的高峰是艾青，这个高峰也过去了。能否出现新的高峰？新的高峰从哪里产生？这需要我们摸索，需要我们实践，需要我们奋斗。但是朦胧诗、现代派能否成为诗的高峰，我不敢说。在清除精神污染时，把现代派朦胧诗作为精神污染来批判，我认为不大妥当，这是我对青年一代诗人的支持。但对他们的挑战，我不能就此投降，就此罢休，我要提出三个观点向他们应战。

　　第一，我认为诗是生活的升华，生活是诗的根。这一点不能含糊，不能回避。你对生活不管怎么折射,不管多少层次,不管什么样的多棱镜,没有真实的东西总是空的。真实的东西就是生活。脱离生活,厌弃生活,总要走入邪路。有些人说离生活越远越好,离政治越远越好,这提法我不能同意。但我也不同意对生活直射描写,直射会使人感到直露无味,青年们提倡写自我,表现自我,对这个提法看怎么解释。"我"总是生活在社会中,"我"总是要同别人发生关系,"我"决不是孤立的。写诗要写"我",就要写我对生活的感受,对生活的认识。诗人们对于生活的每一件事物,感受决不会是相同的。写"我"实际上也反映了社会,反映了时代。强调单单写自己的虚幻感觉,写潜意识,写别人不能理解的意念,我觉得这不可取。我曾经到过重庆,正碰上微雨,烟雨朦胧,看到山上的楼台庙宇,简直恍若仙境。但里面必须有山,有楼台;如果光有烟雾,那就没有什么意思。

第二,写诗一定让人看懂。诗总是给人一种愉快,给人一种高尚的情趣,或者给人以无限感触,给人以启发,给人以领悟,给人以想象,给人以艺术享受,读者和作者情感交流,互通心灵。如果看多少遍也看不懂,他的诗的效果是什么?为什么写诗?看不懂的诗怎么判断好坏?有些新青年一味追新求奇,越是看不懂越说好,那么诗的标准,不懂便是好。这总是不能令人信服的。

第三,我是一个现实主义者,但是我并不顽固,并不保守。我现在也在探索一种新的手法。因此,我劝现代派也别太顽固、太绝对。现代派曾经提出过否定中国几千年的古典诗歌传统,否定"五四"以来新诗的成就,割断竖的联系,直接搬西洋的,这一点我不能同意。中国几千年来出现过许多伟大的诗人,留下许多有着高等艺术性的名篇,这是中国珍贵的遗产,否定这些,道理上也说不通。但是,中国诗歌传统如何继承,这倒是个大问题。新诗无疑是从西洋来的,这六十年的发展变化,我是亲身经历的,三十年代我年轻时也写过所谓现代派的诗,在当时的《大公报》上发表。但是把中国的诗歌传统割裂开来,只承认西洋诗,不承认中国诗,这样发展下去是危险的。"五四"时期,新诗崛起的时候,曾反对旧诗,但所反对的只是旧诗僵死的形式以及当时旧诗所表现的空泛无聊的内容,而决不是反对中国诗歌的优秀传统,这一点,应该明确。

那么,新诗如何接受这个遗产呢?我反对写旧诗,我自己决不写旧诗。如吕剑是写新诗的,一写旧诗,他的诗的生命也就结束了。我反对用旧诗的语调和辞藻写新诗。我觉得这样写出来的东西是陈旧的,没有新鲜意味。那么怎么办呢?我认为熟读再说。熟读不是为了马上如何使用,而是把它变成自己的血肉,融入自己的肺腑。到你写新诗的时候,到你探索新诗的意境时,可能不知不觉成为一种营养。把新诗写成中国韵味才有创新。"五四"以来的新诗,也达到过很高的水平,也是可贵的遗产,不可能把它抛弃,抛弃它重来也不可能。我认为决不能单单模仿西洋诗,照搬现代派。我不懂外语,不知道目前西洋诗是什么模样。过去读过大量从外国翻译过来的大诗人们的诗。目前美洲、欧洲的诗翻译得不多,我看得也不多,不便发表意见。我认为作为一个中国人,中国新诗的创新及开拓,应该在中国新诗现有的基础上吸收外国诗的长处。因此"五四"以来的新诗的传统也是应该继承的。这是我的一点认识。

  新诗需要创新,任何艺术都需要创新,大家都在探索,我也在探索,我也想突破自己。在探索中各走各的路,不必勉强统一。我的想法可能也有不对的地方,如果在场的青年人不同意我的想法,可以在这个场合上发言,同我交换意见,共同探讨。

1985 年 8 月
原载《苏金伞诗文集》河南文艺出版社 1998 年版

论诗"短见"

苏金伞

跟人说话,要做到叫人一听就懂,意义清楚,明白无误。诗,虽然是语言,但它不要求这些,因为诗既是语言又是诗。而诗,不单单是诉诸人的听觉,而是诉诸人的心,诉诸人的灵魂,需要用"心"去理解,用"灵魂"去体会。诗,不要求悦耳动听,不要求顺口成章,不要求给以节奏上的快感。

诗,也不依靠于视觉,不需要用华丽的辞藻去装饰它,用怪异的形式去夸示它。诗,不需要像时装展览一样,用美观的款式和组合的颜色取胜,不以时髦取胜。诗的创新,在于随着时刻变化着的时代而产生新的感受;在于不断的变革而产生新的思索;在于对于习惯的表现手段已感到不能完全适用而不断探索的手法。

诗,当然植根于生活,源于生活,但不是照抄生活,不是再现生活,不是组装生活;而是在生活里浸染,在生活里溶解,在生活里酿造,把生活化为自己的肌肉,化为自己的神经,化为自己的思想,沉淀成自己的梦。有人提倡写自我。自我也是社会中的自我,是历史上的自我。自我的感觉,自我的意识,都是个人受外界事物的影响而形成的。不管个人对于外界事物怎样扭曲或变形,如果没有外界事物,连扭曲和变形的形象也不可能产生。从生活出发,从现实中抽象,人总是可以理解的,否则就莫测高深,摸不着头脑。

诗,或者叫人拍案叫绝,或者叫人沉思,或者叫人欢快,或者叫人哀伤,或者叫人顿悟,或者叫人掩卷遐想。一首诗叫人看过以后什么也得不到,我看不能算是一首好诗。有人提出写诗不要感情,我看没有感情很难成为一个诗人。

写诗需要富有想象力。但想象力从哪里来?——是从丰富的阅历和宽阔的天地里获得的。闭门索居,想象力就会贫乏。因此创作也需要开放,还要求有敏锐的感觉。别人感觉不到的东西,诗人能感觉到,这是诗人的"特异功能"。把感觉到的东西在记忆的仓库里储存起来,运用起来就会轻松自如。

写诗要不要技巧?掌握语言的能力已很熟练,控制浮泛粗俗的能力已很充分,就不需要玩弄技巧。诗的深度不在于艰涩隐晦,而在于"用意"的深刻与否,而"用意"靠技巧是得不到的。有些青年刚写出诗就提出反对技巧,我看也不一定恰当。技巧是随着不断地刻苦实践逐渐得来的。一开始就想掌握技巧,还不是那么容易呢!

　　有人提出非理性。当然,诗不是理性的产物,不是推理思辨的产物,不是政治概念的产物。当创作冲动萌发之后,在沉醉于抒发的过程之中,理性时时跳出来加以干扰,也会妨碍艺术的集中完成。但在构思酝酿之时,在大量的生活积累之中,要表现什么,怎么表现,需要理性的选择。采取什么形式才是最适宜的,写出诗来,是美还是丑,是诗还是非诗,是好诗还是不算好诗,需要理性的判断。

　　创作脱离理性的指导,是不可能的,也是办不到的。

原载《诗刊》1987 年第 6 期

诗人应有赤子之心

苏金伞

我生长在农村，22岁以前基本没离开过农村。这很重要，影响了我一生的创作，连我写诗的风格也朴素得像北方的农村一样。

早年的农村生活，奠定了我的生活基础。这个基础是相当扎实的。因此我认为：一个写诗的人，能不能写好，就看他的生活基础如何，这种生活基础是从小打下的，早已化为我的血肉，渗入自己的灵魂。

作为一个诗人，心胸中总滋生着一种葱茏的诗意。这种诗意是生活、思想、感情的总和。这三种东西融合在一起，酿成一股不断的溪流，在胸中潺潺地涌动。一阵骤雨来临，小溪就会突然奋涨起来，这就是诗。胸中干涸着，像一片沙漠，肯定写不出诗来。

这种诗意是可以培养的，诗人应该是最热爱生命和生活的，这种热爱培育了诗篇。有时由于一个偶然的火星溅落在充满诗意的灵魂中而使它突然爆发起来，这就是灵感。但也不能专凭灵感写诗。尤其到了老年，情感不那么旺盛了，感觉不那么灵敏了，对周围的事物，兴趣不那么浓厚了，产生灵感的条件受到了限制。就像到了秋天，呼雷打闪的事毕竟少了，所以人到老年还能写出诗来是不容易的。鹤发童颜，还得有赤子之心，才能长葆创作的青春。

写诗，我没有考虑过什么技巧。我总是觉得怎样更好地表达出我想说的，我就怎样写。力求朴素自然，不装腔作势。我不赞成写诗故意模糊迷离，叫人看不懂，但我却赞成在表现方法上大胆探索，如果含意深刻而又不易马上被人理解，但只要多思索片刻还是能懂的，对于这样的诗，我不仅不反对，而且我自己也想试一试。

风格也是不能模仿的。模仿别人的风格就失掉了自己的东西。风格是在不断创造中形成的。风格，看起来像是形式，是诗的外表，事实上也是诗的实质。风格是由诗人的思想、气质、修养等决定的。没有自己独特风格的诗人，不能算是一个好的诗人。

我今年89岁，还时常有写诗的渴望。当我在病房中久久沉默地回忆起我的一生，记忆深处唤起我美好情感的往事和引起痛苦、忧伤、甚至愤怒的人、事与景象都会化成最单纯的诗句涌现出来。我认为诗人应该正直、善良、说真话，虚伪的人是不配拥有诗人这个称号的。

诗贵朴素,我终生追求的就是这两个字。因为我土生土长,身上和灵魂都浸透了泥土的气息。一切华丽的外衣对我都是不相称的;而且我根本就不会用彩色的羽毛炫饰自己。这是一个人的性情,作假也作不来的。

原载《诗探索》1994 年第 3 期

质朴的美和力量——记苏金伞

张　结

苏金伞同志寄来了人民文学出版社今年3月出版的他的诗选。读着这本并不厚的诗集，不禁想起三十多年前在古城开封时，我常常晚上到他的家里去，听他谈论诗歌创作和他的愤怒、理想和期待的情景。

我认识苏金伞，是在四十年代前期，那时他已写了不少诗，集中最早的一首《出狱》，就是在1934年写的，另一首较早的诗《雪夜》，曾被闻一多选入他的《现代诗抄》，才得以保存下来。但当时的苏金伞却是一位有名的足球运动员，被称作"大铁锥"，大概是因中学课本上的一篇《大铁锥传》而得名的吧。我对他早期的诗作和情况知道得不多，只知道他是河南东部睢县人，幼时的农村生活一直使他的诗作有着浓郁的泥土气息，以后，他较长时期住在当时的河南省会开封。

他的诗创作最多的时期是四十年代。四十年代初期，他在河南大学教体育，那时河大在嵩县的潭头镇（听说现在划归卢氏县了），基本上是在农村。我想，这使他能够继续接近农民的生活。诗选中的一首《摘棉花》，便是那时的作品：

　　孩子爬在地下啃泥土，/声音已经哭哑了，/妈妈毫不关心地在摘棉花；/对于怀中的棉絮，/却又如此地溺爱。//中国的孩子就是这样地被看待着的。//我摘下一个棉花桃，/塞在孩子的手里，/他马上放在嘴边舔着咬着，/痴呆地笑了。//中国的孩子就是这样地容易满足的。//那女人反而怪起我来：/"吓，那是作孽的，/一个棉花桃要纺几丈线哩！"

我很喜欢这首小诗，因为我那时（还是一个初中学生）也帮助同学摘过棉花，能够理解他对农民的同情和深沉的爱，但更重要的原因是我从诗中也看到他自己身上的农民的气质：朴实而又倔犟。当时河南大学虽在农村，可绝不是世外，在反共高潮中，学校的一些进步教授和学生，就被在叶县"抗战"的汤恩伯逮捕了。苏金伞自己也是被捕过的，处境当然不好，但他仍然唱出自己的声音，可以倾诉他的不幸的声音。

1943年和1944年初，日军在河南进行了目的有限的战役，汤恩伯部队不战而溃，河大先是迁到与陕西、湖北接壤的荆紫关，以后又迁到宝鸡附近的石羊庙。就是在陕西，苏金伞仍然写着他的有关农村的诗。诗集中的《跟妈妈说》，便是在石羊庙写的。我想,这是由于他长期以来熟悉农村的生活。值得注意的是这时以及以后的一段时期,诗人的政治热情更高涨了,在潭头时,他曾写了一首小诗《徘徊》,诗中说:

不会/搬一块大石头,/砸开紧闭的门,/进去搜寻食物;//又羞于/向人索讨一粒小米,/甚而一口水。/……/于是/像开在山凹里的小花,/永远满足于:/早晨的一点露珠,/午间从树叶间漏下的一滴光,/晚上一场虫声不扰的梦。

如果说这表明了诗人在阴晦的环境中绝不同流合污的决心的话,他在1946年的声音就高亢得多,他坚定地喊出:

我不需要你可怜我,/说:"唉,你真痛苦!"//痛苦,/还不是你给我的?/现在你又来说/要替我解除!//我要用自己的舌头/舔自己的血,/用自己的喉咙叫喊。(《拟情诗》)

我和他有较多的接触也是1946—1948年在开封的这一段时期。记得在闻一多先生被暗杀后,他非常激动,不停地说,靠卑鄙的手段,是吓不倒人的,不久便看到他的诗作《控诉太阳》。我觉得这是他最好的政治讽刺诗之一(也许这样说并不恰当,因为诗人心底的愤怒要远远超过讽刺),也是他的坚强不屈的性格的又一个证明。

1948年春夏之交,我要到解放区去,行前曾去告诉他。他也谈到他对解放区的向往和对党的感情。开封第一次解放,他和嵇文甫教授等一起进入解放区,那时我正在豫西的襄县,曾和其他同志一起见到了他,虽然谈话的时间不久,他乐观欣愉的心情却感染了我。以后我才知道,他曾写了一首诗,那便是诗选第二辑中的第一首《在汝河岸上》。他写道:

在汝河岸上,/我们大笑着/握手相逢。/……/我们从来没有这样大笑过,/没有这样高声地谈过话,/天天是在恐怖中过日子。

这是他多年没有的欢快的声音,我想,也应该是他以后的创作的新的基调。他应该有更多、更好的新的作品。

可惜的是,从1957年到十年内乱后的二十多年,他的诗作并不多,这当然不是他自己的原因。和1948年以前的二十多年相比,诗选中这一时期的诗只有前者的二分之一稍多,而他早期的不少诗(但他来信说,有一些是他自己比较喜爱的)已经散失了。但我也看到这时期他仍然在不断地写作,尽管是在很不好的环境,通过集中1957年到1963年为数不多的作品,可以看出他对诗的执著的追求和爱。

1977年以后,苏金伞才又开始发表作品。像他写于1981年的《大麻叶》:

> 大麻叶有些纳闷:/怎么没听见钟声?/往年,钟声把星星敲落,/把朝霞敲红,/还不见人出来。/小麦急得发黄发焦,/埋怨钟声:/怎么千锤万击,/却敲不动农民的心?/……/不要问了,大麻叶!/你不同样是长在责任田中?/要不,怎么会这么肥壮,/一棵一棵都像初生的泡桐。

这仍然是他过去的风格,但又是反映那个历史时期的诗。从数量上说,他收入集中的这几年的作品几乎可以赶上前二十多年的诗作,对一位年已七旬的人来说,这是很不容易的,但我想,更重要的是他仍然和时代的脉搏紧密地连在一起。他没有从形式上做过多的追求,还是那么质朴,委婉而含蓄地说出自己要说的话,写着充满质朴的美和力量的诗篇。看着他这时的作品,人们会感到他在诗集序言中所说的,是党的三中全会使他重新焕发了青春的话,确是他的肺腑之言。

随着思绪写了下来,回头一看,觉得更像一篇回忆,而不像对作品的评介了。但这正是我在读完他的诗集之后想说的话,也许这样比单纯从艺术上分析更有助于了解苏金伞和他的诗。

原载《文艺报》1983年第12期

纤道
——诗人苏金伞小记

阎豫昌

星期天上午,我到河南省文联院里敲开了"晚晴居"的门。走进书房,老诗人苏金伞双手扶住单人沙发缓缓站起,慈祥地说:"豫昌,坐这里。"他坐在沙发对面的藤椅上。"谁来了?"在茶几旁另一只沙发上对坐的苏师母道铎发问。她视力几乎消失,听力也很差。我大声同她打招呼,连喊带笑地说:"我,你听出来了吧……我来给苏老拜寿,2月27日是他八十五周岁大寿嘛!"说着,我从书包里掏出一个产自灵宝寺河山园艺场的红富士苹果,似火的红皮上,有一个淡黄色的笔画清晰的寿字。

"你读过我刚发表的两首诗吗?"苏老手捧着寿字红苹果,笑问道。

"山边一条小路/是纤夫用脚和手磨出来的。"我朗诵道,这是《河南日报》今年元月2日副刊头题发表的苏老的新作《纤道》中的头两句,他告诉我,是应副刊王钢女士之约,新写出来的。我原以为是他抄录的旧作,没料到……从1927年他在创造社的旧刊物《洪水》上发第一首诗作《拟拟曲》,到1991年元月2日发表《纤道》和《窗前一根柳丝》,他笔耕已达六十四年。

"今年省文联要给老苏祝寿……"苏夫人说。我说我也得到这消息,苏老沉默不语,似想听我对他新作的看法。"纤夫熟悉这条小路/就像熟悉自己的腰带/腰带久了就会断/而这条小路/却永远勒在自己的肩上。"我默吟这些诗句,看着坐我对面的八十五岁的诗翁,突然悟出:这条纤道,不就是诗人的诗歌创作之路吗?"山边一条小路/是纤夫用脚和手磨出来的。"苏翁的诗,也是用脚跋涉出来的,用手一字字一行行磨出来的呀!面对这位饱经沧桑的老人,我想起了到他的故乡豫东睢县周营小村走访时所了解的——一个用狗尾巴草串一串蚱蜢的农村孩子,一个把水井、坑塘、大麻叶都看成有生命的孩子,从风沙小村走向汴梁古城,考进开封师范、开封体专,成为外号"大铁锥"的足球明星,成为全国著名的诗人,是经过多少奋斗历尽多少辛酸呀!

"臧克家最近给我来信,他读了我的新作……"苏老说。他的书房中,有茅盾、叶圣陶、艾青写给他的墨宝,有木刻家刘岘的佳作;他书桌上,有海外华人作家聂华苓和台湾诗人吴晟、痖弦的来函……他的诗作,曾牵动海内外读者的心,激发过年轻的诗魂腾飞超越。

　　苏老同我均片刻静默。他是否又在追忆青少年时的开封古城？他也会记得,他创作的黄金时期,是在抗日战争中,在豫西嵩县潭头镇的河南大学时的创作。掀开人民文学出版社的《苏金伞诗选》,人们就会发现,一幅幅豫西山水画面、农村人物、山野风情呈现在面前,且在篇末注明"潭头河大"。我也曾追随苏老诗踪,到潭头走访。那清澈的伊河水,曾映照过苏金伞青春的面影。寒假中,他从嵩山到洛宁——他的妻和女儿在洛宁农村的娘家。往返跋涉中,他写下《小河》等名篇。豫西和豫东,同样哺育了诗人苏金伞。而 50 年代后期,他因被错划成"右派",五十多岁时还携妻带女,到大别山最深处的贫困山乡"劳改",同青壮年一样挑担下田,寻矿上山……但他仍能从生活中发掘出金;他赞新笋、春燕、新秧、杜鹃……他的一生,纯朴如农民,执著追求生活中的真善美。

　　"这只寿字苹果,你生日那天吃吧。"我笑说。"那天你要来。"苏老说。我望着他额上一道长长的皱纹,又联想到他的诗《纤道》;而他的心灵中的诗的纤道,更长,更长……

原载《洛阳日报》1991 年 2 月 24 日

金伞的诗

魏 巍

苏金伞同志是我国的著名诗人。他已是87岁的老诗翁了,其创作生涯已七十年了,在"五四"以来出现的新诗的田园里,他不仅是辛勤的耕耘者,也是一个丰收者。在我国新诗的史册上,具有无可置疑的地位,他的成就和贡献是显著的和优异的。当各地为一些有成就的诗人、作家纷纷举办纪念和研究活动的时候,金伞同志无疑是更应受到重视了。

我很喜欢金伞的诗。他是自由诗派。他的诗是地地道道的自由诗。他充分汲取了自由诗的优长,并达到得心应手、运用自如的境界。读他的诗,感到有一种天籁般的音韵贯彻其间。但是还必须补充一句,由于诗人从中国古典诗歌中汲取了足够的营养,加上他对中国农村风情画的出色描绘,以及他对群众语言的采用,他的自由诗又绝不像外来的自由诗和书斋中的自由诗,而是从中国土地上生长起来的自由诗。或者说是中国化了的自由诗。我觉得,值得特别重视的是他的诗的语言。在他的诗里,很难找到过分欧化的别别扭扭的句子,用的多半都是经过提炼的活的语言,还间有中州大地上具有乡土色彩的语言,使人读来倍感亲切。例如本年《诗刊》一月号上他的组诗《野火与柔情》,读来就是这样。在《小轿和村庄》中有这样的诗句:

天空像一面无人敲的锣/似乎稍微动一下/就会响彻宇宙/响彻冬天。

比喻多么新鲜,语言又多么通俗,毫不费解,给人想象的美提供了足够的空间。而令人遗憾的是近年来出现的有些新诗,距离活的语言反而越来越远,有的过于欧化,有的甚至夹杂了许多文言用语,好像古人穿上一套洋服。既名新诗,总是多在活的语言的提炼上下功夫才好。

金伞的诗,其风格主要是朴素和自然,在朴素和自然中流露出一种内在的美。这也许是他的诗所具有的独特魅力。在他的诗中,你很难发现有刻意雕琢的痕迹。然而他的诗又绝不是粗疏的,读他的诗,你会感到他的诗的触觉是相当细微和灵敏的,这一点并不是所有的人都能够做到。他的诗的风格的另一方面是含蓄。在古典诗歌中,他比较喜欢李商隐的诗。我曾在北京的书摊上买过一部线装的古版本《李义山集》送他。他很感兴趣。如果说他汲取了李诗的长处,但又绝不晦涩难懂,可以说做得恰到好处。比起现在某些朦胧诗易解得多了。

　　金伞的诗，在题材与内容方面，与中原人民的遭遇是分不开的。他有不少诗描写劳动人民的生活，并对他们在旧中国苦难的遭遇充满同情。从这些诗中，我们可以认识到那个可诅咒的黑暗世界。新中国建立以来，诗人热情勃发，写了许多歌颂社会主义新中国的诗篇，是诗人又一个创作高峰。诗人一生，为文严肃，凡有所作，皆有感而发，几乎篇篇可读。

　　金伞为人正直，对朋友热情诚恳，五十年代他陪我游览故都开封，至今仍历历在目。不想时光流逝，故人多已垂垂老矣！但他仍时有新作问世，尤其今春所发表之《野火与柔情》的组诗，令人惊叹那青春的血仍在他胸中流动，他的诗永远是年轻的！谨祝他健康长寿！

1993 年 5 月 14 日于北京
原载《诗刊》1993 年第 8 期

长不大的苏金伞

南 丁

我到河南省文联工作时十八岁,金伞比我年长四分之一世纪。他那时就是著名诗人,就在省文联做副主席。四十四年过去,金伞如今已是八十七岁的老人,我也已年逾花甲。金伞说,你是我看着长大的。我说,我是看着你长不大的。

近年来我常看到他婴儿般的笑容。他八十六岁诞辰的那天,我们几个人带着蛋糕水果到医院里去看他,坐在轮椅里的他笑着欢迎我们。我说,你们看金伞这笑像不像婴儿的笑容?大家静观之后,没有一个人不说像极了。前不久读到金伞发表于《诗刊》一九九三年一月号的组诗《野火与柔情》,其中写于一九九一年六月一日的《儿童节》有这样的诗句:

晚上/孩子们做着梦/脸上现出无邪的痴笑/这种温馨可能保持到老年/以后孩子们闹着还要回到儿童节/阿姨说:你们/再也回不到那里了!

金伞就是将这种无邪的痴笑保持到老年的。再也回不到那里了吗?你的笑容证实了你的心灵从未离开过你心向往之的儿童节。

一个在人生旅途上已艰难跋涉了八十七年的老人,一个在诗国里已辛苦耕耘了七十年的老诗人,你当然是丰富而厚重的,你是一部丰富厚重的书。我读你,却特别被你丰富厚重中的单纯纯真天真童真所感动。由此,我就想说,你不是一个写诗的人,你是一个诗人。诗人是用心灵呼唤心灵的人。如今,写诗的人不少,诗人不多。

与金伞相处之后,他的坎坷我全知道。反胡风时,他是审查对象。反右派时,他是右派。后来我也当了右派与他一起在大别山区改造,就看到在黄湾那个小山村的一间茅屋的门上他写的诗,那是他自撰的一副春联:门前流水皆珠玑;屋后青山尽宝藏。在那种情境下,他仍在抒发着他诗人的对那片山水的爱恋之情。"文化大革命",他当然在劫难逃地也是牛鬼蛇神。这些强加给他的非诗的东西太多时间太长,几乎蹉跎了他全部的壮年岁月。到了七十年代末八十年代初,他的坎坷命运才随着共和国命运的好转而结束。他重新发表诗作时已到了晚年。

> 流下来又汇成一股响泉,/从小桥下面铮铮流过。/带着红色的杜鹃花瓣,/流向山外,流进茫茫的大河。//站在山口,调整一下呼吸,/试一试想像力是否丰富,/快些进山去吧!/山口不过是春天的咽喉。(《山口》)

这是一九八一年他七十五岁时所作。他穿过了春天的咽喉,他在春天里邀游,他好惬意好舒畅好快乐,于是就有了他诗的生涯的又一个高潮时期,既多且好,一发而不可收。也就是在一九八一年,金伞参加了他几十年如一日苦苦追求的中国共产党。

《山口》对新生活礼赞的热情不能不燃烧着你,就像《控诉太阳——哀闻一多先生》对旧势力愤激的热情不能不燃烧着你一样。一九四六年七月十八日闻一多先生被特务刺死后三日所作的《控诉太阳》写道:

> 五点二十分,/正是你,太阳,/辉煌照耀的时刻,/为什么眼睁睁地/看着卑鄙的谋杀,/在大街上公开地进行!

流在金伞血管里的这两种热情一脉相承,其实是一种热情。你从前是这样,现在还是这样。那些个坎坷留给你的伤痕,你统统用爱治愈了,对人民的爱,对共和国的爱,对中国共产党的爱。你的诗心完好无损。

八十岁以后仍迭有好诗不断问世,这真是动人的景观。在当代中国诗坛,如金伞者能有几人?其奥秘何在呢?

这奥秘我已经猜到,那就是你婴儿般的笑容,那笑容是童真的天真的纯真的单纯的诗心的外化,那是因为你的长不大。

金伞,你不要再说我是你看着长大的。我多么希望长不大,像你那样长不大。

1993年5月15日
原载《南丁文集》第2卷·散文卷·《采鸽》

诗，苏金伞和我

牛 汉

诗人苏金伞是我的挚亲老友,诗连着我和他的心,命运更使我和他永不可分离。感谢伟大而丰美的人生和诗!

在人世上,我已经活到73岁。有许多年人们把我称作"同志",又有许多年没有一个人称我"同志",只朝我"喂"一声,好心人才喊我"老牛"。近20年来,人们喊我先生、老师、诗人、老前辈……多少年来,只有一个人把我叫"亲兄弟",他就是苏金伞。他不但视我为兄弟,还在"兄弟"前面加了个热热的"亲"字。他长我17岁,只比我的父亲小3岁,如此地亲爱我、信赖我,令我老泪纵横,这不仅仅是几个字,是从他心里吐诉出来的人间真情啊!

近两年,金伞几次来信,希望我谈谈他的诗,他相信我对他的一生和诗非常理解,而且还有一般人所没有的深挚的情感的交融。我毫不犹豫,一口答应。自以为写起来不难,甚至用三五句话就能够把他的形象从里到外活脱般地勾画出来(我自小喜欢泥塑和画画)。他的诗我都用心看了,他写于40年代的诗,当时就读过,而且有些诗还是看的原稿,如《头发》那首诗。我记得是在一间简朴的住房,他以纯正的中原腔调为我朗读了这首诗,他的浓发随着诗韵飘动着。那两年(1946—1947年),我和他常常在开封宁静的小巷里边走边谈诗。他走路的姿态略有些倾斜晃动,是足球运动员的步伐,据说他善于在奔跑中向球门猛射一脚,有如写一首即兴的小诗。他的湿润而温厚的眼神、爽朗而憨直的微笑,总带着几分童真,握手的劲头,让我永远忘不掉,一直能握到我的骨头……但是,这篇序两三个月来几次提笔都没有写成。这才感觉到像中原大地一般广阔而深厚的苏金伞和他的诗,论述起来并非轻而易举的事。1988年,我为自己的诗选写一篇后记,几乎用了半年的时间才勉强写成;我连写自己都这么艰难,何况写另一位诗人呢!也许正因为写的是自己,或亲如手足的另一个诗人,下笔才会有这么艰难。最熟悉的往往最难以下笔,这是因为每一句话,甚至每一个字,都会牵动一段历史,刺痛一块带血带泪的伤疤,乃至追念一生的旧梦和痛苦。

1982年,人民文学出版社要出版苏金伞的诗选,我让儿子史果为诗选设计封面。儿子对这位远方的父辈并不熟悉。我向他提示,封面画应当显示出诗人苏金伞的人生和诗的独特的风格,我建议他画一圈圈充满了曲折、灾难与屈辱的美丽庄严的年轮。书出版了,年轮看上去更像一片赭黄色的凝重而苍茫的平原,粗犷的线条如黄河浑浊的波涛,又如一片有皱褶的古老的大地,尽管感觉不出是年轮,却也觉得不俗。人的年轮是什么样子?谁也说不清。儿子画得并不错,他没有照树的年轮画人的年轮是对的。令人遗憾的只是儿子当时设计经验少,画面有些粗糙。当时我想,为了寄寓对诗人的挚爱,画一圈年轮,不管是树的,还是人的,都是一个庄严的意象,从中可以显现出生命的付出与历史的投影。

  直到现在,我仍认为评论金伞的诗,在语言上切忌多余的外在装饰,切忌华丽的色彩,应当用朴素坚实的语言,如中原大地纯黄的泥土,塑造出他的人和诗的品德和形象。我就是怀着这个多年的心愿,试图写这一篇首先能令我激动的序文。"试图"两个字并非虚词,它说明我在诚恳中还有些胆怯。

  1943年下半年,由青年诗人林汀介绍我和金伞通信。当时我在陕南城固西北大学读书,金伞在伏牛山深处的河南大学教体育(三年之后,我在河南大学当时的校址嵩县潭头镇也流寓了几个月)。记得我当时刚刚看过一首金伞的诗《眼睛都睡红了》,写的是一头牛歇晌时酣睡的神态,登在桂林出的一个文学杂志上,语言特别朴素和传神,深深地感动了我。抗战之后,诗坛充满了情调高昂的战歌,偶有学院气较重的诗,大都抒发个人的苦闷和忧싯,也能曲折地显示出一些时代的艰苦。但还有不少诗人对大后方的黑暗现象加以猛烈的抨击。《眼睛都睡红了》这样朴素而新鲜的诗极少见到,具有胆识的编者邵荃麟在编后记里赞扬了这首诗。我觉得可以写出这样有生活情趣的朴素的诗,一定是一位个性很强的诗人。当时只有艾青等少数诗人写这样朴素的诗。不去迎合什么,也没有高雅的语言,但情感绝不低沉。30年代中国曾有几个以朴素的语言写农村疾苦的诗人,受到读者的赞扬;抗战以后,极少有谁用如此朴素的语言抒写农村。因此,在我的心目中,苏金伞是一个真诚的农民的儿子。他的诗有一点土气,却觉得很亲切。因为我也是一个很土气的人,我生长在农村,从不认为土脏;土,是最神圣的,对乡土的感情永远不陈旧。但当年我们在通信里写些什么,全都忘了。只有一点是清楚的,我是怀着虔诚的仰慕心情向一位前辈诗人求教。当年和我通信的诗人不过二三人而已。我写得很孤独。然而我那时很狂热和浮躁,心沉不下来,尽管很喜欢金伞的语言风格,却不写他那种平实的小诗。

  1944年冬天,我到达西安,决心奔赴陕北,到鲁艺学习木刻,没有去成。西安地下党让我编刊物,刊名《流火》,只出了一期。金伞从伏牛山寄来一首题作《徘徊》的诗。当时我革命得很,心里装满了美丽的乌托邦梦想,觉得这首诗平平实实,缺乏点劲头儿,但又觉得语言沉郁,意境深厚,写出了当年知识分子在现实生活中的苦闷和软弱矛盾的内心活动,而且带有自嘲的诚挚的情调,显出了另一种清新的气度。直到几十年之后,我才真正领悟到这首诗的深刻的典型意义和它的艺术感染力。这首诗在苏金伞一生的创作中是很突出的,诗的情境具有明显的突破,痛楚地剖解了一颗不安而苦闷的灵魂。比起他40年代后期控诉黑暗歌颂民主的诗更具有真实的艺术魅力,显示出诗人努力挣脱精神囹圄的高尚的进取精神。而我,当年正缺乏这种自省的精神。写到这里让我想到法国的伟大作家纪德在20世纪40年代用沉痛的声音,诉说他的作品是"荒野里的呐喊",是一种"道德的倾诉",纪德把它称作"独立的精神"。《徘徊》里正表露出了与纪德相似的高洁的情感和诚挚的人生追求。值得深思的是,纪德的文章和苏金伞的《徘徊》几乎是同一个时期发表的,这也正是我能一直记起纪德的这几句话的原因。

苏金伞长达70年的写作经历真实地记录了他一生追求进步的曲折的人生道路和时代加予他心灵的重重的投影。这状况与我国许多老一代诗人的创作历史大体上是一致的。前两年,我与一位河南籍诗人郭宝臣编撰了一本《艾青名作欣赏》,集中精选了艾青1940年以前和平反后两段时间的诗,中间的一大段基本上没有选。我有些不安,是否有点偏激?可艾青同意了这个选法。去年我为一个出版社选编自己一本诗选,书名就叫《头尾集》(未出版),五六十年代的诗全淘汰了。这里就有我的某些苦痛的解脱和深深的自省。我读金伞一生的创作,最欣赏他30年代和80年代的诗,还有他晚年的"近作"。它们真正地显示和达到了经过一生的沉淀而完成的人格塑造。这里说的沉淀,正是真正的超越和升华。

金伞的诗就我个人的理解和领悟,至少有以下几点特色和素质:

首先,他一生的创作显示了土地一样的朴实和宽厚的品格和精神内涵,农民和他们的命运,始终是他最重大的创作主题。他的诗,不是一般的同情和空泛的歌颂,也不是借短暂的"深入生活"所获得的那种沾沾自喜的感触。金伞与大地和农民是血亲般不可分的,是一种命运的亲情。这种人的气质和诗的情境在中国写农民的诗人之中几乎是罕见的。更为十分难得的是,他一生从没有背离这个人生的选择。说他是出于天性和命运,都不算错。因此,金伞的诗与他的漫长曲折的人生相依为命。在长长的70年间,他所开拓的创作境域,正如一片古老的中原大地,放眼望去,平展展的,表面上不见高山峡谷,也感觉不到远近有什么大的倾斜,然而金伞的诗正如中原大地似的,稳定、宽广、厚实、永恒。

其次,读苏金伞本人,如同读他的诗;读他的诗,如同读到他本人。这是我和他半个多世纪的亲密交往最突出的体验。不是凭印象、分析和想象得来的。

而是心灵的相互感应和融合之后不知不觉地产生的理解。而有些诗人的人品和诗品却是分裂的。苏金伞的人和诗,我以为最大的特色和素质是:自然和清白。这清白不是平淡或空洞,而是酒的纯净和透明,是经过人生的种种遭际,经过一生的参悟而酿出的。他的语言自然而明朗,从不故弄玄虚、迎合世俗、虚情假意。可以保持这种真情实意,而且坚持一生,只能有一个解释,是性格和毅力,以及高尚的情操的体现。有许多诗人,甚至是很有影响的诗人,一生很难如此清白和自然,他们难免还有某种被污损和异化的痕迹。

其三,苏金伞的语言是他自己创造的。他跟语言亲密无间,心心相印,从他的诗里找不出一句是从辞典里引用来的,因而他的诗没有学院式的高贵和典雅,也没有什么教化人的声调。写于40年代初期和中期如《斑鸠》《雨后》《窗外》《黄叶》《芦花和棉絮》等,就具象地显示和创造出清白自然的人生境界:人与大自然亲密而和谐;诗的语言是人类的,也是大自然的,它们共生共存,没有隔阂。在《雨后》这首诗里,写到燕子用紫色的羽翼和胸脯,在麦浪上恣意地翔泳着。"翔泳"这个词乍看有点生僻,细细地咀嚼,又觉得真切新鲜,是真正的创作,诗人写出了燕子所以快活的体验,还写出了诗人审美的通感:

  而我/也用手掌/在麦芒上轻轻地抹过。/于是,我的手掌,/也像长满了茸毛;/我的身上/也像生了翅膀,/我也有了燕子的感觉了。

这是不是就是所谓"天人合一"的境界呢?在中国,新诗近80年的历史中,很难找到如此不同寻常的神秘而又美丽的诗意。在这首诗的境界里,人类诗意地栖息着,燕子诗意地栖息着,麦穗也是诗意地栖息着。这是诗人的梦境或理想,是一个美的真的人与自然息息相通的和谐的精神世界。这种诗情和境界,直到诗人晚年的诗作里,仍然在不息地延续着拓展着,没有显出衰颓和枯竭。

其四,诗人有不泯的童心和真心:年近九十,居然写出了许多跳动着童心的清新诗篇,如《早晨与孩子》。诗人一生,从童年到壮年到晚年,对早晨太阳和孩子始终赋予永恒而浑朴透亮的诗意,显示出诗人的童心和一生的追求创造所达到的境界。前两年,谢冕在1994年第4期的《诗探索》中,把苏金伞写于1992年的《埋葬了的爱情》作为诗歌精品加以点评,将这首诗誉为"古今第一等文字",是"无遮拦、不作假、率性而为,发自心……像苏金伞《埋葬了的爱情》这样的诗,看似平淡无技巧,一般人却写不成,因为它们的浑朴天成之中凝聚了毕生的艺术经验"。我十分赞赏谢冕以上的评语。这首小诗只有15行,录引在下面:

  那时我们爱得正苦/常常一同到城外沙丘中漫步/她用手拢起了一个小小的坟茔/插上几根枯草,说:/这里埋葬了我们的爱情

第二天我独自来到这里/想把那座小沙堆移回家中/但什么也没有了/秋风在夜间已把它削平

　　第二年我又去凭吊/沙坡上雨水纵横,像她的泪痕/而沙地里已钻出几粒草芽/远远望去微微泛青/这不是枯草又发了芽/这是我们埋在地下的爱情/生了根

诗的后面,金伞有一个注:"几十年前的秋天,姑娘约我到一个小县城的郊外。秋风阵阵。因为当时我出于羞怯没有亲她,一直遗恨至今!只能在暮乡的黄昏默默回想多年以前的爱情。"

这个简短的注,在我看来也是诗,十分的完美,而且有震撼心灵的力量。想想看,这是出于一位 86 岁高龄的老人用颤抖的手所写的诗和注文啊!前几年,我在诗人的住处与他欢宴,他的手颤抖得把一杯酒洒了多一半。近几年,他给我的信每个字都在颤抖。但是,小诗和注文里却满满地斟着诗人的不朽的情爱,使这首诗真正地成为千古的绝唱。是的,真正的爱情,永远密藏在心里,默默地几十年过去,仍活在心里,只要心仍跳动着,爱情就不会被埋葬。

金伞的一生,主要从事诗歌创作,也写过数量不少的散文和回忆,以及评论文章。十几年前,他写的长达几万字的自传性回忆,写得那么真挚,正如他的诗,没有丝毫的雕琢和夸张,朴朴实实,自自然然,通篇的文字如血管里灼热的血在汩汩地流动。

最后,引诗人艾青《诗与时代》中的一段话,作为序的结语:

……以自己诚挚的心沉浸在万人的悲欢、憎爱与愿望当中。他们(这时代的诗人)的创作意欲是伸展在人类的向着明日发出的愿望前面的。唯有不拂逆人类的共同意志的诗人,才会被今日的人类所崇敬,被明日的人类所追怀。

1996 年 10 月 20 日
原载《人民文学》1997 年第 4 期

怀念父亲苏金伞

苏 湲

我最亲爱的父亲苏金伞,他永远离开了我们,他在寒冷的、冰雪封冻的季节出生,经过近一个世纪的艰辛跋涉,受尽挫折与磨难后,又在严酷的隆冬,踏着纷飞的白雪悄然而去。我强忍着巨大的悲痛,那来自整个宇宙的重压,默默仰视幽冥的苍穹,任泪水潸潸而下,我想知道父亲他在哪里。他去得匆匆,带走的是终日萦绕于怀的、那绵绵不断的诗篇,留下的是深深的、永久的思念。

我为父亲整理书房,他端坐在书桌前的背影时隐时现,往昔的日子似乎就在眼前。他曾在这里写诗、阅读、给朋友回信。他的手稿、来往信件依然摆在案头;他的照片仍在对我微笑,还是那么慈爱、那么宽容、那么深沉,透出他诗一般纯净高洁的心境。唯有他宽大的额头和眉宇间那深深的、刀刻般的皱纹,才是他近一个世纪里饱经忧患、历尽沧桑的见证。在书桌的抽屉里放着一摞手稿,都是近两年所写的新诗,还有他为即将出版的《苏金伞诗文集》所设计的封面,以及为将在台湾出版的诗集《在大雁翅膀下》所写的序言。这些都写于1996年9月至10月间,仅仅三四个月前,但已成为永远的历史。那时的字迹已不好辨认,就像古老的钟鼎文,需要仔细揣摩,但仍苍劲而充满生气。他业已力不从心,可是他的思想一刻也没停止过流动,而且很活跃、很清晰。这两部书的出版是他近两年来最关心,且终日念念不忘的事。他嘱托我和李铁城老师为他编辑《苏金伞诗文集》,这是他一生中首次集中出版自己的诗和散文。这种愿望已久,但始终没有机会,这次是由河南省委宣传部特批专款,才得以实现。

这部《苏金伞诗文集》共80万字,包括诗和散文两部分,只是他一生创作的部分作品。因为早年战争频繁,生活颠沛流离,而新中国成立后政治上又屡遭挫折,所以他的作品遗失很多,造成难以弥补的损失,但保留下来的足以代表他一生的成就。他住在医院里,每天我去送饭他必催问,心中就像有团烈火在生命里燃烧。有时不跟他说清楚,他就固执着不吃饭。出于无奈,我便把整理好的材料抱到医院让他过目,并和他商讨修改意见。每当这时,他就生机勃勃、孜孜不倦,不像一个久病在身的九十岁老人。我惊奇地发现他对三四十年代的事竟能记忆如初,对每一首诗的写作年代、历史背景、在何刊物发表等,还能记忆准确,有的甚至能背诵原句。他单纯、热情、固执得可爱,时常让人感动。据我所知很少能有人像他这样如此执着,如此痴迷地追求着自己的梦想,几经大难而不改初衷,全然不知在他的诗及文艺思想之外,还会有更加诱人的欲望。

1996年8月台湾诗人杨平给父亲来信说:台湾一些诗人认为父亲的一生取得很高的艺术成就,却遮若其人风光,这是一身傲骨硬气所致。他愿意在台湾给父亲出一部诗集。这一定会是在台诗人(特别是豫籍诗人)间的一大盛事。接到来信,父亲就催我替他选编这本集子。我共选出60多首经典之作,由他一一过目认可,定名为《在大雁翅膀下》。大雁的远征生活正是他一生的写照,大雁不畏强暴、勇往直前的精神正是他精神的体现。父亲希望我替他写这本书的序言,但我还是对他理解得不够,尤其是对他的文艺思想不甚了解,不能准确把握他作品的内涵,所以多日也未能写出让他满意的东西。最后还是他亲自写了这本书的序。他这样写:"我从20年代开始写诗,到现在已有七十多年。但诗陪我受了几十年的罪,受了几十年的灾难与折磨,而我的诗比我更坚强,所以我一旦能透口气时,诗就会在我的生命里涌动。"这是一段悲怆而苦涩的文字,渗透着历史的沉重感。我很难把他与他的诗分开,他的精神和他诗同样坚强、同样持久、同样受人尊敬。

打开父亲的衣箱,没有一件珍贵的衣物,而在衣箱的最深处珍藏着一沓发黄的手稿,写于1968年。抱着父亲的手稿,看着他的笔迹,我感慨万分,不禁又一次泪如雨注。厚厚的数十页文字,清清白白记录着他的历史。太多的磨难,太多的风和雨,他的命运和中华民族的命运紧密相连。然而在历次政治运动中却不得不一遍遍申诉、辩解着这段本应引以自慰的经历。其实"文革"中那急风暴雨般的批判,父亲早在50年代已有过触及灵魂的体验。他被划"右派"后,我们一家被下放信阳大别山劳动改造,受尽屈辱与艰辛。当时他很痛苦、很委屈,但没有过宣泄、没有过倾诉,时常沉默寡言。只有从夜晚他默默地、长久地吸烟时,那一明一暗的火光中才知道他仍在深思。

我曾多次询问父亲被划"右派"的原因,这是他一生命运的大转折。他似乎也说不清楚,因为他根本没有过激的言论。只是说1957年他率中国作家代表团去蒙古访问,回国时正赶上大鸣大放的尾声,他写了《肃清文学上的宗派主义》一文寄到《文艺报》,第二天便感到形势有变化,随即写信到《文艺报》索要文稿,但稿子已刊出,竟成了他的主要罪状。为此我曾感慨万千,假如父亲没有写那篇文章,或者他从蒙古再晚回来一些时候,是否能改变他一生的命运?当你翻开他的历史,仔细研读他的思想、他的文艺观,研读他的人格时,便会发现他的思想和当时社会上的极"左"思潮是格格不入的,即便在反右时能逃脱厄运,那么也会在另外一场政治运动中重陷泥潭。

70年代末80年代初,父亲终于被从多年的禁锢中解放出来,虽然仍有冷落与歧视，但毕竟是透过一口气来。他带着巨大的喜悦，激情满怀地投入全部精力、全部思想去放声歌唱，终于有了春天，有了一个阳光灿烂的日子，因为这些对他来说本不太多。他的诗歌、文论、回忆性文章开始在各大报纸杂志上陆续发表，犹如枯木逢春。他还用毛笔书写了"晚晴居"几个大字贴在大门上，以表达他晚年那欣喜的心情，和对未来的希望与憧憬。父亲那时已年近80岁，他大量作品的涌现，使文坛为之一震，被人称为"苏金伞现象"。他在《在大雁翅膀下》序言中说："1979年'右派'平反后，我思想解放了，诗就催我赶快拿起笔来，写得更多、写得更好，一下子把欠我三十多年的债都追了回来……"

近几年来，父亲一直被病魔缠绕，在身体极度衰弱的情况下，他仍在努力创作，没有因为生活的磨难而减少对生的渴望和对艺术的追求。1996年4月他写了《病中寄克家、艾青老友》寄《诗刊》发表。同时也把诗寄给臧克家和艾青，希望他们能各和一首诗。不久克家叔叔来信说："你的诗写得颇亲切朴素，深感故人情长，但我与艾青的情况你不了解，艾青的病势颇重，我也住院十个月，我和艾青和诗，一时难以办到，此情请谅。你病中犹有诗，可喜！"父亲他确实有过人的毅力，九死而无悔地执着于诗，因为他生命的河流里流淌的是诗，他宽阔的胸膛里跃动的仍是诗，假如没有诗，也就没有他的生命，也就失去了他生存的意义。一直到他生命的最后几日，他仍在不断地构思，他多次说他拟好了一首迎接香港回归的诗，等病好一些便可记录下来，没想到竟成为永久的遗憾。

1996年是父亲生命的最后一年，也是他收获的季节，他在《诗刊》《人民文学》《诗之国》《河南日报》《郑州晚报》等报纸杂志上发表了大量的新作，给人们带来一个又一个惊喜。也许是他预感到生命即将终结，要用他微弱的生命去抗击命运的摆布，或许是为了再度享受一下创作的快感。

父亲走了，离开了他一生酷爱的人民和土地，离开了他心爱的儿女和子孙。他的一生无愧于世，我们为有这样的父亲而自豪、而骄傲，他将永远和我们在一起。

原载《诗刊》1997年第5期

苏金伞：烙入农民记忆的乡土诗人

王幅明

一

　　1984年5月,为纪念毛泽东《在延安文艺座谈会上的讲话》发表四十二周年,河南省文联举办了一次诗歌朗诵会。不少诗人登台献艺。著名朗诵艺术家殷之光先生专程从北京赶来参会,把此次活动推向了高潮。他朗诵完诗人郭小川的《秋歌》后,全场响起了长时间的热烈掌声。我以为节目到此就结束了,想不到殷之光话题一转,提议苏金伞先生朗诵自己的诗作。苏老欣然接受。他说他不会朗诵,只是向大家背读一首自己尚未发表的新作。他还简洁地说了几句他与郭小川不同的创作观。他说郭小川的诗讲究押韵,有很强的音乐性,而他则坚持诗不押韵。他说押韵属于歌。古代诗与歌不分,现在,新诗已与歌分家了,诗应靠自身的内韵赢得读者,尽量不去借音乐的光。接着,他背读了《胎芽》：

　　　　这是春天的第一个声音,/是生命的第一次撞击,/就像婴儿的第一颗乳牙,/就像戳破纸窗/企图向外探视的小拇指。

　　每当我在郑州的金水河岸边漫步,欣喜地看到堤岸上新出的胎芽,感受到春天就要到来,便想起这首诗,引起我对苏老深深的怀念。

　　苏老不是谦虚,他的确不会朗诵。他依然用他浓重的豫东口音,一字一句、不紧不慢地,把他的新诗背给大家。虽然音调不高,我还是听清了每一个字。我发现,大家都被他征服了,被一个七十八岁的老人征服了。他赢得了热烈的掌声。

　　许多年过去了,我一直被苏老的诗深深打动着。后来,我以《大巧之朴,浓后之淡》为题,写了一篇千字短评,简析《胎芽》的艺术特色,寄给《郑州晚报》副刊发表。这篇短评后又在《诗刊》1994年第七期上发表。我确信《胎芽》是苏老最好的作品之一,是可以传之久远的精品。果然,1996年8月,《诗刊》在其《名家经典·苏金伞诗选》栏目里重新发表了《胎芽》,并作为苏金伞的代表作之一。苏金伞的六首代表作中,《头发》《地层下》写于 20 世纪 40 年代,其余四首则全是他七十岁以后的作品。

  我至今保留着当时苏老写给我的一封短信。我把写评论的想法告诉他,请他把《胎芽》的全诗抄给我,以便与评介文章一起发表。我还把他在《河南青年》(当时我在河南青年杂志社工作)上发表的作品同时寄给他。他的复信是这样的:

王幅明同志:
  剪诗收到,谢谢。前两天事多,没有及时誊出寄上。请谅!
  一稿不能两投,乃作者起码的道德,因此你写评介时,请特意声明此稿是从什么朗诵会上听到,而且已为《人民文学》留用。这样,将来别人看到,好不至于引起议论。即祝

刻安
苏金伞 1984.6.11

  苏老所说的作者起码的道德,在当今的年轻人看来,也许会感到不可理解。这便是一位老诗人的文德!是永远值得我们晚辈敬重和学习的。

二

  由于工作关系,我与苏老有过多次接触,大多是约稿、取稿,有时也向他请教有关诗的问题。有一次,刊物开办《当我年轻的时候》专栏,我去向他约稿,交谈中他回忆起青年时代的生活,这也使我对他的经历有了更多的了解。

  苏老 1906 年 2 月出生在豫东睢县周营村一个农民家庭。1914 年,村里成立了一个国民小学,八岁的苏金伞成为该校第一批学生。当时虽已废除了科举,私塾逐渐遭到淘汰,但国民小学仍然具有半私塾的性质。除了国文、算术课程外,还有一个上了年纪的私塾老先生教四书五经和《古文观止》《唐诗三百首》《千家诗》。苏金伞的祖父格外重视写字,总是每天来到学校站在苏金伞背后监督他。严厉的督促最终收到了回报,苏金伞成为全校写字的佼佼者。十岁的时候,他已经可以为全村的乡亲写春联。四年后,苏金伞从国民小学毕业,考上了睢县高等小学,一直读到高小毕业。

  1920 年,是少年苏金伞难忘的一年,他考入省城开封的著名学府第一师范。开封,农村人都叫汴梁城,离睢县一百八十里。周营去过汴梁的人屈指可数,能

到开封去上学,苏金伞是他们村第一人。这是五四运动后的第二年,其余波方兴未艾,强烈的爱国主义感情,高涨的民主思潮,激荡着每一个青年的心。进入学校不久,苏金伞便投入到炽烈的学生运动中。国文老师嵇文甫讲授新文学,讲鲁迅、胡适、陈独秀等人的文章,这是对苏金伞最早的启蒙。此学校的校友中,出了两位诗人,一位是高四班的徐玉诺,在校时已是成名诗人,另一位是于赓虞,后来成为"新月派"的诗人。那时苏金伞有三个爱好,打球、绘画与写诗,且都很痴迷。他刚入校时,学校正陷入停课状态,除了一些集体的爱国活动,他整个白天都在学校的操场上踢足球,雨雪天也不例外,后来,他成为学校著名的足球队员,这为他以后考入体育专科学校打下了基础,也为他之后十多年的体育教师生涯埋下了伏笔。到了二三年级,他踢球已很出名,因为踢球勇猛,当时国文课有一篇课文叫《大铁锥传》,老师刚讲过,一个同学便对着他喊:"大铁锥!"同学们一呼百应。于是,"大铁锥"从此成了他的绰号,很快传开。每逢赛球,他一踢球就有人叫好。他走在街上,常常有一群孩子跟在后面喊"大铁锥"。使很多同学望尘莫及的是,除了踢球,他的绘画同样是全班第一,再加上他的诗才,更是无人企及。刚刚萌芽的新诗令苏金伞着迷,读多了便尝试自己创作。秋天,他和同学到开封的西郊去玩,回校后写了一首关于秋天的诗,同学觉得不错,加了评语送到校刊编辑室。校刊录用了。这是他的习作变成铅字的第一首诗,对他是一个不小的激励,接着他便试着向报刊投稿。他对自己的起点要求较高,不在本省投稿,只往外地一些著名的报刊投。经历了许多次退稿的痛苦之后,终于在他二十岁那年,《洪水》杂志发表了他的第一篇作品。

1927年4月12日,蒋介石发动反革命政变,血腥屠杀共产党人。这年,苏金伞继开封第九小学之后又到两河中学任体育教员。不久,他因为参加进步活动而被捕入狱。韩复榘任河南省政府主席期间,颁布新政,清查遗案。苏金伞的案子因没有口供,没有他参加共产党的人证、物证,经河南高等法院裁处,判处他有期徒刑半年。可他已在狱中度过一年零两个月,所以判决后就通知他出狱。

出狱后,他突然感到没有着落,不知该往哪里去。在恩师李钦亭等人的帮助下,他重谋职业,先后到河南多所中学和大学教体育课。

他说,我虽然有三个爱好,但几十年坚持下来的只有新诗创作。

三

1932年秋,苏金伞在龙亭后面新建的河南省体育场任体育教练,兼教一所水利专门学校的体育课,有两份不错的收入。有了较为稳定的生活,爱神开始来敲门了。他与比他小八岁、北仓女中即将毕业的女生道铎一见钟情。两岸的杨柳见证了他们的甜蜜约会。一年之后,这对新人走进了婚姻的殿堂。

任教之余,苏金伞继续他的诗歌创作。1934 年是苏金伞难忘的一年。该年度《现代》杂志 6 月号,发表了署名苏金伞的诗作——《出狱》:

挟着三年前的旧行囊,/熟识的看守押我出了狱门。/眼前的街,生疏而又悠茫,/犹豫着,往北还是往南呢?

像返阳的幽魂,/侧身在墙下行走。/走了一条街又一条街,/又穿过许多小巷。

这首诗写他出狱后的真实感受,朴素感人,开始显露了他后来几十年始终如一的诗风。随之,他的诗作不断发表在由萧乾主编的上海《大公报》文艺副刊、沈从文主编的天津《大公报》文艺副刊、王统照主编的上海《文学》月刊、戴望舒主编的上海《新诗》等报刊上。1935 年发表于《新诗》上的《雪夜》成为他的成名作,被闻一多选入《现代诗抄》。

1937 年抗战爆发,打破了苏金伞较为平静的生活,他的诗风也为之一变。发表在胡风主编的文学刊物《七月》上的《我们不能逃走——写给农民》,标志着他诗歌创作新时期的开始:

……/为了报复这些污辱与仇恨,/我们也不能逃走,/要拿起家伙跟鬼子拼一拼!/一个人是一个铁圈,/扣在一起就是坚强的铁缆,/把那载我们的大船锁靠牢稳,/永远不叫那毁灭人类的海盗击碎,/等把鬼子赶跑了,/再细细品尝那蓝天下的、/倚着锄头时的一管烟的滋味。

该诗发表后,迅速引起关注。西安《国风日报》副刊《十字街头》很快予以转载。从华中前线到西北重镇,这首诗在读者中广泛传播。这是一首鼓动抗战的诗,但与那些只有抗日激情和呐喊高歌却缺乏群众生活的传单诗截然不同,它凭借刻骨铭心的艺术形象,步步深入地打动人心,从而唤起千百万农民的斗志,拿起武器进行抗争。这是苏金伞的一首堪称承前启后的力作。

战事越来越紧,日寇侵占了河北和山东的许多城市,步步逼近开封。1937 年 12 月,苏金伞携妻子和两个小女儿流亡到相对安全的南阳盆地,在当地学校任教。1939 年春,他接到河南大学的聘书,约他到已迁至嵩县深山潭头镇的河南大学任体育主任。20 世纪 30 年代初期,他曾迷恋打球,写诗只是业余活动,到河南大学后,他的兴趣则全转到写诗上,打球只是谋生的手段。他爱豫西伏牛山里农夫家的黄牛,他的性格也像农夫。他试着用诗句为黄牛画像。一首生活情趣盎然的《眼睛都睡红了》，日后成为诗界广受好评的名作。他这一时期的诗作，多发表在重庆、桂林、昆明等地的报刊上。某天晚上，他与嵇文甫一起散步，嵇先生认为他近年的诗作较抗战前的作品，有很大进步，诗的内容真实地反映了现实，诗的形式也更自由了，读后给人以感染和鼓舞。老师的鼓励给了他新的动力。

蒋介石对共产党人的迫害愈发加剧。河南大学越来越多的师生遭到逮捕和绑架。1944年春，苏金伞收到恐吓信，并被河南大学解聘，他只好到洛阳中学任教。洛阳和嵩县沦陷后，他又辗转跋涉到内乡。此时黄河水利工程专科学校已搬到了这里，他到该校担任体育教员。黄河水利工程专科学校随后又搬迁到陕西宝鸡乡下，苏金伞也随学校到了乡下。他就是在宝鸡乡下学校借居的茅舍里，和同事们一起听到了日本宣布无条件投降的消息。他们一起碰杯庆贺，一起狂欢。学校师生无不归心似箭，急着早日回到已阔别八年之久的古城开封。颠沛流离的生活没有浇灭苏金伞的诗情，他的创作力反而更加旺盛。

回到开封，他继续他的体育教员生涯。后来，黄河水利工程专科学校并入河南大学的农学院，他又成了河南大学的职员。1946年，他创作了两首堪称经典的诗篇：《控诉太阳——哀闻一多先生》和《头发》。前者是控诉黑暗独裁政府以卑鄙的手段，在光天化日之下刺杀民主斗士闻一多的；后者以父亲、母亲和"我"的头发为线索，辛辣地写出旧中国农民悲惨的宿命。这一时期，他写了大量且产生强烈影响的政治讽刺诗。

多年后，他在回顾创作历程时写道："40年代，是我发表诗最多的一个时期，也写得比较好。当时有三种思想感情在心中鼓荡与交织：一种是反对日本侵略者的爱国心；一种是国民党不断发动反共高潮，卖国投降的嘴脸日益暴露，对知识分子、进步人士残酷迫害，无情镇压，因而激起心中的仇恨；一种是对共产党的倾慕。"1947年出版的诗集《地层下》和1948年的《窗外》，把苏金伞这一时期的诗都收了进去。《地层下》是苏金伞的第一本诗集，收入臧克家主编的《创造诗丛》，上海星群出版公司出版。虽然只有薄薄的三十二页，却是一本颇具特色的诗集。臧克家在序言中热情推介："苏金伞诗作的读者很多，而印象却只有一个：朴素。朴素的不仅是诗的外貌，而且是贯彻了整个诗体的那个灵魂……他的句子看上去很素净，没有斧凿的印痕，可是，味道却极醇……情感是颇为浓烈的。"《窗外》作为巴金主编的"文季丛书"的一种，由上海文化生活出版社出版，收入苏金伞写于20世纪40年代的更多的代表性作品。

1948年6月22日，开封解放。苏金伞与河南大学著名学者嵇文甫、王毅斋、李俊甫等开封文化教育名人一起，来到豫西解放区，加入革命队伍中，开始了崭新的生活。之后，组织决定派他到冀中历史名城正定县城内的华北大学工作。在正定，他结识了艾青、张光年、贺敬之等延安作家，写出了曾被编入中学语文课本的名作《三黑与土地》。

1949年年初，北平和平解放。苏金伞等一批文化人随着解放军进城，他被编入"军管会"下设的"文化接管会"，参加接管北京师范大学的工作。这年7月，北平召开了全国第一次文代会。苏金伞以华中地区文化代表的身份参加了这次盛会。他被吸收为中国作家协会会员。10月1日，他又荣幸地参加了开国大典，目睹毛泽东向全世界宣告新中国诞生的历史一幕。

四

负责文化工作的周扬给苏金伞初步安排了新的工作，准备调他到中国文联的民间文学研究会任职。此时中共河南省委书记吴芝圃来到北京，向中央组织部要人，点名调苏金伞、郭晓棠等人回河南工作。中央同意了。苏金伞回河南的首要工作是筹建河南省文联，主编河南的文艺刊物。河南省文联组建后，苏金伞被任命为河南省文联副主席，之后，兼任河南省文化局副局长。他为组建河南的作家队伍四处奔忙。何南丁、李準、徐慎、张有德等人都是经他调入文联的。这些人很快就成为知名度很高的作家。他筹办了省文联的刊物《河南文艺》和《翻身文艺》。工作之余，他仍坚持写诗。1951年3月，华东人民出版社出版了他的诗集《入伍》。1957年1月，作家出版社出版了他的诗集《鹁鸪鸟》。

晴朗的天空不时会出现乌云。著名"七月派"诗人、文艺理论家胡风首先遭难，被定成"反革命分子"。凡与胡风多少有点关系的，均受到株连。苏金伞在胡风主办的《七月》上发表过作品，加上同所谓"胡风集团"的骨干牛汉等人关系密切，因此他在劫难逃，被迫停职交代问题。好在胡风救了他。胡风说：我跟苏金伞没什么联系。一句话把苏金伞开脱了。但胡风最终并未能救下苏金伞。一位德国汉学家到河南访问，苏金伞奉命接待。这位外国人对胡风问题很不理解，认为对知识分子"太过分"了。这话引起了苏金伞的共鸣。适逢全党开展整风运动，号召全国人民献言献策。在一次座谈会上，他愤愤不平地说："胡风有什么问题，处理得这样重！德国汉学家就很有意见，国际影响不好啊！"天真的诗人怎能料到，他坦荡直率的发言无异于自投罗网。一句真话瞬间改变了他的命运，他被定性为漏网"胡风分子"。于是，职务没有了，行政级别由十一级降到十七级。可怜的妻子也被划为"右派"，开除公职。1958年秋天，他们夫妻二人携两个小女儿，来到大别山区的新县农村，接受劳动改造，他们连户口也一同转到这里。他们住在农民家里，天天和农民一起上山种田。好在山里人厚道，大多数人并不歧视他们,当地妇女主任还常来看望道铎和孩子们。

1962年,苏金伞被摘掉"右派"帽子。令人哭笑不得的是,摘掉右派帽子后他仍是"右派",只不过变成了"摘帽右派"。虽然回到了郑州,但他原来的职务还是不能恢复。他的新工作是河南省图书馆管理员,职责是整理古籍。到了"文化大革命"时期,他又面临更大的劫难。"胡风分子"问题、"右派"问题,因为过去坐过牢,又被加上新的罪名——叛徒。接受批斗和挂牌游街成了他的家常便饭。批到最后,他又带着全家到西华县五七干校接受劳动改造,重回人生的炼狱。

这些经历,最终化为诗人的精神财富。他说:"把我划为'右派',下放到农村劳动改造数年;'文化大革命'中又被赶到五七干校。这对我虽是惩罚,却给我的生活培了土,当时虽然不能写东西,但过后却反而成为我写东西的一个源泉。"

自由诗是苏金伞的长项,旧体诗只是偶尔为之。进入古稀之年,苏老感慨万端,吟成律诗一首:学诗无成已七十,抚摩双鬓欲何之?俯首新贵觉气短,坐待焚尸嫌日迟。出门常恐遇冷眼,闭窗唯有读古诗。相信东风终会来,树老犹能开几枝! 他是幸运者,他终于等到了全民狂欢的那一刻。

老树开花分外艳。压抑的激情一旦打开,犹如清泉出山,一路飞奔。

在那苍鹰飞不到的悬崖上,/在那蝙蝠挂不住脚的绝壁上,/人们在飞来飞往。/腰间一条长绳索,/就是他们的翅膀。/……

这首《绝壁上》发表在1978年刚刚复刊的《诗刊》1月号上,是苏金伞到林县红旗渠采访后的成果,也是在他重获自由后,首次在全国大刊亮相,迅速引起读者关注。《人民文学》1979年1月号,发表了他在大庆油田写成的《缆绳》。同年,他的"右派"问题得到彻底改正,失掉的职务、级别、工作全都得以恢复。

划成"右派"的不少好友未能等到这一天,作为幸存者,苏金伞失去了二十年光阴,他决定用加倍的劳动来弥补。他不相信创作的青春只属于青年。

……/站在山口,调整一下呼吸,/试一试想象力是否丰富,/快些进山去吧! /山口不过是春天的咽喉。

写《山口》这首诗时,苏金伞已经七十五岁高龄。这哪像老人的诗句呀,分明是一个壮年登山者,在山间发出的一声长啸!

1983年3月,人民文学出版社出版了《苏金伞诗选》。1993年3月,百花文艺出版社出版了《苏金伞新作选》。同年,苏金伞已八十七岁高龄,河南省作家协会举办了庆祝苏金伞创作六十八年研讨会。时任中共河南省委宣传部部长的于友先,做了题为《河南人民的骄傲》的主题讲话,对苏金伞一生的品品和文品,给予中肯的评价。他说:"对诗性、诗情的执着追求,使得苏金伞同志的诗歌创作能够始终具有强大的生命力和撼人的艺术力量。近七十年来,他不仅以诗歌为生命,而且以生命铸造诗篇。无论作诗、做人,无论坦途、困境,都能够不媚俗、不苟营,始终以赤子之心去体悟乡村情感和中原精神,朴素自然,含蓄深沉。古语所谓'归真返璞',大概指的就是这种做人、作文的境界。"

五

苏老的书房里充盈着高雅的文人气息。他虽然不画画,但他有高品位的收藏,并不时地悬挂在书房,令来访者眼馋,总想多看上几眼。苏老的书法颇见功力,显然与他的童子功密不可分。我向他求字,他笑着答应。几天后,便收到他寄来的墨宝,用行草体写了一首诗:"漠漠冬夜里,凝望北斗星。楚汉荒城下,黄河静无声。"从诗的内容看,应该是20世纪40年代的作品。他的书法作品法度严谨,又不失书卷气息,成为我最重要的藏品,每当看到它,便想起苏老的音容笑貌。

在苏老生病住院期间,我与文友、同事一起多次看望过他。1996年元旦过后,我带了一个签名本到省中医院,请他写几句话做纪念。没想到他写了这么一段话:"幅明是一个很有见解的诗评论家,见解深刻,语言有活力,他评论我的诗,深得我心。苏金伞。"

看了苏老写的话,我既惭愧又感动。惭愧的是,直到如今,我只写过一篇关于苏老作品的评论,便是那篇微不足道的千字文。感动的是,苏老竟然一直把此事记在心上,且称我为"诗评论家"。我虽不敢以"诗评论家"自居,但他的话对我却是莫大的鼓励。

他拿出台湾友人寄给他的《新诗三百首(1917—1995)》给我们看,毫不掩饰他的喜悦之情。这是台湾诗人编选出版的一部新诗选集,时间跨度长达八十年。也许出于审美眼光和占有资料的原因,台湾诗人入选的比例较大。难得入选的大陆诗人中,有苏老的早年代表作《头发》,不但入选,且获得很高的评价。余光中先生在此书序言中写道:"我一向认为苏金伞是早期诗人中虽无盛名却有实力的一位,却未料到他能写出像《头发》这么踏实有力、搞人胸臆的好诗,并且立刻认定,此诗虽短,撼人的强烈却不输鲁迅的小说。"余光中身为教授,说话是严谨的,如此评价绝非溢美。

一个月后,是苏老九十寿辰。我和同伴带着生日蛋糕去府上看望。客厅的桌子上有一个签名本。他的女儿让我们留言。我想了想,写了四个字:大音稀声。我觉得这四个字最能概括苏老的人品和诗品。苏老历来低调，从不哗众取宠，可从他的作品里，我们感受到他高贵的人格和宏大的气场。读他的诗，犹如吸进清新的氧气，可以滋养贫瘠的心灵。苏老见到我们，紧紧握着我们的手。九十岁的人了，手还这么有力。

诗属于青年。因为青年人最富于想象力。不少诗人中年以后就不再写诗，改写散文或别的文体。八十岁以上的诗人很少有人再写诗，包括艾青和臧克家。苏老是一个奇迹。他的不少代表作写自晚年，如七十一岁写下《绝壁上》，七十四岁写下《寻找》，七十五岁写下《蒲公英》《山口》，七十八岁写下《胎芽》，八十一岁写下《早晨与孩子》《大海的梦》，八十四岁写下《小轿和村庄》，八十六岁写下《埋葬了的爱情》。九十岁的他仍在写诗。1996年4月，他在《病中寄克家、艾青老友》中写道：

> 二十一世纪/新诗将从幽谷中/走上新的境地,/二十一世纪也许/能成为诗的世纪。

这是一个视诗为生命的老人对诗的命运的最美好的祝福。苏老希望能活到21世纪，但是，天命难违。1997年1月24日，他平静地走完坎坷而充满诗意的人生之旅。

苏金伞无疑已经成为历史人物，但他的诗不会消失。他在河南诗坛，乃至中国诗坛的地位，无人能够取代。

六

苏金伞属于乡土诗人。他的诗总是弥漫着田野的气息。他对青少年时代的记忆刻骨铭心，他说："我生长在农村……这很重要，影响了我一生的创作，决定了我写诗的题材主要是农村。连我写诗的风格也朴素得像北方的农村一样。""诗贵朴素，我终生追求的就是这两个字。因为我土生土长，身上和灵魂都浸透了泥土的气息。一切华丽的外衣对我都是不相称的。"20世纪80年代初期，他在一首名为《蒲公英》的诗中写道：

> 沉重的牛蹄和马蹄,/一再把它们踏碎,/不久在蹄窝里又绽出绿意。//冬天盖上一层厚厚的白雪,/雪化了又结成冰,/它们的根在下面微微禽动。//蒲公英植根在农民的心上,/烂入农民的记忆,/又在农民的坟地上生生不息。

这首诗是苏老与农民血肉感情的深层写照,是我们理解苏老作品的一把钥匙。他多么像一株田野里的蒲公英,他的名字"金伞",就是诗意的蒲公英。苏老的乡土诗不仅征服了大陆许许多多的读者,在海峡对岸,他同样有不少崇拜者,南阳籍诗人痖弦便是其中之一。当年,痖弦带着仅有的精神食粮——苏老的诗集《窗外》漂流台岛,阔别家乡四十年后回故乡省亲,他又带着那本《窗外》在郑州与苏老相见。这是海峡两岸一段感人的文坛佳话。痖弦对苏老说:"思乡的时候,把你的诗拿来读一读,就像回到了故乡。"苏老的诗竟成了漂泊游子治疗怀乡病的良药。1996年,一位台湾青年诗人自费在台出版《苏金伞诗选》。苏老在收到赠书后,深为他的诗能得到晚辈的理解而感动,也为他的诗能超越时空而欣慰。

原载《名人传记》(上半月)2015年第2期

研究论文选辑

论苏金伞的新诗创作

谷 丰

苏金伞是一位写新诗而获"读者很多"①的老诗人。他的创作生活,从一九二五年在《洪水》上发表第一首诗算起,已是整整五十六个春秋了。先后出版过《无弦琴》《地层下》《窗外》《入伍》《鹁鸪鸟》五个诗集。粉碎"四人帮"后,老诗人"精神振奋,焕发了青春,创作情绪高涨"。第六部新诗集《骆驼的足迹》也将由人民文学出版社出版。在半个多世纪的漫长岁月中,这个专在新诗道路上探索的诗人,熔铸了自己的鲜明风格,取得了可喜的艺术成就。

一

苏金伞早年的诗作,受徐志摩等唯美主义诗风的影响,诗意清淡,讲究声律、格调,注重辞藻的华美、音节的响亮。然而,虚无缥缈的情思之外,并无多少社会意义。他二十年代的诗作,也正像他的"夜猎银狐"一样,"并不以狐的有无为得失,重在猎获雪夜的情趣"。

诗人走向现实主义,是在三十年代初期。这是因为他这时的生活与思想已经发生了重大变化。苏金伞是在蒋介石叛变革命、革命遭受了严重挫折的情况下,激于义愤而加入中国共产党的。但不久的白色恐怖,又使他遭到被捕入狱的折磨,所以这个还没有经历过斗争考验的正直知识分子对革命前途不能不感到颇为渺茫。诗人出狱后虽然对革命依然同情甚至怀有某些热望,但基本情绪是清冷、灰暗的。这在《出狱》中反映得比较充分:

> 眼前的街,生疏而又悠茫,/犹豫着,往北还是往南呢?

严峻的生活,把这样正直的知识分子推向了"黄昏的街边",在"没有一文钱的衣袋下,怀着一个乞儿的心",向着生活苦苦哀告:

> 我细读着斑残的广告,/今夜的睡眠在哪里安顿啊!

---

① 苏金伞:《地层下》,星群出版公司,1947年,第1页。

但这不幸的遭遇、贫困的生活,"昔日的骄傲于今变成踌躇了"的苦闷、彷徨情绪,并没有压垮一个正直的灵魂;他想起狱中的难友"隔被互易着体热"的情谊,祝福"走向隔世"的革命者"地下安息"。当时的诗人虽无掩埋好同伴尸体、擦干身上血迹、继续战斗的昂扬豪情,但同情革命的正义思想犹存;在创作上,那种"俯视着行人的脚根"的态度,感受现实的精神及其现实主义的表现方法已是比较鲜明了。

抗日战争的烽火引发了中华民族对日本帝国主义的积愤,也点燃了诗人的爱国主义激情,这个时期他的诗作是比较多的。其中,《我们不能逃亡》《斑鸠》《雷》《睡眠》等诗,鼓动抗战,抨击侵略者,反映社会现实,讴歌中国社会的脊梁——农民,内容丰富深刻,沉郁的基调中不乏高扬的精神,朴素的诗句中凝聚着巨大的民族悲愤。一九三七年写的《我们不能逃亡》,显然是国共合作的可喜时局使诗人思想解放、情绪转变的真实写照。但是一九三八年后,日本帝国主义集中兵力对我抗日根据地加紧进攻,国民党反动派掀起了一次次反共高潮,山河破碎的冷酷现实迫使诗人很快又陷入了郁闷、彷徨,和当时许多进步的小资产阶级知识分子一样,他一方面痛恨日本侵略者,一方面痛恨国民党反动派,于是抗日反蒋就成了他这个时期诗作的主题。可贵的是,在全民抗战的呼声里,诗人有着充满信心的"春"的感受:

叱咤一声/呼开了冬的闸门,/千万条河流/一齐拥进;/然后又一株一株把树唤醒,/枝条上的嫩芽,/挨次睁开了眼睛。(《斑鸠》)

全面抗战的铁拳,实际上是在宣布"世界可该我们做主了"。《斑鸠》中那埋在土里的"陈雷"也该"繁殖出成群的乳雷"了,滚滚的雷声会把春的大地唤醒,会把民族的春天唤醒。由于雷的催促,"羊奶葡萄般的雨点",便"饱含着亮光,孕育着生机,一颗一颗摔碎在地上",使得"所有一切枯萎的生命,也都为这启示所鼓舞,而抬起头来了"。

"雷",不过是一种声音,它不会有多么巨大的力量,然而诗是艺术,它可以很形象地写出雷的万能。因为这雷"生长在远方",在运用马克思主义而使革命成功了的苏维埃故乡。说只有深切地感受到时代脉搏的人,才能感受到这种雷声,只有深切地感受到这种雷声的诗人,才会有如此坚定不移的自信。《雷》是一曲马列主义必胜、人民必胜的真挚颂歌。

在革命理想主义的召唤下,诗人渐渐从小资产阶级个人主义的小圈子跳了出来,投身于当时如火如荼的抗日战争,表现了极大的战斗热情,即使在"不远的地方"响着枪声,但只要"怀里抱着枪",同样睡得香,而一旦离开战场,就像"母亲失去了婴儿,感到空虚而又怅惘"。(《睡眠》)

本时期苏金伞的诗确也有不可忽视的另一面,这就是沉郁中流露出的消极、彷徨情绪。《雨后》所表现的心情如同阴雨天被闷在屋子里一样难受,甚至当他鼓足勇气"带了雨笠,走到村外去"时,还要碰上"在泥间蠕动"的"尸车",他只好重新返回"生了绿霉的、黄色报纸糊的屋子里",仍然做一个雨的"俘虏"。复杂、矛盾,正是诗人当时的真实心境,也是当时许多还未找到正确出路的小资产阶级知识分子精神状态的一种典型概括,他们痛恨日本帝国主义和国民党反动派,热爱自己的祖国,叹惜那麻木不仁的"围观的群众",但由于他们痛思黑暗势力的强大和自己的软弱,因此既不会"搬一块大石头",砸开黑暗势力的牢门,拯救出受苦受难的同胞,又不可能"一拳打走,挡住去路的家伙",为人民开出一条光明的路来,而只能"向一街的落叶,向满天的星斗"牢骚,抒发愤懑。尽管诗人是如此郁闷、彷徨,但在他内心深处却没有泯灭对革命、对人民,特别是对农民深蕴着的那种热烈的爱。他歌颂他们像"火成岩一般的坚固"的脊梁,说它既能承担沉重的压迫与剥削,又有掀翻"那牢牢地压在脊背上的残酷统治"的无穷力量。

二

解放战争时期,诗人亲身经历的国统区和解放区两种截然不同的社会生活,不可避免地会给他的思想和创作带来变化:他现实主义诗创作的发展不仅表现在题材领域的扩大,更重要的是表现在对革命充满信心的革命理想主义和对社会现实典型化概括的高度上,都有了新的进展。揭露和抨击国民党反动派发动内战的阴谋与罪恶,是他本时期创作的一个重要内容。组诗《未春诗抄》和《坦克车游行》等就深刻揭露了蒋匪帮"架着机关枪,对着人民示威"的残暴和卑劣。这种揭露典型化的程度是相当高的:反动派残暴卑劣的嘴脸被概括得很集中、很典型,诗人对丑恶现实的感受被概括得也很典型、很深刻。另一些,如《两只残废的蟋蟀》《鹁鸪鸟》《冰雪季》等记录反动派屠杀人民罪行的诗作,其打动人心之处也在这里。而且这种揭露和抨击常常是成功地交织着运用了辛辣有力的讽刺手法。

一九四八年开封解放之后,诗人进入了苏豫皖解放区,心情格外激动,歌颂解放区,歌颂革命战士和领导者是他这个时期诗创作的一个重要内容。《在汝河岸上》《修桥》《送鞋》以及收入在《入伍》诗集中的许多诗篇,大都以热情洋溢的情绪,赞扬了解放区的光明、团结和向上的勃勃生机。如《劳军小模范》:

> 女孩子们，/把刚做好的香草布袋，/挂在战士们的胸上，/挂在那奖章旁，/跟奖章一同发光。

而男孩子们则：

> 飞奔地跑到鸡窝边，/伸手把鸡蛋取出来，/送到班长面前。

同样战士们"宿营"来到村里，也像回到自己家里一样，担水、扫地，忙了又忙。注目到军民的鱼水情深，正反映了诗人思想感情的发展变化。

在歌颂革命老战士和领导者的诗篇中，《初见到刘伯承、陈毅、陈赓三将军》就很为当时解放区军民所称道。在诗中他赞美这三位戎马倥偬几十年的沙场老将：

> 是三颗奔雷，/带着火闪，/带着满天的音响，/流动在黄河、长江之间。/这广大的地区上，/山岳群起呼应，/原野也跟着咆哮，/而千千万万的人民/也都从饥饿的草屋里奔跑了出来。

在这类诗中，《吴老》《鲁迅先生还活着》《毛主席来了》也在当时产生过很大影响。

创作上有如此的变化和发展，这并不奇怪，正如诗人自己所说：来到了解放区，感情自然起了"极大的变化，产生了愉快乐观的情绪"，因而"不管在情调上风格上都有了变化"，诗作也"是很有战斗力的"①。

三

新中国成立后，诗人满目欣逢佳色，挥毫倾吐衷情。他在担任河南省文联副主席、《河南文艺》主编等领导职务的同时，还亲自下乡参加了土改，深入了生活的基层。他以昂扬的调子高歌了新中国的美好现实和光辉未来。

农民从地主手中夺回了土地，掌握了政权，并尽力巩固、建设这已得的政权，用来改造这已获得的土地。《卢风皋的家乡》中的农民就是这样。那里过去是"春天没有花，死后没有坟"。就在这寸草不生的沙滩上，新一代的农民硬是用勤劳、智慧的双手，建成了一座美丽的花园。如今那里是：

> ……绿色的围墙里/贮满了阳光/长满了庄稼/沙丘上放牧着羊群/这

---

① 苏金伞：《鹁鸪鸟》，作家出版社，1957年，第136页。

村到那村/路边开遍了野花。

诗人笔下的农民已开始逐渐摆脱旧社会遗留下来的保守苟安的小私有者的习气。他们心胸豁达,勇于接受新生事物,农村处处勃发着一股奋发向上的革命生机。《屋顶广播》中的农民,对"新改造的耕犁"和"一些选出的包谷种子"是那样热心,而五年之后《候鸟》中的农民却在向往拖拉机、收割机了。

经过社会主义改造,我国城乡发生了翻天覆地的变化。在《灯光》和《场边夜话》等诗里,诗人情不自禁地歌颂了这一片光明的景象。《灯光》里,诗人的感受分明地透视着一股热爱生活,热爱到几乎要跳出来的赤诚又火热的心。我们看到站在天桥上瞭望城市夜景的诗人,"置身群星中,眼前是万里灯光":

灯光在时刻孵化着,/我说不出比昨夜又添了多少,/正如我数不清:/天上又添了多少星星,/人间又添了多少眼睛。

我们顺着诗人的眼睛仿佛同样看到,在每一个灯光下面有正在"为明天思索的人",有正在"写科学论文,或写诗"的人,有"正在生产钢铁和布匹,或正在演出新排的戏"的人,真是"每一个灯光,对我都是一个鼓舞","并且都和我的心相通"。甚至"我"同车上的旅客一样,都将有一个"灯光"到沙漠到边疆,"照着绘图或读书":

灯光就是祖国的心,/不管多么辽远/只要一坐在灯光下,/就像回到家里。/我也暗暗向他们致候:/"你们走得再远,/我们中间同样没有距离!"

情景交融、物我一体,把祖国一片春机勃发的美好景象尽收眼底。这首诗表明,诗人的思想和艺术更上高楼,可以说是完全成熟了。《场边夜话》则更为人们称赏。总之,以《灯光》和《场边夜话》为代表,标志着诗人在新诗道路上的探索,已取得了相当高的成就。

然而不幸的是,正当诗人沿着社会主义现实主义创作道路胜利前进的时候,一九五七年却被错划为"右派",加之十年"浩劫",被迫沉默达二十年之久。但我们的诗人毕竟是在革命烈火中熔炼过的老战士,他并没有沉沦。粉碎"四人帮"后,诗人以青春的思想和青春的艺术,又开始为人民引吭高歌,在新诗探索的道路上,走上了一个更高更新的境界。

发表在《诗刊》上的《绝壁上》就是一曲农民和他们的带头人战天斗地夺"四化"的赞歌,赞歌中有两幅精彩的画面,一幅是社员和他们的县委书记开创"上接天河银波,下通社员心脏"的渠道的图画:

在那苍鹰飞不到的悬崖上,/在那蝙蝠挂不住脚的绝壁上,/人们在飞来飞往。/腰间一条长绳索,/就是他们的翅膀。//太阳在他们的额角上磕碰,/耳边响着桑弓般的硬风,/脚下是万丈深壑,/弥漫着团团烟雾,/没有可以下脚的地方。

在这幅画上,将帅们同心协力,一个个真真是新时代飞檐走壁的英雄,观其情令人惊羡,思其境令人神往。第二幅画是那使"世世代代人民欢笑"的大功告成之后的情景:

完工后坐在一起做个总结,/大家归功于他的领导;/他说大家的功劳比他更多,/他只是比大伙多做一件事,/就是现在要由他写个汇报。

干群关系那么融洽,几乎使我们能触摸到群众无比喜悦时的音容笑貌,特别是使我们看到了真正的人民公仆无比谦虚的美好心灵。语言朴实无华,无故作惊人之笔,然而生动的意境里却吐露着诗人强烈而鲜明的感情色彩。它给人的力量可以说胜似一批反官僚主义的空洞议论。诗人寓深情厚谊于朴素的笔端,从各个不同的角度描写了粉碎"四人帮"后人民群众崭新的精神面貌,以及他们为祖国"四个现代化"大干苦干的雄伟气魄。与《绝壁上》几乎同时发表的《十只金凤凰》《雨声》等正是如此。那被誉为"十只金凤凰"的姑娘,就是千万个想"四化"、干"四化"的杰出代表,她们:

都有一副青松一般挺拔的身材,/都有一个被山风吹黑的脸膛,/都有一双厚茧的手,/都有两只引风掣电的臂膀。

一颗颗为"四化"甘洒热血和汗水的心房搏动,引奏着一曲曲无限美好的理想乐章,仿佛那"山风满怀,野花满目,远远望见黄河风浪"的高山峻岭上,"又出现一条公路,盘过太阳"直达祖国的心脏。

在高歌新时代人民聪明才智的同时,诗人还写下了《怒向刀丛觅小诗》《题张志新烈士遗像》《反省》等愤怒申斥"四人帮"的诗作,在社会上引起了强烈反响。《反省》刚刚在《人民日报》上发表,香港《文汇报》随即专电报道。在这首诗中,诗人用拥抱整个民族的博大胸怀,痛悼伟大的共产主义战士——刘少奇同志,哀切地"反省"着造成这一最大悲剧的罪过,字字血,声声泪,令人震惊。

"四人帮"是要把我们的民族和国家推向痛苦与黑暗的深渊,然而"四人帮"垮了台,这是历史的必然。而十年"浩劫"之后的人民,是新增了丰富免疫力的人民。他们开始了"新的长征",诗人又禁不住地为这"新的长征"摇旗呐喊,振臂高呼:

我们的这次长征,/是夹着风雨雷电一同前进。/它们的激荡捭阖,/正是以壮我们的行色,/很合乎我们的呼吸。

诗人近作《农村新歌》《诗园》《走出牛栏》等,不仅充分地体现了他的诗作的一贯风格,而且又有了可喜的新突破。这些诗呈现出一种新鲜的色彩,喷吐着中原泥土所特有的芳香,像早晨阳光下闪耀的露珠,像新春园圃里初放的花卉。这些颜色和香气发自生活的本身,但是经过诗人内心的点染和酿造,令人陶醉,令人振奋,令人增长勇气和希望,令人可触可摸地感到农村"四化"的起步声,将推动着插上翅膀的祖国飞速向前发展。

四

苏金伞是一位执着在新诗道路上不断探索、力求创新的诗人,他忠实于"五四"以来的新诗创作道路,经过几十年的艰苦探索,在艺术上确实取得了相当高的成就。他的艺术风格的形成和发展,有其自身的轨迹和特点。

是中原大地几十年风云变幻的影响、冲决罗网的"五四"思想运动的启迪,中外文学,特别是"五四"以来新文学的滋润,使他走上了新诗创作的道路。现实主义传统的继承,"新月派"——徐志摩、闻一多等人的影响,是他早期诗歌创作形成独特风格的主要因素;三四十年代反映革命斗争生活的大量诗歌的出现,标志着他诗的风格已经成熟;新中国成立后,特别是粉碎"四人帮"后,诗人老骥伏枥,诗风不仅不减当年,而且又达到了一个新的高度。总而言之,我们认为他新诗创作的艺术风格是有如下几个特点。

具有散文的朴素美,是他诗歌艺术的第一个特色。这个特色与诗人的思想气质直接相关。他曾说:"诗人的思想必须是解放的、开阔的,不能有任何僵化或半僵化状态。"这种观点正是他自称"我是'自由体派'"新诗创作的基础。因为表现"不能有任何僵化或半僵化状态"的思想,"一定要有与之相适应的恰当的形式"。而"自由体"的形式却正适应着这种需要。苏金伞诗的散文美主要是靠形象化的语言来表现的,而不是靠形式的整齐、声律的讲究、概念的说教。他的句子看上去很朴素,没有斧凿的痕迹,然而却很真挚动人,味道极醇。如《农村新歌》中"秧针已刺绿了水面""一排一排的粪堆,就像大地的乳房",就是很富有形象化的语言。前者一个普普通通的"刺"字,一下就把秧田的整个画面给烘托出来,后者把"粪堆"比作大地的"乳房",是既形象又大胆,"粪堆"本是非常肮脏之物,它引不起人们丝毫美感,因而很少有人把它作为美好的事物写入诗中加以歌颂,但这里诗人却把它作为最圣洁的哺育人类成长的"乳房"来赞美,这种出人意料,却在意中的写法,是很生动感人的。因为,诗人在这里不单单是为写"粪堆"而写"粪堆",而是把它和小麦的大丰收紧紧相连,把它看成是滋育小麦生长的"奶浆",所以,人们读到这里不但不会厌恶,还会由那"一排一排的粪堆"联想到霎时变成的一堆堆金色麦粒,产生无限的热爱之情。

寓情于景,意境深刻,纯朴之外,不乏含蓄,是他新诗艺术的第二个特色。这个特色尤其在黑暗势力压迫之下产生的诗篇里表现得更为突出。一九四五年日寇投降后,蒋介石在美帝国主义的支持下,悍然发动了全面内战,大举进攻解放区,屠杀爱国志士,对人民进行残酷的法西斯统治。当时战斗在国统区的诗人,那种反蒋、反内战的激愤之情达到了极点,但由于当时环境恶劣,这种激愤情绪是不可能直接坦露出来的,因此诗人采用了寓情于景的艺术手法,委婉曲折地进行表达。《冰雪季》中写"北冰洋的寒流"侵袭中国大陆,使万物凝固待毙的凄惨景象,就深刻地表现了国民党发动内战给人民带来的沉重灾难。诗人这种寓情于景的艺术手法不仅用于对反动派的揭露鞭挞,同样也用于对人民美好幸福生活的歌颂之中。《场边夜话》就很能说明这一点:

　　近边是一条小河,/里面落满了星星,/分不清是河水在咂舌,/还是星星在互相击碰。

　　远方明灭着牵牛花般的闪电,/不远的地方叫着杜鹃;/空中飞过一两只夜鸟,/叮咛着乡村赶快入眠。

在这充满着诗情画意般的夜晚,社员们躺在"像一片浩渺的湖水,弥漫着乳烟似的月光"的打麦场上,吮吸着"从北斗星边沿"溢出来的"像蜜——又像酒"样的"点点轻露",整个心儿都醉了。这就自然而然地将社员们劳动之后的欢快心情流露了出来。

富有厚的乡土气息和地方风味,是苏金伞新诗艺术的第三个特色。他"虽不是地道的农民,但至少他了解他们,和他们站在一起。他的诗材大半取于农村,他酷爱这受难的土地、土地上受难的农民,而支付出他的热情和深憎"[①]。苏金伞自幼生长在河南省睢县一个只有二三十户人家的小乡村里,家虽有土地顷余,"但由于土地瘠薄,又加上苛捐杂税,农村破产,日子并不好过",父亲也因此不得不"长年参加劳动,是一个勤勤恳恳的农民"。这就使他幼小的心灵中埋下了对土地热爱和对农民热爱的种子。在以后的数十年中,他经常生活在农村,和农民朝夕相处建立了深厚的友谊,这也是构成他带"土腥气"诗作的极为重要的因素。

---

① 苏金伞:《地层下》,星群出版公司,1947年,第2页。

热馍掉在地上,/皮也不揭,/连泥吞下去;
腿上磕破一块皮,/用指甲挖一点墙头土,/按在伤口上,/不用包扎;
……/农人信赖泥土,/就是这样的执迷。/但等到饿得倒毙时/却找不到一块隙地/让他们埋葬尸身!

——《破草帽·信赖》

没有对农村生活的亲身体验,没有对农民心理的深刻了解,要写出这样充满乡土气息的诗是不可能的。

几十年来,苏金伞在中国新诗道路上默默地探索着,从不炫耀自己。自以为像骆驼一样,在沙地上踏出脚印,但风一过就平复了。因而他给即将出版的第六部新诗集取名为《骆驼的足迹》。诗人尽管是如此谦逊,但人们并没有因此而埋没他在新诗道路上艰苦探索的功绩。早在四十年代,上海《大公报》的编者就对他揭露蒋匪内战阴谋的《未春诗抄》给予了很高评价,说他的诗讽刺辛辣而又深刻得体。一九四七年,在叶圣陶先生主编的《中学生》上也曾有人撰文说,从他的诗中懂得了不少道理。新中国成立后写的《灯光》和《场边夜话》《劳模三唱》先后被英文版的《中国文学》转载,受到国外知名人士的好评。现在诗人已年逾七十,我们很希望老诗人在新长征的途中,为祖国、为人民谱写出更多更美的诗章,取得更突出的成就。

草于 1980 年 10 月 20 日,改于 1981 年 7 月 15 日
原载《郑州大学学报》(哲学社会科学版)1981 年第 4 期

滴滴汗水撒在泥土里
——苏金伞的诗歌创作

西 羽

在中国新诗作家的行列中,苏金伞的名字并不生疏,他从二十年代后期就开始发表作品,虽然数量不算丰富,但在中国新诗园地上已经辛勤耕耘达半个世纪了。

苏金伞从中学时代就爱好文学,在旧社会他为了糊口,长期从事与文学无关的职业,在学校里担任体育教员,一面教书,一面写诗。他最早的一首诗《拟拟曲》,发表于1926年7月16日出版的《洪水》杂志第二卷第二十一期上。三十年代也陆续在各种报刊上,包括在现代派的《新诗》杂志上发表诗歌作品,但数量较少,内容大都局限于个人的抒怀与吟唱;正如他自己后来所说的:"那时的诗,还未能完全接触现实。"①

他的诗歌创作主要是在抗日战争和解放战争时期。

抗日战争的炮声,震醒了诗人,促使他从个人的小天地里走出来,投入了现实斗争的洪流;他的诗歌创作从内容到形式都发生了明显的变化。收在诗集《窗外》和《鹁鸪鸟》(第一辑)里的大多数诗歌,就是这个时期的作品。民族的灾难、抗日的烽火,点燃了诗人心中的烈火,祖国在呼唤他!全民抗日的新鲜生活气息,涤荡着诗人的情怀,他对现实满怀着希望,《睡眠》《雪中开拔》《一个女宣传员》等诗篇,就是这种乐观情绪的反映。在《一个女宣传员》里,诗人塑造了一个不爱红装爱武装的抗日妇女的形象,在短短三十几行诗里,刻画出新时代女性的刚劲与柔情,揭示了她内心深处的美丽灵魂,给人留下深刻的印象。在《雪中开拔》里,也不乏形象丰富的诗句,抒情中有着豪迈的气概。

但是现实是残酷的,它不断地教育着诗人,使他清醒起来。他看见了狗"替主人挖墓穴"的悲惨景象(《跟妈妈说》),看到"上面经常留有犁耙和箩筐挤压的绞印,绳索抽勒的疤痕"的"农人的脊背"(《农人的脊背》)。诗人在乐观的心情里,又增添了不满和愤慨,他需要行动,在《睡眠——记一个朋友的谈话》里,诗人表达了自己对于"鱼,不能离开水,人,不能离开战斗"的心情。但是他并没有

---

① 苏金伞:《鹁鸪鸟》,作家出版社,1957年,第135页。

以实际行动投入战斗。在《徘徊》里，诗人真实地描绘了当时的心情和思想，他"羞于向人索讨一粒小米"，也"无力一拳打走挡住去路的家伙"，更"没胆量一把撕碎墙上的布告"，然而，"却又禁不住发议论"，他"对于味息的辨别最为敏感，对于方向的选择又最为愚笨"。因此，他只能像在《鹅》一诗里所描写的："目送那高旷无羁的身影，暗恨着自己的一双泥脚。"这是诗人这时期的思想的真实写照。

比较能够代表诗人这一时期的创作风格和艺术水平的，是他的一首短诗《窗外》。这是苏金伞在艺术上比较成熟的一首诗，语言朴素，感情真切，有比较浓郁的诗情；写得很朴素，然而给人的印象深刻。

窗子和我一同醒来。/外面：/马蹄嘚嘚走过，/带着女人的啜泣声/和孩子的帽铃响。
破音的唢呐，/呜呜啦啦地吹过来，/同样令人哭泣的调子，/我辨不出是在埋人呢，/还是在娶亲。

开头几行诗就把人们带进杂乱、凄凉、悲怆的气氛里。诗人所描绘的正是这个时代的气氛。诗人向瞎子探询"明天的遭迁"，以算命瞎子所见的"比我还黑"，来象征眼前这个黑暗的现实；以纸窗小洞中窥见的一点"凝蓝的天"和带着"思念和遐想"飞翔的鸽子，来表达自己对生活的渴求；他想迈开步子，但"刚开开门，就已跌进陷坑里了"。这是现实生活中的陷坑，也是诗人思想上的陷坑。这首诗用现实生活里的悲惨景象，来衬托诗人的忧郁心情，用瞎子来比喻黑暗，用蓝天和飞鸽来表达期待，又用风中的歌声这个飘忽的形象，来表现诗人心中朦胧的理想，以景衬情，情景交融，写得舒展而自然。

这首诗初收诗集《窗外》，新中国成立后编集《鹁鸪鸟》时被删去，原因可能是诗人在"后记"中所说的，"把有着比较忧郁的情调的一些诗割合了"。其实这种令人窒息、使人悲怆的情调，与其说是个人的，毋宁说是时代的声音；对诗人来说，也许显得有点意志消沉，然而是写出了自己的"真情"，表现了对黑暗社会的不满和反抗。苏金伞有一部分作品比较缺乏诗情，原因之一恐怕是诗人对事物采取了过于直露的反映，没有以比较确切而生动的形象来表达诗意。而像《窗外》这样的诗，善于借景抒情，以物寓意，而且较有诗意的作品，也许在思想内容方面并不是十分高明，但在艺术上可算是他诗歌中的上乘之作了。

抗日战争胜利后，诗人的生活道路发生了重大的变化。他摆脱了执教十余年的教师生涯，开始从事与文学比较接近的编辑工作，先后在开封编辑多种报刊。1948年奔赴豫皖苏解放区，参加革命队伍。八年抗战，他对国统区的现实有了比较深刻的认识，在抗战胜利后不久写的《迎接自己的队伍》一诗里，诗人已经预见到"在中国的道路上,还有更多的磨难"。事实正是这样。日本刚投降,人民还没有从八年的灾难生活中喘息过来,国民党政府就发动了全面内战。严峻的现实使诗人觉醒了。

揭露与抨击黑暗现实,是他这时期诗歌创作的主要内容。收在诗集《鹁鸪鸟》第二辑里的大多数诗歌,都是这一类作品。诗人怀着悲愤控诉了国民党特务对闻一多先生的杀害(《控诉太阳》);对于"天空已不属于鸟类,就像土地不属于农民一样",一切都被"杀人犯"所"占据"的黑暗现实,发出了猛烈的抨击(《鹁鸪鸟》);勾勒出一幅"整个中国都烧起了大火"的全面内战的景象(《冰雪季》)。其他像《黄河又回来啦》《坦克车游行》《马蹄》《剩余》等诗也是围绕着这个主题。在《剩余》里,诗人深刻地描写反动派对人民的掠夺,他们把土地、粮食、讨饭的篮子、死后的棺材板,连天上的空气,洗劫一空,"于是剩下的,将只有碉堡,看守着每一个无人走的路口"。这是一幅反动派实行"三光政策"的凄厉图画。为了更直接、更有力地把斗争的矛头指向反动统治阶级,诗人开始写政治讽刺诗。他抨击了国民党政府的"宪政"和"还政于民"(《民主和自由》);怀着满腔的悲愤写下了《国民身份证》,对国民党的法西斯统治,对愚昧黑暗的现实,极尽嘲讽之笔。这些诗歌,与当时流行的马凡陀、黄宁婴的政治讽刺诗相比较,并不显得逊色。

描写农村的苦难生活,是他这时期创作的又一个重要方面。诗人来自农村,"早年的农村生活,奠定了我的生活基础";他对于"农民的气质、农村的色调,以及农民的要求和心理状态"(《我是怎样写起诗来的》,载《诗刊》1981年3月号)有着较多的了解,对于灾难深重的土地,对于农民的疾苦,有着深切的感受。这些在他的作品中都有所反映。在《破帽章》(收集时改题为《断章三首》)一组小诗里,农民对土地的深情,贫穷凄苦的生活,逼租讨债的剥削,深刻地在诗人笔下再现。在《我家的头发》《台阶上》等诗里,诗人形象地描绘出农村衰败的历史图画,痛苦地回忆着中国农村的灾难历史。如果没有对农村的深刻了解,缺乏真切的感情,是不可能写得如此真实而生动的。

正因为诗人对社会现实有了比较清醒的认识,因此,面对种种黑暗与腐败的现象,在残酷的压迫下,他并没有像前期诗歌中所表现出来的,在不满与失望之余,时时流露出彷徨与徘徊的心情。现在,他从鹁鸪鸟的叫声里,领会到"原来已到了春天"(《鹁鸪鸟》),相信"撒下的种子也将发芽"(《耕种》),在《歌的王国》里,明白地表达出"团结就是力量"的斗争观念。《地层下》更是强烈地显示了诗人对自由幸福生活的渴望,对光明的坚定不移的信念;虽然眼前"冰雪使大地沉默","然而沉默并不是死亡",战斗的脉搏就在"地层下"激烈地跳动,诗人深信人们将"迎来彩色的季节,和音响的世界","围绕着太阳"高声歌唱! 在这些诗里,饱含着斗争的勇气和胜利的信念。

苏金伞这时期的诗歌创作,与前期的作品有着明显的区别,不仅是思想内容上的变化,也是艺术风格上的发展。如果说,他过去某些诗里,"对于当时统治阶级的满腔愤怒与憎恨",还"不得不通过含蓄的意境委曲婉转地表达出来,把感情隐藏在语句背后"①,那么,这时期诗人的激情已经溢于言表,化为力量,他更多的是采取直抒胸臆的方式,把诗歌当作斗争的武器。如果说,他过去有不少诗歌是以抒发个人情怀,写自我为主,并且带着明显的忧郁的情调,那么,这时期他的诗歌却是大量地反映时代,描写现实,表现人民的斗争,个人的忧郁情调明显地减少,在悲愤之中透露出乐观的高昂的斗争信念。这是苏金伞诗歌创作道路上的重要转折。

然而,更大的变化是在他进入解放区之后。好像一个盲人突然重见光明,诗人长期生活在黑暗的旧社会,耳闻目睹的都是令人悲愤的景象,因此,一旦踏进了人民当家做主的解放区,自由的空气、舒畅的情怀、新鲜的感觉,纷至沓来,大大地激发了他的诗情,给他的诗歌注入了新的血液。收在《鹁鸪鸟》第三辑里的诗,是他进入豫皖苏解放区后的作品。《在豫皖苏军区》是诗人 1948 年 6 月"初入解放区"时所作,诗人敏锐地抓住了解放区的一个特点:人与人之间和睦相处的平等关系。在新天地里诗人感到从未有过的快乐:

我们从来没有这样大笑过,/没有这样高声地谈过话,/天天是在恐怖中过日子。//现在/我们在解放区里相见,/山这样的青,/天这样的广阔,/而你们都胖了。(《在汝河岸上》)

相形之下,诗人开始意识到自己,"而我却是刚刚进来,带着一身的渣滓,陌生地看着一切",对于改造自我怀着迫切的愿望。

这时期,他写下了大量歌颂解放区新人新事的诗篇,描写农民得到土地后的欢乐(《三黑和土地》)、农民学习文化的热情(《学字》)、解放区人民支前的盛况(《送鞋》《修桥》),表现农民翻身做主的快乐(《宿营》)。在《没收》里,诗人生动地描绘农民在土改中的欢乐情景;《劳军小模范》里,人、情、景三者浑然一体,满篇欢乐,处处笑语,就像一幅解放区翻身乐的风俗画卷。这些诗"在情调上,在风格上都有了改变",原因是诗人进入解放区后,"感情自然起了极大的变化,产生了愉快乐观的情绪"②。

新中国成立后,诗人在河南省文艺界担任领导工作,并在报刊上陆续发表

---

① 苏金伞:《鹁鸪鸟》,作家出版社,1957 年,第 136 页。
② 苏金伞:《鹁鸪鸟》,作家出版社,1957 年,第 136 页。

了一些诗歌。这些诗为配合某种需要而写的居多数,思想内容比较过去的作品有了明显的提高,但诗情与艺术感染力则显得淡薄。1957年后由于众所周知的政治原因,他不能不搁笔,直至打倒"四人帮"才重新获得了解放。

朴素与真实,从思想内容到表现形式都是如此,这是苏金伞诗歌创作的一个特色,并以此形成他个人的艺术风格。在我国新诗人的行列里,有人才华横溢,诗情如画,激情似火,也有人对自己的诗作精雕细镂,惜字如金,刻意求新。然而,苏金伞既不是前者,也非同后者;也许因为他长期生活在农村,对土地有着十分深厚的感情,不仅他的诗歌有相当一部分是取材于农村,"连我写诗的风格也朴素得像是北方的农村一样"①。他是一个带有浓郁的乡土气的诗人。他以真实的感情去反映生活,用朴素的笔调来创作诗歌。对于他,写诗就像农民耕作土地似的,把汗水一点一滴地撒在泥土里,培育出一粒一粒的粮食,而不是那些五光十色的艳丽的奇花异草。他的诗是朴实无华的,有激情然而很朴素,有诗味但是不浓烈,锤炼字句而不见斧凿的痕迹;有时强于理智,以哲学家的眼光剖析生活中的是非得失,更多的时候是重于感情,以一颗火热的心注向人间,分担天地间的哀乐。前期的诗情调比较忧郁与低沉,但总的来看,确实如同诗人自己所说的:"我的思想感情随着革命浪潮的高涨与低落而起着变化。"②诗人始终跟随着时代的脚步在迈进。

如果要论苏金伞诗歌创作的不足之处,他的某些诗写得过于直露,艺术感染力不强。我们不能要求每一种风格的诗人的作品,都有弦外之音,有绕梁三日的余韵,但诗应当有自己的意境,要有诗情,能令人回味,这恐怕是共同的吧。也有人认为苏金伞的诗缺乏想象力,这个看法也许不完全切合实际,但是正像人们通常说的,诗人应当有一对引导人们的思想感情飞翔的翅膀,在他的诗歌中这一点是做得不够的。此外,他有些诗句缺乏锤炼功夫,过分地散文化和口语化,像《眼睛都睡红了》,甚至在比较好的《鹁鸪鸟》之类的诗里也出现。但是这些不足之处,与他整个诗歌创作的成就相比较,毕竟是次要的。

对于苏金伞这样一位有着半个世纪以上创作生涯的老诗人,我们有理由要求、有信心期待他会写出更多更好的朴素的真实的诗歌。

1982年4月于北京
原载《诗探索》1982年第3期

---

① 苏金伞:《我是怎样写起诗来的》,《诗刊》,1981年第3期。
② 苏金伞:《鹁鸪鸟》,作家出版社,1957年,第136页。

小河淌水和铮铮响泉
——论苏金伞诗歌创作的成就

石发亮

在我国现代和当代诗坛上,苏金伞的自由体诗自成一家,有其独特的成就。本文试做简要的论述,以引起文艺界、学术界对其做进一步的探讨。

一

苏金伞的诗的内容题材,大体上可分为两类。一类是抒情哲理诗。诗人在借助于生活中某种事物的形象进行感情抒发时,往往表述某一人生哲理。这类诗不仅给读者以形象的感染、情感的激发,而且从哲理上还给读者以启迪。另一类是抒情叙事诗。诗人的思想情感完全融化在所叙述和所描写的事物之中,诗人往往以情节和细节来反映时代生活的某一侧面,概括一定历史时期社会生活的特征。在情节的叙述和细节描写中来表现诗人的爱与憎、意愿与希求。在这类诗中,以写农村生活的诗居多。这类诗,带有浓郁的乡土气息。

在苏金伞的创作中,不论是抒情哲理诗还是抒情叙事诗,很少有疾风暴雨般的大场面的抒写,也没有惊涛骇浪般的感情奔腾。诗人所选择描写的对象多是社会生活及自然界中一些常见的现象,像农人的脊背、跟妈妈说、摘棉花、耕种、睡眠、头发、送鞋、修桥、老牛回家、三黑和土地、学字、斑鸠、啄木鸟、鹁鸪鸟、秋天的小河、蒲公英、桐叶、雷、晴天、山口,等等。这些生活现象经过诗人精巧的构思和想象,无不化为鲜明的艺术形象。

作于1941年的《斑鸠》,构思奇特新颖。诗人将斑鸠的叫声想象为春雨:

叱咤一声/呼开了冬的闸门,/千万条河流/一齐拥进;然后又一株一株把树唤醒,/枝条上的嫩芽,/挨次睁开了眼睛。

诗人把斑鸠"嘟嘟噜噜"的叫声,拟化为春雷,在春雷的滚动下:

草芽,/顶开一块土皮,/喜怯怯地侧目巡视,/惊讶着:/——这是谁来呼唤我?//一看/雪已不蹲在身边,/自言:/世界可该我们做主了,/多谢斑鸠叔叔！

当时中国人民正在进行艰苦卓绝的抗日战争,诗人对战斗生活的向往,对自由与解放的追求,潜移默化在诗的形象中。斑鸠"嘟嘟噜噜"的叫声,使河流、树木、土壤、草芽都以各自的姿态动起来了。诗人有层次地将自己的思想情感展示出来,含蓄而明朗,深沉而细腻。

苏金伞的抒情哲理诗大都不同于一般政治抒情诗。诗人往往通过对那种似乎是一般生活现象的描写,开掘出具有深刻意义的主题。他的抒情哲理诗,有鲜明的形象,充满了战斗的生活气息。类似于《斑鸠》的,还有《写照》《睡眠》《晴天》《雷》等,但它们都不如《斑鸠》写得凝练、生动、隽永。

在河南,不少有成就的作家都与农民结下了不解之缘。苏金伞的诗与农村生活、与农民的心贴得非常紧。苏金伞在写农民的生活和表现他们的情感时,往往是集中在某一点上。作于1943年的《农人的脊背》这首诗,以农民的脊背为对象,给予淋漓尽致的描写,概括了丰富的社会内容。农民的性格、农民所遭受的剥削与压迫、农民的力量与反抗、诗人的爱与憎,全都生动地体现在诗人所尽情描写的农人的脊背这一艺术形象上:

> 农人的脊背,/经过烈日的烤炼/和冷雨的浇淋,/变成火成岩一般的坚固。//上面经常有/犁耙和箩筐挤压的纹印,/绳索抽勒的疤痕。/脊柱一天比一天弯了,/仍然背着沉重的布袋/把粮食背进别家的仓房。//而制造灾害的人们,/在上面种植更多的灾害;脂肪过剩的人们,/在上面寻求更多的脂肪。/……却不知道/和无穷的忍受同时,/这脊背/也有无穷的力量。//你看,那满载谷物的大车,/像山一般重,/一声呐喊,/就被掀翻在禾场上。//现在/就正用这同样的姿势/来掀翻另一种更为沉重的东西,/——那牢牢地压在脊背上的残酷的统治。

抓住农民形象的一个突出特征,有层次、有节奏地加以描写、刻画,以一当十地揭示出丰富而深刻的社会生活内容。苏金伞在《断章三首》这一组诗中,以"破草帽""汗褂""泥土"为描写对象,生动地勾勒了旧社会农民的穷困生活面貌,用的也是这种以一当十的艺术方法。

苏金伞诗歌创作的现实主义道路伴随着中国革命事业的发展越走越宽广。以写农村生活题材而论,从诗人1948年入解放区以后,"不但在情调上,在风格上都有了改变",而且对农民生活和情感的描写更富有情采,时代的色彩也更为鲜明了。在这时期,苏金伞诗歌创作的代表作是《三黑和土地》。这首诗在1949年10月发表后,很快被选入全国统编中学语文教材,在社会上产生了较广泛的影响。当时,刚刚获得解放的青年学生,对中国农民在旧社会因失去了土地而给地主当牛做马的苦楚了解甚少,对中国农民在共产党的领导下得到翻身解放做了土地的主人的欢欣,理解甚浅。《三黑和土地》这首诗,使他们在思想情感上和农民接近了一步。

农民一有了土地,/就把整个生命投入了土地;/活像旱天的鹅,/一见了水就连头带尾巴钻进水里。

恨不得把每一块土,/都送到舌头上,/是咸是甜,/自己先来尝一尝。

恨不得自己变成一粒种子,/躺在土里试一试,/看温暖不温暖,/合适不合适。

三黑就是这样地翻着土地。……

诗人将获得新生做了土地的主人的农民的思想情感,写得是这样鲜明、深刻、生动、细腻。由于苏金伞对中国农民理解之深,对现实生活感受之深,使得这首诗具有深刻的艺术概括力和强烈的艺术感染力。在这首诗中,诗人除了抒写农民对土地的爱恋,还尽情地讴歌了农民的劳动和创造,展示了他们创造美好幸福新生活的理想和愿望:三黑把"每一寸土地都翻起",把地"耙得又平又顺溜,看起来,好像娘儿们刚梳的头"。农民用劳动在进行美的创造,也享受到了劳动创造的欢乐与幸福:

这么松散的地,/简直是一张软床,/叫人想在上面打滚,/想在上面躺一躺。

三黑/从来没睡过这么好的床,/今天准备好了/叫麦籽儿睡上。

诗人展现在读者面前的是农村生活的新天地,农民淳朴而丰富美好的内心世界通过情节的叙述和生活细节的描写一层一层地展开。"三黑耙过地,坐下来歇一歇",荞麦地里,有两个蝈蝈儿"叫得人心里痒抓抓的好喜欢"。于是,三黑回忆起他痛苦的童年和在旧社会所受的苦难。紧接着,他又规划着美好的明天:

再买头小毛驴,/打完场赶着送公粮;/驮着老伴儿/看闺女,上东庄……

农民一旦成了生活的主人、土地的主人,他们的生活、他们的心灵深处,都充满着生机。这首诗即使是今天读起来,仍然给人以美的享受。诗人将特定历史时期农民的心灵美给形象化了,给诗化了。诗人在反映农民新的生活和抒写农民新的思想感情时,如行云流水,情调明朗、欢快,风格朴素自然。《三黑和土地》这首诗标志着苏金伞同志的诗歌创作步入一个新的境地。

二

1957年后,苏金伞在我国诗坛上销声匿迹了一个时期。近几年我们惊喜地看到,搁笔了二十年之久的苏金伞,其艺术生命力并没有丝毫的衰退。十年动乱之后,苏金伞的诗歌创作仍然如同以往那样,伴随着中国人民前进的脚步又进入了一个新的时期。

苏金伞的诗笔未老。他发表在《莽原》1981年第1期上的组诗《山口》,获得了河南省1981年优秀作品奖。与诗人昔日的作品相比,他近几年来的创作,除了保持其艺术风格上的一致性外,其意境更为高远,形象更加鲜明,手法更为娴熟,诗的时代节奏感明快,生活气息更加浓郁,诗的蕴意比之往昔的作品更加深厚、实在,诗人的语言仍是那么朴素、洗练,可是,却闪耀着熠熠的光彩。

伴着农民的脚步,/哪一条土路上,/没长着蒲公英?(《蒲公英》)

乳桐的叶子飞速生长,/贪馋地吸啜着温暖的阳光。(《桐叶》)

正在播种时下起雨来,/肩膀上还背着谷种,/他怎么也到这里来避雨,/是不是看见了我的身影。(《避雨》)

一座小桥横在山口,/连着山里山外的阴晴,/桥头一片草地,/吸引着所有人的眼睛。(《山口》)

苏金伞仍然生活在农民中间,以自己独特的生活感受在写农村,写农民。他的诗——这条穿过山谷、流经田野的小河,睁着明亮的眼睛,使读者在联想中得到启示:

蒲公英植根在农民的心上,/烂入农民的记忆,/又在农民的坟地上生生不息。

是的,诗人所描写的蒲公英的形象,鲜明生动地概括了我国世世代代农民的生活经历和思想性格,特别是新中国成立后,我国农民的生活经历和思想性格。诗人在历史的发展中抒写了农民的现实和农民的将来,这首诗迸发着强烈的革命现实主义精神。诗人没有把生活写得太实、太直、太露,诗中的形象,含蓄与明朗相统一,真切而又给读者留下想象、思索的余地。蒲公英所处的生活环境及它在不同环境下呈现的各种情态,是现实生活的真实写照,又富有象征意义。

往昔,苏金伞就常常用这种白描写实与象征相结合的艺术手法来反映现实生活,抒情写意。像前面提到的写于1941年的《斑鸠》和写于1943年的《农人的脊背》,用的就是这种艺术手段。当现实生活进入到八十年代,诗人的技艺更加纯熟了,诗的形象,也更加鲜明、生动了,诗的艺术概括力也更强了,诗的感情色彩比之过去的作品更加鲜亮也更为深厚了。《桐叶》一诗构思精巧,洋溢着农村清新的生活气息,诗人从描写乳桐的叶子入手,以充满奇趣的情节和生动的细节,以白描的手法活画出农村中一群少年儿童的鲜明形象。又肥又宽的乳桐叶子,"能翻出一番风雨,也能翻出一片蓝天",我国少年儿童就在这"蓝天下""风雨中",成长着,"泥浆的脸上涂满了欢笑",等他们从桐叶下爬出来,"每个人好像增加了五公斤体重。手里一柄桐叶当作小伞,每人都像一株乳桐"。年迈的诗人在抒写八十年代我国少年儿童的欢乐、幸福和生气勃勃的生活形象时,对祖国的锦绣前程寄寓着热切的期望;诗人的理想,就是这样地蕴含在他所描写的这一张乳桐叶子上。

《山口》一诗之所以令读者惊喜是因为:想不到已七十六岁高龄的苏金伞同志,还这样不服老,在中国人民正迈着雄健的步伐开创社会主义现代化建设新局面的今天,诗人的青春活力比写《三黑和土地》时还要旺盛,不论在创作思想上和艺术上,都在进行新的追求。这首诗,立足于党的三中全会后中国人民拨乱反正开创社会主义建设新局面的现实,激扬着高昂的革命浪漫主义精神。诗的形象,是生活写实也有象征意义。"一座小桥横在山口",联系着中国人民社会主义建设事业的今天和明天。在中国人民这一伟大的历史转变时期,诗人"站在山口,调整一下呼吸,试一试想象力是否丰富"。诗人跟着桥头一片草地——童话里诱人的绒球,驰骋着想象,"一步一步走入奇境":山峦后面是半山杜鹃花,"在云端不是还浮着一座仙宫"?百灵鸟在啼叫,阳光特别明亮,"倾泻着的不是光线而是珠贝,从各个山头向下流淌"。

  流下来又汇成一股响泉,/从小桥下面铮铮流过。/带着红色的杜鹃花瓣,/流向山外,流进茫茫的大河。

《山口》这首诗构思奇妙,诗的形象清新、华美,写得朴实而有气派。《山口》这首诗标志着苏金伞诗歌创作的新发展,像这样立足于现实而着重抒写革命理想主义的诗篇在苏金伞以往的作品中是难以见到的。

  站在山口,调整一下呼吸,/试一试想象力是否丰富。

在共产主义思想光辉的照耀下,诗人的想象力是实在而丰富多彩的。诗人所抒写的艺术形象,成功地回答了诗人自己向自己发出的挑战。同时也表明:

苏金伞有着顽强的艺术生命力,就像他所抒写的蒲公英那样,生生不息。诗人深情地说:

  快些进山去吧!/山口不过是春天的咽喉。

  这是诗人的自勉,又是诗人站在历史新时期的"山口",对开创社会主义现代化建设新局面的人们的呼唤。这自勉、这呼唤,表现了中国人民建设"四化"、创造美好新生活的信心,也表现了年迈的诗人在艺术上焕发了青春。

  苏金伞的诗歌创作横跨两个时代。半个世纪以来,诗人一直在继承和发扬我国"五四"时代新诗开创的光荣传统,执意在内容和形式上求新。我们从前面所引述的那几首诗中可以体察到:他的诗,前期,如诗人所描写过的秋天的小河淌水;后期,也如诗人所描写过的铮铮的响泉。人民的苦与乐、诗人的爱与憎,在描写的形象中自由自在地流淌。诗的情感,如小河漾起的朵朵浪花,像泉水荡出的铮铮音响。

原载《河南大学学报》(社会科学版)1983年第5期

读苏金伞诗歌断想

张俊山

　　苏金伞是中原诗坛上颇孚众望的老将。他的创作对新诗发展做出了贡献。今天,这里所笔录的,只是读苏金伞的诗歌作品时产生的片断感想。

一

　　苏金伞属于抒情诗人的类型,但他却很少有直抒胸臆的诗篇。由于其诗歌题材多为客观世界的人事景物,因此,他往往是在对客观世界的描述中显示思想感情的倾向。这样,在他的作品中,形象、抒情、议论总是水乳交融,不可分离,于不动声色的描摹中表现对某种世态的褒贬爱憎。

　　　　战战兢兢地/在大太阳下/作人身展览,/像挂在墙上,/装订整齐的"作业"一样。

　　这是写于一九四六年的《儿童节——看童子军检阅》里的一章。在名为"属于自己的节日里",童子军正在接受当局的检阅。然而,这个队列整齐的场面是多么触目惊心啊!这些孩子们与其说是国家"未来的主人",毋宁说是一群任人摆布的小奴隶!几笔关于检阅场面的描绘寄寓着诗人多少悲愤、抗议!它非常形象地揭示出国民党奴化教育政策对少年儿童的戕害,披露了这些不幸的小奴隶悲惨的命运。而下面这些诗句更能显示诗人的思想倾向:

　　　　虽然被誉为未来的主人,/其实是当作奴才坯子看待。
　　　　又在小小的脑袋里,/撒下一色的攀缘植物的种子。
　　　　只会缠在别的枝条上开花,/给空心树装点繁荣,/毫无在风中/选择方向的能力。

　　是形象的描画,也是深刻的议论,又是深沉的抒情,三种笔墨很难从诗句中截然分开。

　　这种表现艺术在苏金伞诗中屡见不鲜。他将形、情、理结合在一起,达到了寓理于形、融情入理、情景交融的地步。在这里,形象是骨骼,感情是血肉,议论是灵魂,三者有机地结合起来,构成一个富有生命力的艺术表现对象。这就是苏金伞独特的发言方式。

诗,应当有所"涵蕴"。古人论诗,赞扬"词理意兴,无迹可求"的境界(严羽语),主张"理语不必出诗中,诗境不可出理外"(潘德舆语),就是反对在诗中进行抽象的说理,或脱离具体形象的赤裸裸的抒情。这反映了诗歌创作的部分规律。诗既然是形象思维的产物,其中感情的抒发和事理的表达就不能离开艺术形象的塑造。有时,直抒胸臆的诗篇也能淋漓酣畅地倾泻诗人的感情,具有激动人心的力量,或者在诗中锤炼出一二理性很强的警策之语,也能使诗篇顿生光辉。但是,更多的情况则是在具体形象的描绘中暗示或流露出诗人对生活的看法和态度。诗人的思想感情隐蔽得愈深(当然不是深到晦涩的程度),与诗的形象融合得愈是"无迹可求",诗就愈有韵味,愈能呈现出含蓄的诗美。毛主席说,宋人议论入诗,味同嚼蜡,就是指宋人的诗作大多缺乏栩栩如生的艺术形象,只在诗中进行干巴巴的理论说教,也就不免倒人胃口。新诗中有不少直抒胸臆的作品,或感情的宣泄失去节制,终于流于浅露,或将流行的标语口号塞满诗篇,苍白无力。这些都是因不能立足于形象的捕捉和描绘,致使形、情、理三者脱节的弊病,苏金伞避免了这些弊病,从成功的方面表现了他对诗的艺术造诣之深。

当然,要达到形、情、理的交融不是轻而易举的事情。诗人必须有深厚的生活积累、浓郁的诗情酝酿和对生活本质的洞察,并且善于通过富有特征性的细节描绘将三者编织在一起。事物的最能反映生活本质的细节特征,经过诗人主观感情的过滤,固定在诗句里,就成为具有一定思想意义和感情色彩的艺术形象。譬如苏金伞的《山口》就是一个成功的例子。

这首诗从字面看,写的是自然景物。诗人用生动的笔触点染了"山口"的春天景象:草地、山花、百灵鸟的鸣转、珠贝似的阳光、小桥、流水,等等,真是美不胜收,撩人耳目。然而,诗篇的本意不在讴歌自然之美,而在为新时期谱写一曲优美的赞歌。这里,"山口"的魅人风光象征转折、调整时期的社会主义现实生活:

> 一座小桥横在山口,/连着山里山外的阴晴。

开头两句便将我们面临的新时期同"山口"富有特征的景物糅合在一起了。然后,通过对山口春色的描绘别有深意地暗示出现实生活的种种转机。最后一节:

> 站在山口,调整一下呼吸,/试一试想象力是否丰富,/快些进山去吧! /山口不过是春天的咽喉。

多么富有启示性！它告诉人们,山外的阴天已被我们甩在身后,只要勇往直前,进得山里,就会看到更加美好的明媚春色,从而揭示了现实生活的光明前途。

这首诗的形象是鲜明而动人的,而其感情的真挚强烈、思想的深刻精警也是那样耐人寻味。如果诗人没有对现实生活的深入思考和对"山口"这个特殊地理环境特征性的把握,或者诗人对处于转折调整时期的社会现实缺乏真挚的感情,就很难形成现在这样的构思。这就可以看出,诗人之产生诗情、孕育诗篇,常常不是搜索枯肠而来,往往是碰到了一种事物,使诗人受到深深的触动,这种触动和诗人长期的生活积累连到一起了,把诗人酝酿的,但是还没有抓住要领的东西,一下子照亮了、调动了,于是,感情之门启开了,喷发出激荡的感情之泉,而后,诗人驰骋联想,搜捕着能充分表达自己思想感情的形象和语言,编织出足以表现事物特征、传达自己感情、寄托自己思想的诗行,最终才完成一首"绝妙好词"的。清人袁枚诗云:"但肯寻诗便有诗,灵犀一点是吾师。夕阳芳草寻常物,解用都为绝妙词。"可见,诗人心中的"灵犀"必须能够通向生活的大千世界,而且善于"解用",那样就不难在森罗万象的"寻常物"中发现思想的共鸣点和感情的寄寓所。悟得此理,也便不难在诗中实现形、情、理的交融。苏金伞的诗,为我们提供了不少这样的范例。

二

在一切艺术创造中,诗最需要活跃的形象思维。诗人的想象力是非常丰富的,他们最善于意绪飞腾的联想,刘勰在《文心雕龙》中表明"寂然凝虑,思接千载;悄然动容,视通万里",说的就是诗人创作过程中的想象和联想。靠着由此及彼、上下四方的想象和联想,诗人就能在各个事物间架起沟通的桥梁,开拓出宏阔的意境,给读者提供艺术欣赏活动的广大天地。

苏金伞的诗不乏联想广阔的锦章妙语。他的诗思不是滞留在一点眼前的事物上,而是如花间粉蝶一般,联翩翔舞,腾挪回旋。他之耳目所及,不过是其升起诗之彩翼的起飞线,随着想象力的飞扬,他的思绪很自然地飞向更广大的空间、更悠远的时间。

头发,在一般人看来大概不会有多少诗意,而苏金伞不然,他从记忆的仓库里挖掘出两代三口人的头发的故事,从父亲的长辫子写到母亲的"披头散发"和自己"不服梳理"的一头硬发,揭开了封建宗法思想统治的农村社会黑暗、愚昧的一角,启发人们去思索由头发所反映出来的旧中国的本质。这便是《我家的头发》一诗的主题。诗人的联想是奇特的,然而都切中事理,让人从这一家头发的遭遇看清了一个社会的真面目。如果诗人没有丰富的想象力,不能在多种事物间展开联想,就不可能从头发这一平凡事物上发现令人震惊的诗意,也不可能以现在这样的构思表现那样重大的社会主题。

想象不仅是指诗人思路开阔,意绪飞腾,还指他善于借助于具体的表现手法,把浮现于脑际的联想用生动的形象呈现出来。

苏金伞常用的手法是比喻。这在他的诗里是个相当活跃的元素。

比喻是把两个以上的事物维系在一个共同的或相似的特点上,从而加强和突出描写对象的美学性格。比喻的运用就是诗人联想活动的一种表现方式。一位活跃于战地的女宣传员,当她带着脸颊上一片油墨痕迹终于完成一次印刷宣传品的任务,一定会喜上眉梢,从内心泛起愉快而激动的微笑。诗人在《一个女宣传员》里这样描画生活中这个美妙镜头:

看着枪带滚动/那一朵油腻/被笑挤至了/像一只黑色的蝴蝶/落在白色的花瓣上/因站立不稳而扑扇着翅膀。

一个恰到好处的比喻,把这位女宣传员(她一定是位美丽的姑娘)的天真、稚气和内心的喜悦表现得活灵活现,跃然纸上。在这个比喻里,诗人由"一朵油腻"到"一只黑色的蝴蝶"、由姑娘的脸庞到"白色的花瓣"、由姑娘的笑到蝴蝶"因站立不稳而扑扇着翅膀",展开一系列的联想,既大胆新颖,又生动贴切,真是妙喻传神,栩栩如生。

这里应当特别说说苏金伞比喻的传神,这在他丰富多彩的比喻中是个相当突出的特色。在诗人的联想里,他不仅善于发现事物间的形似,尤其善于发现其神似。"它生根在远方,(生在土里或云里我摸不清)。开着牵牛花似的密闪,结着累累的果实,像为一个名字而惹起的心跳,像一个老实人受人的嘱托而连声的允诺。"(《雷》)这样描绘打雷的情景,不是把雷的声音、形态(闪电)、气势都写活了吗?再如,"汗褂,是农人的晴雨计"(《汗褂》),"雪,跟夜一般深,跟夜一般寂静","农民熟悉大地的心,就像熟悉他们的红薯窖:里面一定有温室,正在把春天孵抱"(《雪跟夜一般深》),这些比喻更是单就事物的神髓方面着眼,而不再拘泥于外形的相似与否了。如此出奇制胜的设喻取譬,表现了诗人多么惊人的想象力。

比喻作为表现形象思维活动的一种艺术手法,应该为作品主题的表达和诗人思想感情的抒发服务。好的比喻,不但使事物的形象更臻鲜明生动,而且还能概括较大的思想容量。所以,比喻的成功既是诗的美学的飞跃,又是诗的政治学的升华。苏金伞设喻取譬,一向重视其思想内容含蕴丰厚,力求通过一个比喻概括更丰富更耐人寻味的生活内容。《雪跟夜一般深》有这样一个比喻：

  雪落在农民的心上，/像铺上一层毧毧的羽毛，/跟身上新的被窝一起，/促使温暖的气息逐步升高。

像是不经意而出，然而这里隐含着多么重大的世态变化啊！农村实行生产责任制以后，农民的生活有了很大改善，他们心里浸透了无比温暖的幸福感，而且对未来的日子升起了美好的憧憬……现实农村社会的这些变化，都从这个比喻里透露出来了。通过一个恰切比喻的妙用，诗人举重若轻地概括了他对生活广泛深入的观察和思考，一下把读者引渡到现实生活的深处，让人强烈地感受到时代脉搏的律动。从这个例子可以看出，诗的概括力同诗人的想象力成正比。在这首诗里，没有想象的作用，不可能做出这样的艺术概括，也不可能有这么优美的比喻。想象，就是这样由近及远，由此及彼，把诗人的深刻感受化为多彩多姿的艺术形象，使作品获得浓郁的诗意，从而更好地表现主题、增强艺术感染力的。

  由于苏金伞能够通过一定的艺术手法（当然不只是比喻）表现丰富的联想和想象，我们读他比较成功的诗篇总觉境界开阔，思路畅达，所言在一，寄意在万，是真正富于启示力的艺术。

三

  一首诗成功与否，很大程度上取决于有无鲜明感人的意境。情景交融的笔墨，往往是诗篇意境的聚光点。有的诗，通篇笼罩着浓郁的诗意，其意境呈现浑然一体的情形；有的诗，则是诗情荡漾，浓淡相间，意境时时出现艺术的间歇。

  苏金伞诗的意境多属于后一种情况。在他笔下，某些诗句、诗节可能缺乏醇厚之味，但同一首诗中绝不是毫无动人之处。其实，这就够了，少许精彩的诗句，正是一首诗的"眼睛"，足以点化出全篇的意境。更何况，这种画龙点睛之笔在一首诗中往往多处出现，与那些似乎平淡的句、节相互映衬，使得全篇诗情跌宕，意境变幻，更是别有一番真趣。

  如《一丛淡红色的波斯菊》，第一节以简洁的笔触画出波斯菊在北国料峭的冷风中摇曳生姿的情状，颇具美感，犹如少女的明眸乍闪，魅力无限，使你无法不动情。第二节到第三节，主要叙述1205钻井队的战斗历史，笔墨较为冲淡，是一个艺术间歇。而第三节最后一句："火光像波斯菊开在他们的脸上。"以美丽的想象将物与人连在一起，沟通了诗篇开头一句，这两个意象的呼应，使诗意再次现出浓点。以下各节都将实写现实的笔墨与虚写想象的笔墨交织起来,诗意在乍浓乍淡中缓缓推进,波澜层生,跌宕有致,使全诗的意境呈现出涟漪一般的流动感。显然,这首诗意境之优美动人,是得力于艺术间歇的设置的。

恰当安排艺术间歇,是艺术创造的普遍规律。小说有情节的跃进,戏剧有空场,音乐有歇拍,绘画有空笔,等等,都是艺术间歇在不同艺术品种中的具体运用。它的妙处在于能使一部艺术作品于统一中见变化,变化中求统一,生动活泼,避免板滞,并给欣赏者提供较余裕的品味空间和时间。苏金伞诗的意境创造体现了这个规律,从而显示出浓淡相映成趣的艺术特色。

这个特色与苏金伞诗的选材相一致,可以说是从他诗的题材的特定性质而来的。如前所述,他的诗多取材于社会生活,在对生活中的事件、人物的描述中抒发特定的思想感情。这种题材决定诗人常常进行事件过程的简单叙述、人物经历的若干交代和生活场景的部分勾勒。虽然对于诗篇内容和结构的完整来说,这些都是必要的,但是未必是诗人倾注主观感情的关节点。他们在诗人情思的推进中,往往只起到过渡性的桥梁作用,因而从诗情的抒发看,必然显得冲淡。诗人对这一点是明确的,所以他十分注意在一首诗中提炼出重点诗行或诗节,以之作为全诗意境的焦点。由于抓住了焦点,即能以点带面,用少许几处诗意浓郁的诗句或诗节带动全篇。

苏金伞诗歌意境的又一特色是寓浓于淡,平中见奇。他不靠重彩浓墨渲染,也不靠酣畅淋漓地直抒胸臆,而是以质朴自然的描述创造柔丝般的意境,似有若无,剪而不断,使你读他的诗篇时总也摆脱不掉那缕柔丝的缠绕。他用的是国画中大写意和小写意相结合的笔法,既总其神,又扼其要,突出事物富有特征性的细节。此种写法,貌似平淡、朴实无华不过,实则内中深蕴着诗人浓郁的诗情,细细品味,深沉而强烈。《雪跟夜一般深》就是一例。这首诗着意刻画夜雪悄然落地,渐渐覆盖了农家小院的情景。诗里弥漫着寂静、温柔的气氛,有力地映衬了在党的新政策精神照耀下,农民心中的幸福感及其对生活前途的乐观信念。诗的意境使人感到亲切、陶醉,流连忘返。而诗人的笔触却朴实极了:写夜雪,只从农家小院各种物事(薯窖、窗台、棉柴、谷秆、猪舍、鸡窝等)渐被夜雪遮盖落墨,轻轻点染,境界全出,情景交融,和谐自然,比洋洋洒洒地渲染烘托更胜一筹。写人物,只是稍稍揭开农民内心世界的一角:

农民熟悉大地的心,/就像熟悉他们的红薯窖:/里面一定有个温室,/正在把春天孵抱。

也是朴实的描述,然而把农民对生活的感受表现得细腻而有韵致。这样的笔墨,这样的诗境,淡而有味,平而不浅,堪称"清水出芙蓉,天然去雕饰"了。

这种创造意境的方法并不神秘。生活中本来有诗。正如杨朔在《东风第一枝》中说的："你在斗争中、劳动中、生活中,时常会有些东西触动你的心,使你激昂,使你欢乐,使你忧愁,使你深思,这不是诗又是什么?"生活中到处存在使人动情的事物。一个敏捷的诗人,要善于捕捉来自生活的诗意的闪光,并进而更深一层地去感受它、思考它,筛选出那些特征细节,编织起自己诗的花环。不能深入生活的人,不善于发现并捕捉生活中诗意的人,或者审视不清、抓不住事物富有诗意的细节特征的人,不论怎样呕心沥血于雕章凿句,也决然写不出清醇芳美的诗篇。苏金伞留心生活,勤于思考,因此,他能及时发现并捕捉生活中的诗意,用貌似冲淡的笔墨写出诗味芳烈的诗篇。

　　　　　　原载《河南师大学报》(哲学社会科学版)1983年第5期

田野上的蒲公英
—— 苏金伞散论之一

青 勃

徐迟在《生命之树常绿》中是这样描写蒲公英的："开一朵金黄色的花；其实不是一朵而是很多朵……每一花朵下面隐藏一个果。""每一个小果上长有很长的冠毛。这些带着冠毛的、组合在一起的小果形成一个毛茸茸的圆球。它是那样地逗人喜爱……它构筑得比一座宫殿还要精巧。"这是报告文学家对于蒲公英准确而又生动的描绘。《生命之树常绿》是写我国植物学家蔡希陶的，作家是通过植物学家的眼睛观察蒲公英的。版画家吴凡有一幅水印木刻《蒲公英》，他刻画了一个割草的小女孩：当发现了蒲公英以后，她把镰刀和草篮都忘掉了，举着一株蒲公英，用小嘴轻轻地吹，把带着冠毛的蒲公英的种子，像羽毛一样吹上了天……画家抓取了童年生活的一瞬，谱写出一支天真之歌。

诗人苏金伞发表在《莽原》创刊号的诗中，也有一首《蒲公英》：

伴着农民的脚步，/哪一条土路上，/没长着蒲公英？//当天空响起一串一串春雷，/蒲公英在蜗牛身边，/生出小小的蓓蕾。//当一轮红日，/从丛林中窸窣钻出，/蒲公英开出耀眼的黄花。

作家、画家和诗人，他们对于生活，都有"明察秋毫"的观察力，他们把蒲公英描绘得都很美；但同时，他们又各自具备着自己的表现手法和特色。徐迟是用闪光的解剖刀在剖析蒲公英的花冠；吴凡是用美丽的蒲公英来映照出一颗天真的童心；而苏金伞，则是既咏物，又言情，既写蒲公英，又在抒发诗人对于农民的深厚感情。

诗，是感情的雕塑。

诗人苏金伞这样接着写，蒲公英被"沉重的牛蹄和马蹄"踏碎，"不久在蹄窝里又绽出绿意"，被冰雪覆盖，"它们的根在下面微微翕动"：

蒲公英植根在农民的心上，/烂入农民的记忆，/又在农民的坟地上生生不息。

在诗人的笔下，蒲公英是这样被拟人化了、个性化了。它是那么弱小而又坚强，它是那么普通而又奇丽，它被践踏，却又"在蹄窝里""绽出绿意"，生生不息地和农民做伴,它对农民爱得是如此执着,"植根在农民的心上","烂入农民的记忆"!蒲公英开出的"耀眼的黄花",不就是诗人思想感情的闪光吗!《蒲公英》这首短歌,可以说是苏金伞半个世纪以来诗歌创作的一个缩影,是研究和欣赏苏金伞诗歌创作的一把钥匙。

在"五四"以来六十余年的中国新诗史上,农村题材的创作应当有专题论著。许多诗人都留下了优秀的篇章,如闻一多的《荒村》,刘大白的《卖布谣》,刘半农的《一个小农家的暮》,臧克家的《老马》《歇午工》,艾青的《献给乡村的诗》《乞丐》,冯至的《韩波砍柴》,李季的《王贵与李香香》,阮章竞的《漳河水》,贺敬之的《乡村的夜》,以及后来郭小川的《秋歌》和闻捷的《天山牧歌》等。应当引起重视的,是苏金伞自始至今在唱着农村的歌,像杜鹃一样为农民的命运啼血,为农民的觉醒和新的生活欢欣。

七十六岁高龄的著名诗人苏金伞,出生在豫东平原上一个仅有几十户人家的小村庄。诗人在二十二岁以前,基本上都是在农村生活的。"这很重要,影响了我一生的创作,决定了我写诗的题材主要是农村。"他在《我是怎样写起诗来的》一文中这样说,"连我写诗的风格也朴素得像是北方的农村一样"。农村是他的生活根据地。这种生活基础,在他少年时期就"早已化为自己的血肉,渗入自己的灵魂"。后来,他在农村生活的时间累计起来更是可观。抗日战争时期,他在黄河水专及河南大学任教,曾经奔波在伏牛山腹地;解放战争后期,他参加了革命,战斗在豫皖苏和华北解放区;新中国成立后,他担任河南省文联第一任副主席,积极地参加了土地改革和其他一些中心工作;一九五七年被错划为"右派"以后,在大别山农村劳动改造;十年动乱中又被驱赶到黄泛区农场的文艺干校……他的创作"户口"是农村的。这个生活基础被一次次夯实,也就构成了他在创作上的一个最大的特色。

苏金伞写农村的诗,有泥土气息,也有时代气氛。新中国成立前的中原农村,是反动派血腥统治、横征暴敛的黑暗地狱。翻开苏金伞当时的作品,诸如《农人的脊背》《断章三首》《头发》《国民身份证》和《剩余》等,都是这个时期生活的真实写照。诗人在《秋天的小河》里写道:"由于小桥的媒介,两岸的人家,结了亲事……但可怕的是:要粮的从桥板上走来,抓兵的也从桥板上走来。人们后悔不该把桥板搭起来,又和灾害紧紧地连在一起。"在黑暗的旧中国,世外桃源是没有的。

诗人暴露着旧中国的黑暗,描写出当时农村的荒凉凋敝:"树木被砍伐光了",死后"也找不到一副棺材"。《剩余》这首诗写得触目惊心:

于是剩下的,/将只有碉堡/看守着每一个无人走的路口。

"于无声处听惊雷。"诗人和人民在一起,就不会唱悲观的歌。诗人反映着人民的苦难,也写出了群众的觉醒和斗争,"和无穷的忍受同时",农民的脊背"也有无穷的力量":

你看,那满载谷物的大车,/像山一般重,/一声呐喊,/就被掀翻在禾场上。

在《地层下》,他看到:

要飞翔的正在整理翅膀;/要跳跃的正在检点趾爪;/要歌唱的正在补缀乐曲;/要开花结籽的正在膨胀着种子;/躺在枪膛里的子弹,/也正在测验着自己的甬道。

诗人的心,是向着光明、向着太阳的。

像春天和冬天、白昼和夜晚一样,不同的时代有不同的旋律、不同的色彩。诗人苏金伞在新中国成立前的许多作品(除了大量反映农村生活的作品以外,还有哀悼闻一多的名篇《控诉太阳》等),都是蘸着愤怒的火焰写成的。他写诗,在为旧世界织着尸衣。当他一九四八年奔赴解放区以后,诗笔就改变了色调。《在豫皖苏军区》这首诗,可能是他入伍后的第一篇作品:"树荫满村,/鸟声满村。/村里/安着我们的司令部……"诗一开头,就给你一片明朗的天,就给你一片绿荫、一片鸟啼、一片明丽欢乐的境界。参加土地改革后,他写出了《三黑和土地》,这是他新中国成立后的代表作之一,诗写得朴素而又生动:

农民一有了土地,/就把整个生命投入了土地;/活像旱天的鹅,/一见了水就连头带尾巴钻进水里。

恨不得把每一块土,/都送到舌头上,/是咸是甜,/自己先来尝一尝。

诗把翻身农民分得土地后的喜悦写得有声、有色、可视、可感……写活了。三黑的思想境界,也写得真实、开朗、可爱。他听见自己荞麦地里的蝈蝈儿"吱吱吱"在叫。忆起小时候因为逮蝈蝈儿挨地主的骂,现在他想招呼过路的孩子——"快去逮吧,你听,叫得多好!"他要把快乐给予别人。他还打算"明年要跟人合伙,把地浇得肥肥的","再买头小毛驴,打完场赶着送公粮;驮着老伴儿看闺女,上东庄……"。

作品对于农民三黑辐射式的心理描写,也是可信和典型的,渲染出一个普通农民的心灵美。这是五十年代翻身农民的典型形象。谁热爱生活,生活便会对谁有丰富的馈赠。面对着新中国成立后新的农村,诗人同他笔下的人物三黑一样,浮想联翩,贮存在诗人记忆里的几十年农村生活的积累,一下子奔涌出来。一些极为普通的事物,在他的笔下被点石成金,放射出夺目的光彩。苏金伞是一位善于发现、善于寻觅、善于捕捉、善于提炼美的诗人。生活是他的围猎场。翻开他出版的《地层下》《窗外》《入伍》《鹁鸪鸟》等诗集,几乎随处都可以看到他的猎获物。他写风,"夜里,/失巢的群风,/在大街上来回地窜动着,/又在我窗子上掷着尾巴"(《窗外》);他写雨,"羊奶葡萄般的雨点,饱含着亮光,孕育着生机,一颗一颗摔碎在地上"(《雷》);他写闪电,"远方明灭着牵牛花般的闪电"(《场边夜话》);他写夜景,"一只壁油灯,抛下的黑影比光还多"(《夜巷》);他写歇晌的老牛,"上午,犁了一架山,红色的血,沉淀成一场酣眠",连"眼睛都睡红了"(《眼睛都睡红了》)……在苏金伞的诗里,生活、形象、色彩、声音,都有诗人贯注的生气。

"清水出芙蓉,天然去雕饰。"在苏金伞的诗歌艺术上,摒弃雕琢和辞藻的花饰,朴素是一个最突出的特色。他曾经说过,"因为我土生土长,身上和灵魂都浸透了泥土的气息。一切华丽的外衣对我都是不相称的"。我觉得他的朴素是由这些因素构成的:真挚的感情,口语化谈心式的诗的语言,形象的亲切性。这种朴素是由繁到简的提炼和升华。出水芙蓉是美丽的,但它的根是深深扎在水里的。他的朴素不是水,而是酒,是醇醪。

苏金伞熟悉农村生活,熟悉农村的各种人物。他访问农业劳动的模范,和一些先进人物交朋友,写了不少歌唱他们的诗。《听苏殿选发言》是其组诗《劳模三唱》里的一首。你看诗人怎样描写这位河南省的著名劳动模范:

  苏殿选站在讲台上,/——说他不会发言。/但他全社的庄稼,/用饱满的籽粒;/装载余粮的成列的车辆,/用响亮的轮轴,/都在那里大声喧嚷。/苏殿选却很腼腆。

这里采用了电影艺术叠印的手法,声音变成了色彩(画面),色彩(画面)变成了声音,化实为虚,虚虚实实,把一个既憨厚又能干、既勤劳又谦虚、热爱祖国的老农民形象,推上了诗的屏幕。另外他还写过植树能手石玉殿等。诗人捕捉的是普通人民可贵的社会主义思想、共产主义思想。反映新的人物新的世界,是诗人和作家的神圣职责,苏金伞在这方面做了有益的尝试。他充满激情地唱着新型农民的赞歌。

一九八一年初夏,苏金伞到北戴河小住,这是我们的诗人第一次看见海,他写出了组诗《海的收获》,其中有一首《海浪》,诗中的联想和比喻,依然离不开农村的景物。

我们有许多诗人奔向大海,写出了形形色色的海洋抒情诗。诗人苏金伞站在辽阔的海边,他是用农民的眼睛看海的。正像王国维在《人间词话》里论及的,"以我观物,故物皆著我之色彩"。海浪—麦堆,麦堆—海浪,多好的比喻,多独特的联想!有自己的风格的诗人,才是优秀的诗人。"大海啊/也是我们的责任田……"这是诗人流露出的心声。大地、大海……一切战线,一切岗位,一切我们在耕耘、探索和创造的地方,岂不都是我们的"责任田"!实现社会主义现代化建设,建设两个文明的积极性、自觉性和责任感,正在亿万人民的心田生长。这种感情和信念鼓胀胀地贮满了诗人的心胸。当他访问一座著名的山城时,一首闪烁着时代色彩、时代精神的抒情诗便产生了,这就是大家传诵的《山口》。在这首诗里,诗人以激情的彩笔描画着小桥、草地、半山杜鹃和浮在云端的建筑……诗人着意描写着山口的旖旎风光:

  百灵鸟在什么地方啼叫着。/百灵鸟一叫,太阳显得特别明亮,/好像倾泻着的不是光线而是珠贝,/从各个山头向下流淌。

山口是这样的光明,这样的美丽,这样引人入胜。那山里呢?诗的结尾是这样的:

  站在山口,调整一下呼吸,/试一试想象力是否丰富,/快些进山去吧!/山口不过是春天的咽喉。

诗人赞美祖国的今天,三倍赞美祖国的未来。"山口不过是春天的咽喉",诗人的奇特想象,把人们带到"欲穷千里目,更上一层楼"的崇高境界。

《山口》是苏金伞七十五岁高龄时的作品,但它不像老人之歌,而是青春之歌。对于祖国未来的信念,使他精神焕发,青春不老。诗的旋律是随着时代的变化而变化的。中国现在跨入了龙腾虎跃的新时期,"彩色的季节"已经真正到来。《山口》该是诗人攀登新的高峰的前奏曲吧!祝愿诗人早日康复,祝愿田野上的蒲公英,开放新的花朵,唱出献给新时代、新农村的歌。

原载《诗刊》1983 年第 10 期

他在向祖国倾诉
—— 苏金伞散论之二

青 勃

> 雷不信：
> 世界上会有卑微的私语，
> 会有在肚子里发霉的密谋；
> 所以不管跟谁说话，
> 都是披肝沥胆的倾吐。
> ——苏金伞：《雷》

在河南省当代文学研究会一九八二年年会上，评论家们讨论了著名诗人苏金伞的创作。接触才能了解，当大家观赏会议上印发的《苏金伞诗选》和最近搜集到的他早期的作品的时候，便立刻被他独特的艺术个性吸引住了。讨论的气氛是热烈的。大家对于报刊上很少登载苏金伞诗作的评论文章表示不能理解，提出了对苏金伞诗歌创作的再评价问题，这是很有意义的。

苏金伞确是中国诗苑里的一颗明星。他是群星中有自己的风格、自己的声音、自己的光芒的一个。中国新诗已经有六十余年的光辉历程，苏金伞是新诗运动的第二梯队成员。他正式发表作品，开始于三十年代，第一首诗《出狱》发表在一九三四年六月号的《现代》文学杂志上。四十年代他出版了第一本诗集《地层下》，接着出版了《窗外》。四十年代是他创作上的黄金时代，写出了一些引人注目、被人传诵的佳作，比如《头发》《地层下》《控诉太阳》和《鹁鸪鸟》等。艾青在《中国新诗六十年》一文中，把他排入"八年抗日战争中，创作上收获比较大的"诗人行列。① 最近人民文学出版社出版了《苏金伞诗选》……这些论著，这些事实，都是对诗人苏金伞的公允评价。苏金伞对中国新诗做出了自己的贡献，取得了应有的位置，这都是客观存在，本来是无可置疑的。长期以来，苏金伞的创作像一颗遥远的星，他的光芒需要寻找，这原因，恐怕还不在于苏金伞是

----

① 艾青：《艾青谈诗》，花城出版社，1982年，第23页。

一个远离文化中心的在中原"土生土长"的诗人。地域的影响自然是有的，比如在战争年代，他的作品由于交通阻塞而无法广为流传。但是，一位伟大的思想家曾经说过，偏僻的角落，也可能产生出色的提琴手。苏金伞就是这样的一位歌手，一个出色的诗人，土坷垃不会成为隔音层。主要的原因，是极"左"思潮的云雾遮住了他的光芒。活跃在四十年代的许多诗人，都是几近湮没。在过去编写的新文学史上，四十年代的诗歌创作大都是一页空白。三中全会以来，党的实事求是的优良传统得到了恢复，云雾才逐渐消散。四十年代的诗歌专集《九叶集》《白色花》和《黎明的呼唤》等先后出版，这页空白终于开始得到填补。对于诗人苏金伞的再评价，此其时也。这是一种科学的态度，一种对于新诗发展史的拨乱反正工作。

苏金伞在他创作的历程上已经跨越了半个世纪。早年，他是体坛健将，绰号"大铁锥"，他在创作上也像他在球场上拼搏一样，不停地进击，不停地探索。五十年来，他写了许多反映农村生活的诗，他的作品有历史的回声、时代的烙印。他的感情色彩不是对农民的同情，而是抒发农民的心声。关于他反映农村生活的创作，我在《田野上的蒲公英》一文里做了一些评论，这里不再赘述。此外，他还写了不少政治抒情诗。不管是他的农村之歌，还是其他抒情诗，我们都可以听到诗人自己的声音，像他写的《雷》一样，"都是披肝沥胆的倾吐"，他都在真诚地、饱含深情地向祖国倾诉，向世界发言。

抗日战争爆发后不久，他写了《我们不能逃走》，你看他是怎样呼唤抗争的：

> 我们不能逃走，/不能离开我们的家。/……/棉油灯夜夜看姑嫂们纺花，/纺花声把我们的梦/缠得又密又重，/像蛛丝裹住一块槐花虫，/就是驴踢槽也惊不醒；/蟋蟀在墙根劝说织布人：/别歇嘴，再织一会儿就到三更！/这一切我们都不能抛丢，/怎肯忍心逃走？

在烽火和硝烟中，在呐喊的时代，在抗战文艺里，苏金伞的诗别具一格。旧中国，劳动人民的生活是悲苦而又疲惫的，男子们白天流了一天汗，晚上躺倒"就是驴踢槽也惊不醒"。妇女们夜夜纺花纺到三更……但是，日寇一来，连这样的和平生活也要遭到破坏，我们的家乡将"连老鸦窝也烧得不剩一个"！诗人在用形象说话，侃侃而谈，娓娓动听，打动了人们的心。诗与非诗，从苏金伞的作品，可以看到这样一个界限，就是作品是否具有抒情性和形象性。苏金伞的诗，不是苍白的说教、概念的口号，他倾吐的是感情的诗。

苏金伞创作的一个突出面，是和祖国、人民的苦难与斗争密切相连，和生活的脉搏、时代的跃动呼吸一致。抗日战争时期，他写了一些抗战救亡的作品，一颗爱国主义的心在跳动，在燃烧。当国民党掀起一次次反共高潮时，诗人就站到了斗争的前列。暴露国统区的黑暗,迎接光明的未来,便成为诗人的"无弦琴",成为诗人的号角。他有一首《拟情诗》——

> 你说你要把那朵花还给我,/这,在你的衣襟上/已经佩戴很久了。/我竟然忘记了/这朵花原来是我的。/但既然说是还我的,/想必当初从我的手里夺去过。/但我看你并没有还我的决心,/你要把它揉碎,/制成一贴迷魂药,/撒上追索者的鼻孔。/我不需要你可怜我,/说:"唉,你真痛苦!"/痛苦,/还不是你给我的?/现在你又来说/要替我解除!/我要用自己的舌头/舔自己的血,/用自己的喉咙叫喊。

这不是一首绝情的悲愤诗,而是一首讽刺和揭露的战歌。这首诗写于一九四六年国民党宣布伪宪时,它不仅淋漓尽致地揭露了蒋介石扮演的"还政于民"的丑剧,而且抒发了战士的豪情,"我要用自己的舌头舔自己的血,用自己的喉咙叫喊"。

苏金伞是以诗的投枪和旧世界斗争的战士。有的评论文章,把诗人进入解放区,为创作思想的分水岭,这个划分是不科学的,还值得商榷。且不说诗人在三十年代就参加过革命,"夜半贴过传单和标语"、"开过秘密的支部会议",(《寻找》)为革命坐过监狱,脚上钉过脚镣。单从作品来考察,苏金伞也是一开始就继承了"五四"新文学运动的战斗传统,走的是现实主义的道路。日本投降后,诗人勇敢地投入了党所领导的反饥饿、反迫害、反内战的斗争。由于诗人的战斗岗位是在国统区,这一特定的射击位置,决定了他的目标的选择和打法。阅读和分析苏金伞这一时期的作品(包括其他许多战斗在国统区的诗人们的作品),离不开实事求是、具体分析的慧眼和科学态度。比如一九四四年诗人写的《徘徊》一诗:

> 不会/搬一块大石头,/砸开紧闭的门,/进去搜寻食物;/又羞于/向人索讨一粒小米,/甚而一口水。/……/既没胆量/一把撕碎墙上的布告,/然后冲开正在围观的群众,/坦然地走开;/却又禁不住发议论:/向一街的落叶,/向满天的星斗。

这首诗,简直可以说是诗体短篇小说,它通过一些生动的情节,塑造出在旧中国一个有正义感却又软弱的知识分子的典型,诗写得带有自嘲自责的色彩(解剖自己,不是弱者),但简单地把它看作是诗人自己的写照那就错了。这一艺术概括是栩栩如生,入木三分的。他没有姓名符号,却写得有血有肉,刻画出这一类型的知识分子的内心世界,而且爱憎分明,打上了历史的烙印。当时我也在中原,大家读到这首诗时,奔走相告,拍案叫绝。它的弦外之音,不就是在控诉"敢怒不敢言"的旧社会吗!它的社会效果之一,就是激发起人们对于"所有物体的排列都不对"的旧社会的联想和愤慨。在当时,国民党的新闻检察官,从作品看到的是知识分子的徘徊和软弱;而人民,从作品看到的是对这一类型的知识分子的解剖,和对丑恶现实的无情揭露,是诗人笔锋的锐利。苏金伞在诗集《鹁鸪鸟》的"后记"里,曾经这样回顾他在新中国成立前的创作,"对于当时统治阶级的满腔愤怒与憎恨以及对革命的期望与倾心,在当时的情势之下,不得不通过含蓄的意境委曲婉转地表达出来,把感情隐藏在语句的背后,这是我写诗的苦心,也是我当时努力的所在"。诗人苏金伞就是这样在战斗着的。

一九四六年七月,闻一多先生被国民党特务杀害以后,苏金伞像闻一多遇难前在一次集会上一样挺身而出,写出了著名的诗篇《控诉太阳》,诗人的愤怒再也无法压制,像岩浆一样从火山口爆发出来。

　　五点二十分,/正是你,太阳,/辉煌照耀的时刻,/为什么眼睁睁地/看着卑鄙的谋杀,/在大街上公开地进行!

谋杀进行在光天化日之下,诗人向太阳提起控诉,诗写得义正词严,气势磅礴。这首诗仅有三十行,高度集中地表达诗人和人民的一种情绪,射出如"林中的响箭",轰鸣如贯耳的雷声。这在苏金伞的政治抒情诗中,是又一种类型、又一种创造。

在表现手法上,苏金伞不是一个墨守成规的诗人,他采取的是开放政策,兼容并包,形式是丰富多彩的。他的抒情诗创作,有的是工笔,有的是写意,有的通过象征表达思想感情,有的以白描来勾勒形象。在反饥饿、反迫害、反内战的斗争中,他写过一首《汗褂》:

　　汗褂/是农人的晴雨计,/啥时候一发潮,/那就是快要下雨啦。

　　汗褂烂了,/改给孩子穿;/又烂了,/改做屎布。/最后,/撕成铺衬/垫在脚底下/一直踏得不剩一条线!

这是一种白描,一块密密匝匝的布,乍一看,你几乎无法辨认织成它的感情经纬。他是这样以小见大、不动声色地诉说着人民悲苦的故事。《马蹄》一诗,写国民党专横跋扈的一个将军,他的马"曾蹬倒我的兄弟,把他的肋骨踏断","曾拴在我家的堂屋前,啃光了那株老枣树,屙了一滩白马粪……":

　　现在,/那马更骄纵了,/鞭子下扬起咴咴的嘶鸣。/眼看那匹马走远了,/而我没有子弹……

这首诗的感情是强烈的,诗的节奏急促,像古战场上擂响的鼓声,一桩桩陈述了那匹马的罪状,引爆的火捻在呲呲地燃烧,作者却以"眼看那匹马走远了,而我没有子弹……"突然煞笔,这种"引而不发"的构思,更增强了诗的艺术效果。

《鹁鸪鸟》写诗人在苦难的岁月和鹁鸪鸟的邂逅,当诗人"噩梦初醒"听到鸟的啼鸣时,诗里出现了雪莱听见云雀之歌时的奇丽想象——

> 我仿佛从苦难的航行里,/意外地跳在一片陆地上,/陆地上有阳光,/阳光下花开灿烂。/这是鹁鸪鸟的叫声/所凝成的一个小岛,/在这上面,/我可以暂时尽情地驰骋我自己……

雪莱把云雀的歌唱,比喻成"明月射出的光芒",音流像"液体的水晶涌泻",苏金伞把鹁鸪鸟的歌声,想象成凝结为一个小岛,他沉醉在鸟声中,像沉醉于自由而美丽的天地。这都是诗人感觉的变形表现,听觉印象变成了视觉想象。别林斯基对于诗的艺术有个精辟的见解,他强调诗中的玫瑰花,要"舍弃它的粗俗的实体",要摄取她的"花味"和"色彩","做成一朵自己的玫瑰花"。雪莱和苏金伞对于鸣禽的抒情手法是成功的范例。

但是,这种美丽的境界,鹁鸪鸟的啼鸣,旋即被"轧轧的飞机声……以及一切迫害人的声音所淹没","鹁鸪鸟走了",诗人又回到现实世界:

> 哦,鹁鸪鸟呵!/天空已不属于鸟类,/就像土地不属于农民一样……

这首诗,明丽的色彩和阴暗的色彩的交织,自然景物和社会景物的穿插,个性化的抒情方式与现实生活的和声,对于美好的向往和对于丑恶的抨击的相辅相成,增强了作品的深刻性和丰富性,使感情得到更强烈更有力的表现。

四十年代,苏金伞写出不少抒情诗的佳作,其中按习惯的分类法,有一些是政治抒情诗。这些诗的成功经验是,诗人的创作,虽然是服从于反饥饿、反迫害、反内战的总的斗争,但没有做机械的配合,没有去图解政治。诗人在国民党反动派大唱"还政与民"时写的《拟情诗》,在闻一多受害后写的《控诉太阳》,通过《鹁鸪鸟》揭露反动派的血腥统治,"天空已不属于鸟类,就像土地不属于农民一样"等,都是自觉的有感而发的作品,诗的艺术规律未受到破坏,诗的抒情主人公没有隐退。作品有鲜明的倾向性,这是战士的感情和现实生活撞击所闪现的火花。

在四十年代,诗人苏金伞的诗歌创作崛起了自己的一座高峰。

诗人一九四八年到解放区以后,像"翻着白肚皮"的"岸上的鱼",跃入"宽阔的湖"一样,"感情自然起了极大的变化,产生了愉快乐观的情绪"。他写的支前篇章《送鞋》:"小毛驴,驮着大捆的鞋子,走在谷地中间的小路上。粗大的谷穗,像棒捶一样打着屁股,蹄子上沾着打碗花……"流露了轻松愉快的情绪。土改时写的《三黑与土地》,将会永远以他自己的独特风格保存下来。这时期,大家多么希望读到他更为精彩的作品呵,对于成熟的诗人,我们是有权这样要求的。可惜,五十年代后期,由于众所周知的原因,诗人缄默了,长久长久,我们再也听不到鹁鸪鸟的歌唱了。直到粉碎"四人帮"以后,诗人才"补缀了"自己的乐曲。党的三中全会以后,诗人恢复了创作青春,一个七十多岁的老诗人,和中青年诗人、作家一起去深入生活,到各地访问,几乎是每天午夜都坚持在家人甜蜜的鼾声中写作。据一九八〇年的统计,他在那两年间创作的数量,超过了他过去二十余年作品的总和。一九八一年十月十四日,他光荣地参加了中国共产党,决心为共产主义的壮丽事业更好地工作,更好地歌唱。

最近几年,他写出了《缆绳》《蒲公英》《山口》和《寻找》等优秀的篇章。一九八〇年五月十日在《人民日报》上发表了他写的《反省》一诗,我们又听见了诗人的声音——

我们的民族呵,今天需要反省;/这样一个拯救了自己的英雄,/本来该伸开双臂拥抱他,/却不得不任人举拳头把他打倒,/还要踏上一只脚,永世不得翻身。/这真是一个最大的悲剧!/直到今天,为他平反,恢复名誉,/整个民族才舒了一口长气。/我们的民族呵,在追悼会上,/要发誓今后再不准出现这种事!

这是诗人披肝沥胆地倾诉的声音,中华民族的儿子在向母亲诉说。诗以诚恳、真挚和直率的感情,概括出全国人民的肺腑之言,发出了一个从血的教训中形成的坚毅誓言。诗一发表,就受到国内外广泛的重视,它使悲痛的泪水凝结成沉重的理智的沉思,诗人呼唤祖国和人民,从感情上和错乱的历史诀别。

从苏金伞复出后的创作,我们可以看出他诗的山岳的起伏和走向,这条倾斜线是向上伸展的,同志们把诗人五十余年来的创作看成是中间洼,两头高。中间洼的现象有主观和客观两方面的原因,主观上有他在五十年代、六十年代的苦闷和沉默;主要的还是客观上的原因,在于极"左"思潮的恶作剧。现在党对过去的极"左"思潮,已经做了历史性的总结,我们相信诗人在创作上一定会有新的突破和发展,一定会对中国新诗做出新的贡献。

原载《河南师大学报》(社会科学版)1983年第5期

一首被失落的诗
——读苏金伞的《离家》

吴奔星

这是诗人自己也忘却了的一首诗,国内读者当然也忘却了;但在港、台,却传为名著。原诗照录如下:

> 从集上背回一筐煤。/——以后不能再捡柴了。/又带回几粒金鸡纳霜。/叫正在害疟疾的两个孩子吃了。/然后打满一缸水,/够一天用的,/于是告诉他的妻子说:/"家里我真不敢住了。/以后请你多操心吧!/不过我希望/回来时/你们都还活着。"
>
> 从窑洞里走出来,/孩子躺在床上哭着。/妻子送到高岗上。/一再叮咛:/"不打仗时/可要回家。/切记着常来信!"他茫然地答应着/走了……
>
> 两旁谷地里。/蝈蝈儿叫得正响/他后悔/不曾捉几只/挂在床头。/好在他走后,/代替他/安慰孩子的寂寞。

苏金伞青年时代就爱好文学。二十年代中期即向创造社主办的刊物投稿,发表新诗。三十年代起,诗兴更浓,所写的诗,曾受象征派诗人的影响。抗战后转向现实主义,先后出版《地层下》《窗外》等诗集。新中国成立后,苏金伞的诗进一步扣紧现实,反映新时代的新农民和新生活。五十年代初期写的《三黑和土地》是他的代表作,被选作大、中学教材,得到叶圣陶先生的肯定,赢得千百万读者。

苏金伞的诗多写农村,语言朴实,感情深厚。这里所谈的《离家》曾发表于一九四四年重庆《大公报》副刊,是诗人从象征主义向现实主义过渡的作品,我在台北出版的一本书上发现了它,深受感动。

诗的题目是《离家》。从一九三七年"七七"事变后,中国人民,不论阶级、阶层,都感到国难当头,要付出"家破人亡"的严重代价。因此,"离家"在当时是司空见惯的,也是惨不忍睹的。不同的是,有的人"离家"去打仗,有的人"离家"去逃难。这首诗是写农民"离家"去打仗的。

诗人是河南人,诗就以抗战时期的河南农村为创作背景。一九四三年,日寇占领洛阳。国民党军节节败退,日寇紧紧追赶,老百姓逃避一空,诗人自己也饱尝离乱之苦。《离家》一诗虽是写一个参军的农民,却也融合了诗人自己的遭遇和感受。这是《离家》感人至深的根本原因。

诗是用第三人称的叙述插入第一人称的口气写的。这位奔赴战场的抗日战士,一家四口,住在窑洞里,生活是艰苦的,何况两个孩子都害病在床,一旦决定去打仗,要做的事很多,要说的话很多,但诗人只摄取了三个镜头:向妻子告别,妻子送别,农民因惦记两个孩子而想起蝈蝈儿。

农民生活虽然清苦,但诗人写他的告别,既不叫"穷",也不叫"苦"。因为农民的穷与苦是尽人皆知的,不需浪费笔墨,从他离家前所做的三件事——背一筐煤、买几粒金鸡纳霜和打满一缸水,就表现出来了。其余要做的许多事就只有让读者凭想象去补充。农民向妻子告别的几句话十分简练朴实。"家里我真不敢住了,以后请你多操心吧",表明"离家"是当务之急,不得不以抱歉的心情,嘱咐妻子挑起今后家庭的重担:背煤、打水、照顾孩子。这样写,显得农民离家的决心很大。农民在面对现实情况的同时,对未来做了充分的估计:他的离家是为了一家人都能活下去。离家虽然凄凉,但内心却没有悲观绝望的情绪,只是说:"……我希望回来时你们都还活着。"这虽然只是一个争取活下去的希望,却是抗战时期千千万万"离家"者的共同心愿。农民说"家里我真不敢住了",这就是回答,这就是理由。因为他要是继续住在家里,敌人来了,不但一家人,也可以推己及人,都是难以活下去的。

诗人写这位参军的农民,是抓住他的身份、地位来写的,写得十分贴切,刻画了一颗善良的心,表现了一个真正的人,令人感动,引人共鸣。

诗人写妻子送别,说夫妻二人匆匆就道,抛开床上生病啼哭的孩子,一个向前,一个跟后。妻子边走边嘱咐。可以想象,妻子有多少话要说呀,但是,她说不出来了,只能重复最重要的两句话:"不打仗时可要回家。切记着常来信!"作为妻子,要求丈夫及时回家,常常来信,是最低的愿望。至于他们能不能及时回家,能不能"常"写信回家,得看他们能不能活着。在朝不保夕的战争年代,一个战士能不能活着,是不由自主的。因此,他只能对妻"茫然地答应着",然后真正"离家"了。"茫然"一词用得最好,令人看了心酸,把农民不能确切地回答妻子的心理状态全盘托出来了。

最后一个特写镜头,是诗的情绪发展的高潮。离家的农民穿过谷地,听着蝈蝈儿的叫声,不禁想起了病着的孩子,"他后悔不曾捉几只挂在床头,……代替他安慰孩子的寂寞",这个细节,以少胜多,令人产生丰富的联想。农民匆匆离家,"后悔"的事何止这一桩呢?回过头来一想,不仅农民有"后悔"的事,妻子和孩子何尝不"后悔"呢?"离家"的丈夫、爸爸不会比他们更加"寂寞"吗?谁去"安慰"他呢?千百个好端端的家庭,竟因敌军压境而妻离子散,这是时代的悲剧。这个悲剧是谁造成的呢？单是日本军国主义者的侵略吗？日本军国主义者为什么敢于长驱直入、侵犯地大物博的古老中国,造成千千万万的"离家"悲剧呢？这些诗人都不加说明,尽在不言中。

《离家》是一首具有史诗意义的自由体抒情诗。篇无定段（节）、段无空句、句无定字,也不押韵,完全以真实的感情和朴素的口语拨动读者的心弦。诗人运用了一定的情节,但不是叙事诗所要求的情节,而是使感情的抒发更为真实可信的情节。诗的情节只是离家的简单过程,使读者看见三幅连续的画面：告别、话别、离家而又想家。画面上闪亮着多少泪花,流露着多少悲愤！由于中国人民的历史性胜利,《离家》这样的"悲惨世界"是一去不复返了。

诗像其他格式一样,也是写人的,写出人的思想、感情,把思想感情传达给读者,感染读者。诗对于读者,不只要发挥认识的、教育的功能,更为重要的是要发挥审美的功能。诗人苏金伞关于《离家》这首诗的艺术构思正是从这样的要求出发,从千百万受苦受难的农民群众中挖掘出一颗乐观的、战斗的、美丽的心,赋予它以鲜明可感的动人的形象,去感受读者的心灵。在日寇深入中国的腹地——"中原"的那些苦难的日子里,有多少软骨头当了汉奸,而诗人以白描的手法,创造出一位保家卫国的农民的光辉形象,实在难能可贵！诗人不从概念出发,不唱高调,不唱抗战八股,只是抓住一个普普通通的农民,探索他那优美的灵魂。他对家园恋恋不舍,但又绝不是郁郁不乐；他想念老婆孩子,但他并没有把老婆孩子当成绊脚石,他义无反顾地离乡背井,踏上征途,而且坚定地相信战争结束后,老婆孩子仍然活着。他是为了永久的团聚,才痛下决心"离家"的。他有先忧后乐的崇高思想,把一家的团聚寄托在参军和战斗上。他一家的团聚,也就意味着千门万户的团聚。但是,诗人并不点破这一点。他描写的"离家",只不过是平平常常的夫妻话别,尽管夫妻双方充满了紧张、惶惑、焦急、不安,可表面上还是那么从容、那么自然。但是,当我们和诗中的人物一同听到蝈蝈儿叫的声音,知道他已与妻子分别,真的"离家"了,我们的心也不禁抽搐,不禁凄然泪下。

这是一首感人至深的诗,由于年深月久,读者忘却了,连诗人自己也忘却了,但在港台还在流传,这太不正常了。天意怜幽草,人间要好诗,特发掘出来,与读者共赏。

1983 年第 3 月
原载《奔流》1983 年第 6 期

论苏金伞的诗

阎豫昌

从中国新诗萌芽的二十年代初,到六十年后的今天,诗人苏金伞虽然在生活和创作上饱经沧桑,历尽坎坷;但却坚韧不拔、持之以恒地爱好和写作新诗。诗人自谦地说:"从那时起到今天,六十多年来,我一直是新诗的忠实的读者,也是坚持不懈的新诗习作者。"①诗人的老友、著名作家姚雪垠深情而恰切地写道:"金伞同志是一位诗人,直到今天已经七十多岁,在诗歌创作上仍有他自己的追求,而且做出了自己的成就。我在几十年中一直认为他心地忠厚,具有诗人感情。"②

《雷》是苏金伞诗作中的名篇。苏金伞的诗,确如春雷般在中原大地上震响过,并且传响到全国。对于这样一位在诗坛上奋笔半世纪之久的老诗人,总结他在新诗创作上的丰富经验,是现代和当代文学研究的重要课题。最近,人民文学出版社编选的《苏金伞诗选》出版,必将引起全国新诗爱好者和研究者对这位曾被长期冷落、忽视的诗人的更为热情的关注。

一

一位有成就的诗人,呈献给读者的必须有属于"自己的声音"的艺术品。正如屠格涅夫所说:"在一切天才身上,重要的是我敢称之为自己的声音的一种东西。是的,重要的是自己的声音。重要的是生动的、特殊的自己个人所有的音调,这些音调在其他每一个人的喉咙里是发不出来的。"③

"我正式发表作品,开始于三十年代,第一首诗《出狱》发表在 1934 年 6 月号《现代》文学杂志上。因为是亲身遭遇和真实感情,写来不加雕琢,比较自然,实际上也开始了自己的诗风。"诗人是这样追叙其创作道路的。这段话,对探讨苏金伞的诗创作,是很重要的。他的诗,在内容上是写实的,多为"亲身遭遇和

---

① 苏金伞:《苏金伞诗选》,人民文学出版社,1983 年。
② 姚雪垠:《学习追求五十年(五)》,《新文学史料》,1981 年第 3 期。
③ 米·赫拉普钦科:《作家的创作个性和文学的发展》,上海人民出版社,1977 年,第 70 页。

真实感情",在形式上是追求朴实自然不崇尚雕琢的。

> 挟着三年前的旧行囊,/熟识的看守押我出了狱门。/眼前的街,生疏而又悠茫,/犹豫着,往北还是往南呢?

《出狱》这首被诗人自认为"正式发表"的作品,通篇都是像挚友谈心一样真切、赤诚。诗人虽然彷徨,却依然在生活和创作之路上追求着。诗人所发出的确属于"自己的声音"。

"自己的声音"怎样才能形成?我想,一方面是诗人从童年就开始的对中国古典诗歌的苦读,在少年和青年时代初期就在《女神》《尝试集》等新诗集和众多的新诗人的影响下学习新诗写作,但更重要的,在发出"自己的声音"之前以及想保持"自己的声音"经久不衰,首先必须有"自己的生活"。就像一颗种子,必须有自己赖以生根、发芽的土壤,然后才能开花结果。

能使苏金伞发出"自己声音"的源泉是中原的泥土,是从这广漠的中原大地上奔腾而过的黄河,是黄河岸边的勤劳又多难的中原农民……是这些,哺育了诗人,诗人又以对这些生活的独特感受反映和再现了这些生活,因而才写出了既是只有自己才能发出的声音,又是在诗坛上能发出迥响的力作:

> 有终年的沉默,/才有破天的轰响;/有辽阔的天的幅员,/才有不羁的行踪。(《雷》)

这"终年沉默"而积发的"破天的轰响",是中原的农民们赋予诗人的;是深厚的农村生活的积累,使性格坦率如雷的诗人获得了"辽阔的天的辐圆"。因此,不论是"农人的脊背"或是被人忽视的"头发",乃至一顶破草帽、一件汗褂、一把泥土、一篮野菜、一副货郎挑,都能在诗人的笔下成为广大读者争相传诵的佳篇。

诗人不是消极地叹息或仅以旁观者的身份同情被压迫者的命运。他塑像般用诗的雕刀刻出了"经过烈日的烤炼/和冷雨的浇淋,/变成火成岩一般的坚固"的"农人的脊背",他控诉"脂肪过剩的人们"在农人的脊背上面"寻求更多的脂肪"。更可贵的是,诗人严正地指出:

> 却不知道,/和无穷的忍受同时,/这脊背/也有无穷的力量。/你看,那满载谷物的大车,/像山一般重,/一声呐喊,/就被掀翻在禾场上。

诗人庄严地宣判着旧世界的灭亡,预示着新世界的诞生:

> 现在/就正用这同样的姿势/来掀翻另一种更为沉重的东西,/——那牢牢地压在脊背上的残酷的统治。

这首写于1943年的《农人的脊背》,确如雷一样热情呼喊,袒裸宣泄,读后使人"涨毛膨体的感奋",叫人"猝不及防的欢喜"。四十年代初期,诗人已属于信仰马列主义、为中国农民悲惨命运抗争、呐喊的优秀诗人了。

在文学描写乃至绘画艺术之中,画眼睛,是最要紧的。我们的民族甚至创造出"画龙点睛"这样的寓言。但苏金伞却能在《头发》一诗中运用独特的白描手法,仅仅通过头发就深刻地描绘了几十年漫长的社会和人生面貌。诗人从还拖着一条长辫子的父亲的头发写起,写到死后还被虮子喝血的"母亲的头发",又写到自己的头发"不服梳理"(这四个字的暗喻是多么好),全诗仅五十二行,却有如此感人的诗的内核和深广的容量,在艺术上又是那么朴实无华,含蓄凝重。这篇佳作,比起前人或同期新诗人的同样题材的佳作,都是毫不逊色的,同《农人的脊背》《跟妈妈说》《眼睛都睡红了》《破草帽》《泥土》《摘棉花》等篇,都可列入四十年代中国新诗中的优秀作品。直到四十年代末,诗人歌颂翻身农民喜悦的新作《三黑和土地》,还是同他四十年代最旺盛的创作期中的优秀作品一脉相承并有新的发展的。

诗人为什么能写出如此丰富、深刻地表现中国农民的力作呢?"我生长在农村,十二岁以前,完全在农村生活,一步也没离开过家和我的那个小村庄——豫东平原上的一个小小的村庄,只有几十户人家。每一户人家,从老人到婴儿,我都熟悉……十二岁到县城上高小,十四岁到开封上第一师范,后来又上体专,离家远了。但每逢寒暑假还是要回家的。因此二十二岁以前,我基本上是在农村生活的。"这是诗人对他的故乡睢县周庄的深情自叙。这生活"影响了我一生的创作。决定了我写诗的题材主要是农村,连我的写诗的风格,也朴素得像是北方的农村一样……"。正是这深厚的农村生活基础,使诗人摸透了农民的气质、农民的要求和心理状态,使他的诗的调色板上,充满了中原农村的色调。不仅求学时期诗人熟悉故乡人物风情,就是在以后执教于河南大学、黄河水专等学校时,抗战中几经迁徙,他居住之地从嵩县潭头到内乡山窝或宝鸡山沟,也多是穷乡僻壤。他自称是一个"土人"。但是,正由于他的"土",由于他诗歌中独具的中原农村色调,使得他向中国的新诗坛呈献出了自己的艺术,又从而使人们在这艺术中发现了诗人自己。

二

一个思想和艺术均跨进成熟阶段的诗人,驾驭不同的题材,提炼新的诗的素材时,决不能跟着前人或同辈同行的脚步走,他应该也必须闯出新路。苏金伞三十年代和四十年代的诗作,是以抒写农民悲惨生活及其抗争为主的,但以其他内容为题材的诗作,也颇有佳品。抗战开始时,他的鼓舞全民团结抗日的诗《我们不能逃走》,发表在胡风主编的《七月》第二期上。抒情诗《离家》,也是反映农民毅然拿起武器抗日的佳作。抗战胜利后,"1946 到 1948 年,我写的几乎全部是政治讽刺诗,1946 年《大公报》评论我的诗'讽刺深刻得体',我想无非是说,这些诗讽刺虽尖刻,但却有点含蓄,有诗的味道"。

  应当指出的是:苏金伞的政治讽刺诗,不但尖刻、含蓄,而且富有极浓郁的生活气息。他的政治讽刺诗,仍能借助于鲜明的艺术形象,嬉笑怒骂皆成诗篇地鞭笞黑暗的统治。诗人能通过一张"国民身份证"入骨穿心地揭露国民党的军警特务对人民的残酷迫害,用"我"去"照相"和"身份证的受难"等一个个极富戏剧性的镜头,辛辣地进行讽刺。没有"身份证"要"一律驱逐出境",有了"身份证"呢?"它反而跟着我/受了许多的磨难"。在开始检查的那一天,"爹爹突然得了霍乱病,/我立时出去买药,/——腰里带着身份证"。但是,有"身份证"仍躲不过无数关卡的刁难,到天黑才回家后,"爹爹已经咽了气,/一家人都围着哭,/并且埋怨我耽误事"。该埋怨的自然不该是"我",是谁?是哪种黑暗势力?诗人留给读者去回味了。令人意料不到的是出现了这样一个奇特、沉痛、愤慨却又是浪漫的结尾:

    家里人催我出去买棺材,/我哆嗦着不敢再上街。/我倒是先把爹爹的身份证,/跟纸钱一同烧化了,/免得他的鬼魂到处受阻碍,/一时走不到十八层地狱!

这样出色地讽刺国民党反动派的诗,在 1946 年 11 月写出,是难能可贵的。

  诗人的表现力是很强的,手法是多样的,他能用"拟情诗"的格调,含蓄而又辛辣地抨击 1946 年国民党宣布伪宪、大唱还政于民的丑剧;在反饥饿示威游行后他又辛辣地抨击了国民党将军的"马蹄"。在著名民主战士闻一多先生被特务刺杀后三日,苏金伞就写出至今仍被读者传诵的名作《控诉太阳》。这首诗的构思是新颖、大胆而独特的:

    然而五点二十分,/究竟还是白天,/是应该由你管束的。/谁叫你带来与黑夜不分,/而又同样可怖的白天哪!

以现实主义创作方法为主的诗人,在这首抒情诗中,以呼天喊地的屈原式的悲愤和浪漫主义手法,塑出一座民主战士的雕像,像闪电刺破黑沉沉的夜空,如雷声爆响于国统区的诗坛。

四十年代是诗人发表诗作最多的十年,这些诗收进了1947年出版的《地层下》和相继出版的《窗外》中。"当时有三种思想感情在心中鼓荡交织。一种是反对日本侵略的爱国心,一种是国民党不断地发动反共高潮,卖国投降的嘴脸日益暴露,对知识分子、进步人士残酷迫害,无情镇压,因而激起心中的仇恨。一种是对共产党的倾慕。共产党的抗日民族统一战线,坚持抗日,反对投降等项政策深入人心。……由于以上几种感情不断在胸中翻涌,要求发泄出来,因此灵感往往猝然而至,随手写来,就是一首比较完整的诗"。诗人"随手写来"的"比较完整的诗",从1941年的《斑鸠》,到1946年的《秋天的小河》,都是抒情诗中不可多得的佳作,是经得起历史的检验和流光的筛选的。

1948年苏金伞到了解放区,这是诗人生命历程中一个极大的转折。诗人"精神上是极其愉快的",但在创作上的转变,却并非那么容易,这需要一个过程、一个探索时期。可惜,进入五十年代没多久,由于众所周知的政治原因,他未能完成这个艺术上的探索。在诗歌创作上,他没有能够在四十年代已经取得的成就上继续前进。虽然在四十年代末到六十年代他仍有一些佳作,如《三黑和土地》《豆》《场边夜话》《灯光》《扯秧》《雨》以及《劳模三唱》等。但即令是这些佳作,我认为也并没有超过他四十年代代表作的艺术水平。直到粉碎"四人帮"后,诗人已逾七十高龄,却重又焕发了青春,写出了《绝壁上》《缆绳》《战士》《大炮》《山口》《大麻叶》《寻找》《海的收获》这样一些闪光的好诗。"两年多的时间发表的作品超过了以往二十年。三中全会精神使我焕发了青春。由于思想解放,敢于触动过去的老框框、老调调,思想比较活跃,心情愉快,这就是我虽然年迈还能写出诗来的原因。"

三

现实主义创作方法,是苏金伞诗歌创作的主流。现实主义,也需要夸张和想象,但它是建立在现实基础上的。从苏金伞的诗作中,我们不难发现,诗人的抒情,多凭借于对客观现实的描绘,很少有纯主观的直抒胸臆式的激情爆发。正是由于创作方法上运用现实主义,才形成了苏金伞诗风格的朴实无华,或如他自己所说:"我的写诗的风格,也朴素得像是北方的农村一样……"

朴实是真纯的孪生姐妹。诗有真情实感,风格才能朴实。真纯,也就是不加雕饰。可是,朴实的诗风,对于苏金伞来说,是怎样形成的呢?清代著名诗论家和诗人袁枚说过一句评诗的名言:"诗宜朴不宜巧,然必须大巧之朴;诗宜淡不宜浓,然必须浓后之淡。"只有经过这个辩证过程,才能到达"清水出芙蓉,天然去雕饰"的朴实美。

苏金伞在二十年代初到三十年代中期,是认真阅读过古今中外的诗歌名作,特别是"五四"发萌的新诗和当时翻译到中国来的外国的诗歌的。那时《女神》给过诗人以震动,但他同时也推崇鲁迅的诗,认为"鲁迅的诗写得既深刻,感情又炽烈,我喜欢这样的诗,新诗也应该这样写"。此外胡适、谢冰心、朱自清、康白情等许多新诗人的诗作都对苏金伞产生过深刻的影响,"随着外国诗歌大量翻译过来,诗的门禁打开了,诗的视野宽阔多了,诗的营养丰富多了。……各种派别的诗也介绍过来了,如浪漫派、印象派、现代派,等等。这些,对中国新诗都是有影响的,对我当然也不例外"。

苏金伞早期的代表作《出狱》风格是朴实的。但此后发表在《新诗》上的《雪夜》(后被闻一多选入《现代诗抄》,又收入《闻一多全集》第四卷)却较注重辞藻的华美、形象的尖新,出现了这样的诗行和意境:

树叶的干舌,/默诵着雪的新辞藻,/不提防滑脱两句,/落上弓刀便惊人一跳。

从《出狱》的朴实,到《雪夜》的华丽,确实"惊人一跳"。但这也并不是什么坏事,这只能说明苏金伞早期创作上是博采众家之长而兼容并包为己所用的。他自己在不久前还说过:"我赞成在表现方法上大胆探索。如果含意深刻而又不易被人马上理解,但只要多思索片刻还是能懂的,对于这样的诗我不仅不反对,自己也想试一试。"

苏金伞是一个善于捕捉形象的对人生对大自然都极为敏感的诗人。他能从农人的脊背上,从农妇不梳理的头发上,从一顶破草帽上,捕捉到浓郁的诗意,画面感乃至雕塑感极强地嵌进他的诗行。他能非常轻快自如地把一条秋天的小河拟人化,给以人格,给以生命,使小河变成一个"操作后的小姑娘,/掠开覆眉的鬓发,/露出一双大眼睛"。我想,这也就是姚雪垠同志所称赞的苏金伞的"诗人感情"的艺术手法吧。

苏金伞的诗,朴实得连形容词都极少用,他笔下勾勒的中国农民肖像,朴实得宛似绘画中的白描,就像朱仙镇年画上的人物一样。细读他几十年来抒写农民的诗章,是不难得出这样的结论的,他可说是河南诗坛"乡土文学"的代表。

朴实既可走向深沉,也可流于浮露。苏金伞诗的朴实,是含蓄、深沉、蕴藉的。那么,那种近似白描式的诗篇,怎样能达到上述境界呢?我发现,苏金伞不但在描写农民的诗篇中,就是在政治讽刺诗或新中国成立后写工矿题材的较佳作品中,都有着一些虽然并不复杂,但却极有表现力和节奏跳跃感的情节。随着对这些情节的叙述,作者的抒情也就进入了高潮,使抒情叙事融为一体而不露痕迹,强烈地感染和打动读者的心。《农人的脊背》《头发》《货郎挑》《跟妈妈说》《三黑和土地》《苏殿选在发言》乃至政治讽刺诗《国民身份证》,都是由这样的情节作为全篇的骨架的。当然,这样的情节,也是取自生活,是诗人"从小打下的生活基础,早已化为自己的血肉,渗入自己的灵魂"。

  苏金伞的创作方法是现实主义的,诗的风格是朴实、含蓄的,但他写诗的形式,却是"自由体"。字句不求整齐,连韵脚也不押,随着感情的起伏、语气的轻重,运用自然的节奏,不加雕琢,取得了相当高的艺术成就。诗人自己说:"诗贵朴素,我终生追求的就是这两个字。因为我生长在农村,土生土长,身上以至灵魂都浸透了泥土的气息。一切华丽的外衣对我都是不相称的。而且我根本就不会用彩色的羽毛炫饰自己。这是一个人的性情,作假也作不来的。"这段话,相当准确地概括了苏金伞诗风的基本特征。

原载《文学论丛》1984 年第 2 期

论诗人苏金伞的艺术道路

李传申

苏金伞的艺术道路是两头高,中间洼。他二十年代开始写诗,三十年代日臻成熟,四十年代出现一个高峰。五十、六十、七十年代的三十年时间,作品大多是对生活的客观摹写,出现了艺术的衰退期。到了八十年代,尤其是一九八一年,老诗人的作品感情力量虽然不及四十年代,但在艺术上有了新的突破,达到了炉火纯青的境界。苏金伞的创作和中国新诗思潮的节奏相一致,因此,我们认识苏金伞的艺术道路对于深入认识中国新诗的发展历程以及新诗在艺术上的发展方向都有意义。

一、成熟·表现·诗的青春反抗期

别林斯基说:诗人"不仅是一个诗人,而且是一个人"。埃德施米特在《创作中的表现主义》中也说:"诗人的伟大乐章就是他所体现的人。"文学史早已证明,成熟的诗人的创作都是成功地塑造一个鲜明的抒情主人公形象。苏金伞三四十年代的诗作,集中表现了一个典型的强烈情绪的反抗者形象。

按照马克思的理论,人作为一个完整的人,把自己的全面的本质据为己有,是通过自己同对象的关系而获得的。智利诗人聂鲁达说过这样的话,"风格不仅是人,也是围绕着人的环境"。一九二九年,苏金伞走出国民党"开封第一模范监狱"的铁门,即使走路也是小心翼翼,生怕"脚上还锁着脚镣";在失业中,"没有一文钱的衣袋下,/怀着一个乞儿的心"(《出狱》)。这时,诗人的环境是他"极端憎恨的地区"。《出狱》诗的创作,是诗人对现实反抗情绪的觉醒。从觉醒到呐喊,苏金伞诗作中反抗形象浮雕般凸现出来。

反抗形象的精神内核,首先表现在正义的力量对黑暗社会的暴露。我们随着诗人的视线看到了四十年代初中国的《窗外》:

马蹄嘚嘚走过,/带着女人的啜泣声/和孩子们的帽铃声。//破音的唢呐,/呜呜啦啦地吹过来,/同样令人哭泣的调子,/我辨不出是在埋人呢,/还是在娶亲。

>瞎子的算命锣,/叮叮当当地敲着自己冷清的命运,/……我想问问明天的遭遇,/但他的眼前比我还黑。

诗作表现的杂乱、凄凉、悲怆的氛围,正是黑暗中国的缩影。在《农人的脊背》、《断章三首》、《我家的头发》(前两首)、《台阶上》、《跟妈妈说》等诗篇中,诗人蘸着从恨的血管里流出来的黑色的血,描绘着农村衰败的景况,阴惨惨,血淋淋,令人不寒而栗,表现出了农民非人的命运和旧中国的社会本质。

苏金伞诗作中的反抗形象不仅"对于当时统治阶级的满腔愤怒与憎恨",而且有"对革命的期望与倾心",①反抗形象富有召唤的精神、鼓动的力量和战斗的情绪。这是诗人对"无弦琴"象征化了的诗句:

>尤其是/从山外传来群众的呼喊/像海的多足的远波/爬上了窗棂/它真想剖开胸脯/大喝一声/在兴奋中破灭/……/只巴着/有一天/霹雷在屋顶上打滚/闪电/刺得夜睁不开眼/而自己化一条火蛇/飞出户外/和雷电一同呼吸/一同咆哮

显然,诗人已经意识到了群众的革命力量,因而反抗情绪的抒发是激昂的。苏金伞诗作中反抗形象的表现,在抗战胜利后的"政治讽刺诗"中达到了高峰。"政治讽刺诗"是在当时以上海为中心,以《诗创造》和《中国新诗》两刊物为阵地的,反抗专制暴政、争取民主自由的新诗创作思潮。这是四十年代新诗创作的主流,苏金伞的诗作在当时影响颇大,可以说是新诗潮头的一朵很有劲势的浪花。因而,反抗形象的悲哀、嗥叫、愤怒的情绪中孕育着更多的、更有烈性的,即更能拨动读者心灵的奋争向上的力量:

>不向雨淋过的草灰要火种,/不向干涸的河渠要养分:/不向挂在檐下的风鸡/要飞翔的翅膀//不向绞刑架/要绳索,/不向踏住胸口的大皮鞋/要呼吸。(《不向》)

>我要用自己的舌头/舔自己的血,/用自己的喉咙叫喊。(《拟情诗》)

在这迸溅着血花的独白里,蕴含着震撼人们灵魂的力量。尤其是《控诉太阳》这篇诗作,诗人以虎豹的胆量、深沉的思想、锐利的笔锋、悲愤的情绪、高昂的气势,显示了泰山压顶的情感力量。正如诗人自己说的,"在诗的内容上更加接触了现实",诗的"境界也高了",在河南大学的十年,"可以说是用诗作战的十年"。

评论界认为苏金伞是忠实于躬耕的"布谷鸟"和拥抱大地的"蒲公英",他的突出成绩在于及时反映农村生活,泥土气息浓郁。我觉得,他最大的贡献应是

---

① 苏金伞:《鹁鸪鸟》,作家出版社,1957年。

作品中反抗形象的思想价值和精神力量。

马克思认为艺术是"生产的一些特殊形态",它主要是改造世界从而也是改造人自身的一种形式,而不仅仅是一种认识形式和反映形式。马克思指出:"钢琴演奏者刺激了生产,部分地是由于他使我们的个性更加精力充沛,更加生气勃勃,或者在通常的意义上说,他唤起了新的需要。"柏格森在《创化论》中谈道:"诗人创作了诗歌,人类的思想由此变丰富了。"诗人在人生的沙漠中,像丹柯捧出自己灼热的心开辟一条路来,或者像英居拉神向枯地释放出七条大水。诗人如果仅仅描绘出一幅幅生活图画,其中没有改造世界的力量冲动,那么我们只承认他是沿街摆摊的"画匠"。"然而诗却通过另一种较为神圣的方式产生作用。它让心灵容纳许许多多未被理解的思想组合,从而唤醒心灵,并扩大心灵的领域。诗揭开帷幕,露出世界所隐藏的美"①。苏金伞的诗中,有对劳苦人民心灵创伤的展现,有对黑暗社会的反抗情绪,这就是隐藏在反抗形象中美的精神。对丑的暴露我们可称之为诊断,对美的崇拜我们可称之为治疗,这种诊断和治疗作用,就是苏金伞诗作的社会意义和精神力量,即它的思想价值,这可称得起民族的精神财富。

诗注重主观抒情,诗人的艺术追求是主观感受的表现。苏金伞采用了新的艺术手法,使反抗形象具有了强烈的表现力。如在《不向》《拟情诗》《控诉太阳》《歌的王国》等不少诗作中,诗人采用象征手法,使反抗形象含有深刻的生活的哲理意义,启迪着、促使着人们思考自己面临血惨惨的人生和自己生存的意义与价值。另外,在《不向》《地层下》等诗中,诗人把众多意象交错地排列在一起,造成一种霓虹灯般的艺术效果,使反抗形象的情绪通过意象的广泛外观更加饱满,产生了雄伟的崇高感。所以我们说,苏金伞的创作成熟在于富于表现,即反抗形象的精神、情感、性格的表现。

二、衰退·摹写·诗的中年实证期

一九四八年,苏金伞到革命根据地。这里生活是崭新的,人的精神面貌是崭新的,于是诗人的感情开始发生变化,诗有了新的音色。显示"翻身文艺"特质的诗篇是歌颂农民获得土地的欢乐(《三黑和土地》)、反映农民学习文化的心情(《豆》),接着又出现了歌颂农村实行科学种田、社会新风、工业建设。六十年代他的诗作不多,主要反映农村繁忙、和谐的劳动景象。中断了十年以后的七

---

① 雪莱:《诗辩》,商务印书馆,1937年。

十年代末，他的诗从题材到形式基本上相承于六十年代初。这样一个辛勤的诗人在中原大地上，如老黄牛忠诚地耕耘着。他的诗并没有随流而浮泛地唱着盲目的、廉价的赞歌，或浓妆淡抹地粉饰，诗人毕竟有着珍贵的艺术家的良心。但由于诸种原因，尤其是从五十年代后期开始，他写了艺术生命衰退的"实证"诗歌。

"实证"是哲学上的一个概念，它是指："一切知识，科学、哲学都以实证的'事实'为基础。人们不再探索宇宙的起源和目的，不再求知各种现象的内在原因。"①如果说"实证"哲学还有一定的道理，那么，"实证"的诗歌则违背了诗的艺术规律。因为它是指诗再现的逼真、反映的可信、具体的验证。于是，诗作对生活照相式的"场景摹写"，加上又直又露的"倾向表态"以示升华、丰富的现实生活和精神被装在狭窄而枯燥的套子里。诗关键要有"诗的精神"（歌德语）。即深湛的、深远的甚至是无穷无尽的意蕴。这种意蕴表现为一种"超然的美"（爱伦坡语），就是我国传统诗论中的虚处藏神。如果诗仅仅摹写生活，必定平泛无味，乃至于为死物，所以谢冕在检查新中国成立初期的诗歌创作时委婉地批评说："当诗因太接近实际而升腾不起来，诗因而失去了幻想的翅膀时，却又未必是了不起的前进了。"（《和新中国一起歌唱》）苏金伞这时期的诗虽然有的也富有情采，如《三黑和土地》，但总的说来是重视了客观存在的世界，轻视了另一个精神感受的世界。如用了三十六行排列的《农技站派来一位女同志》，我觉得用几百字的新闻报道就可代替它的作用，因为"艺术并不描绘可见的东西，而是把不可见的东西创造出来"（保罗·克利语）。那不可见的东西呢？——诗人的精神和情思的美学力量呢？至少诗中的形象是扁的，是缺乏"一种生命气息吹嘘过的"（歌德语）。这样的诗占了绝大部分。《豆》中对农民学文化的情形，《老牛回家》中对农民分配牲口的场面，都是铺叙、再现、纪实、即事，《灯光》是诗人在天桥上触景生情，然而想象的方法也只是有例为证。六十年代，诗人反映农村劳动生活仍然没有冲破摹写的樊篱。组诗《扯秧》用了偌大的篇幅描述劳动的场面，但却很少展现劳动人民的心灵。

苏金伞的诗，即使到了七十年代末新时期新的文学意识觉醒的时候，由于诗人的心理定势未被冲破，作品仍残留着"实证"的阴影。如《绝壁上》《缆绳》，虽然不像五六十年代的诗那样直、露，但仍没有把笔触深入到描写对象的灵魂，仍没有成功地构造一种抒情个性鲜明的诗的境界。

三十年的曲折道路，对一个有执着追求的诗人来说，是一个多么催人泪下的悲剧呵。然而，这悲剧并不是诗人制造的，诗人也并不甘愿去充当悲剧的角

---

① 孔德：《实证哲学教程》，《哲学译丛》，1957年第5期。

色!还是读一读老诗人意味深长的令人深思的痛苦的回忆吧:

"在我被错划为'右派'的二十多年中,没有写出几首诗。'左'的错误不仅影响了我的创作,更为痛心的是影响了中国文学的繁荣发展。这种'左'的东西,一九五七年以前也已存在,棍子已经有人在那里抡起来了。

"在相当长的一段时间里,是不许通过'自我'来抒发感情的,因此凡是诗里有'我'字的地方都必须写成'我们'。从作品里抽掉(或者削弱)了抒情个性和真实情感,所以总是不能使人感动。"①

这就是他诗作艺术生命衰退的根本原因。

是的,苏金伞创作的艺术生命暂时衰退了,但在他心灵里、生命里、血液里,却萌动着真正的诗(即对农民、对土地的挚爱情感)。

三、纯青·入化·诗的返老还童期

老诗人苏金伞在一九八一年发表的《山口》(外三首)、《农村二题》、《海的收获》等诗,构造的意境如一泓秋水、一眼甘泉。读之,神清气爽;品之,馨香盈口。"平淡而到天然处,则善矣"②。苏金伞的这些诗在艺术上达到了炉火纯青的境界,这种境界是大巧之拙、浓后之淡,有童稚的纯净之妙。

首先,诗人通过意象叠加手法,使诗作达到"意象欲生,造化已奇"的形神各得其妙的入化境界。《桐叶》《雪跟夜一般深》等作品所咏之物和现实生活联系起来,把物和人的生活、思想、性格、心灵情感化合无垠,诗人表现的客体外界和诗人主体心灵达到了一种真正的诗意和融合,意象成为最心灵化的东西。这是《桐叶》一诗:

乳桐的叶子飞速生长,/贪馋地吸啜着温暖的阳光,/就像初生的牛犊,/衔着水桶般的母奶不放……//从村子里跑出一群儿童,/在桐叶下追逐爬行,/泥浆的脸上涂满了欢笑,/整个桐林响起了回声。//从桐叶下爬出来,/每人好像增加了五公斤体重。/手里一柄桐叶当作小伞,/每人都像一株乳桐。

诗人把乳桐和村童两个意象叠加在一起,如古人说的"不似此诗,恰是此诗"(袁枚语),给人以优美的想象和清醇的回味。再如《雪跟夜一般深》,屋外雪

---

① 苏金伞:《苏金伞诗选》,人民文学出版社,1983年。
② 葛立方:《韵语阳秋》,上海古籍出版社,1984年。

覆盖了一切,屋内一家人热气腾腾;大雪下生命在暗暗生长,"正在把春天孵抱",农民的心里也正在孕育着春天。屋外屋内,雪和人,雪的寓意和人的心灵叠化成一幅现实生活的写意画,委婉而深邃的意境蕴含其中,农民实行生产责任制后美好的内心世界,表现得是那样的悠然、透明、空灵。如果单纯描写雪,最后来一下所谓的哲理升华,就很难收到这种诗的效果。

如上可知,苏金伞的诗汲取了表现主义诗歌艺术技巧的精华。表现主义者认为,"人的心和一切事物紧密相连,人的心和世界一样,都是在相同的节拍中跳动。为此,就需要对艺术世界进行确确实实的再塑造。这就要创造一个崭新的世界图像",从中"探求深度、真实和精神奇妙"。(埃德施米特语)苏金伞笔下的"乳桐""雪"的寓意空间,已成为诗人情感空间,正像电影蒙太奇一样创造了与原始空间不同的具有表现力的空间,这种空间的内容和形式浑融一体。现在我们回忆他四十年代的咏物诗,如《黄叶》《芦花和棉絮》等。这类作品属于"哲理诗",用一个物象铺演一个哲理,虽然诗作给我们描绘了颇具光彩的形象,但由于概念的先入之见,并没有像《桐叶》《雪跟夜一般深》构成现实生活和诗的两重入化的境界。这就是诗的更高意义上的"隔"与"不隔"之分。

其次,诗人成功地运用象征艺术,使诗作富有音乐形象的演绎性和流动性的美,使物象和意境、诗人和读者形成一个共同进行诗的创造的境界。象征艺术使诗的意境丰富化和深湛化。它促使人们按照各自的方式去理解,从而展开想象的兴趣,这就是音乐形象美学特征的演绎性。尤其是变奏曲,一个简单的形象经过演绎而极大地丰富起来,它的韵味是淳厚的、丰洁的。苏金伞的《山口》中的形象非常美妙,每一个形象的暗示都使读者幻化出一种美好的情景。"山里"充满春天美好的杜鹃花、珠贝等,象征着我国解冻后新的生活、新的生命、新的思想、新的精神,"山口"是春天的咽喉,正是我们跨向这新的领域的纵身处。诗人的想象、感受、思考富有魅力地启迪着我们,"到这里人们就应该排除一切疑虑,这个领域里不容许有丝毫畏惧"!(马克思语)同时,还可以看作诗人复苏后返老还童的美好生命,夕辉如朝霞一样美妙,引诱着诗人为之奋进。这种意境可以说是"一切永恒的理念的呼吸"(别林斯基语),无时无刻不在人们的意识里活动着创造的生命力。

当然,苏金伞新中国成立前有象征性的作品,《雷》就是。但它是侧重于叙述的、解释性的,显得太静了。《山口》的想象有如乐思的活跃性,富有生命的动势,童话般诱人。《蒲公英》的想象则运用了电影蒙太奇的手法,一幅幅画面越过时间跨度组合在一起,一个个流动的意象交融成一团萌动着的意境。犹如一曲委婉而跌宕的旋律,唤起人们情绪的变化,激发人们的想象。读者也在参与诗人的创造,诗的意境使人们生命的意识觉醒了。

再次,诗作写得更细、更精,因而更巧了。我们读他写人的诗作。五十年代、六十年代写的《豆》中识字的老农,《农技站派来一位女同志》中的女技术员,《扯秧》中的农妇,《听苏殿选发言》中的老贫农苏殿选,我觉得都写得太实,失之直露,缺乏神秘色彩的剪影、具有表现力的特写、人物性格的浓缩、心理的剖析。四十年代的《村姑》就有浓浓的诗意和诗味。这首诗选取了村姑早晨、上午、黄昏三个劳动场面,如水墨丹青的图画一样细润。但我们仍觉得诗人有点急于接近主题的心情。现在我们读他三十五年后的《避雨》:

还有什么话没有说清?/想起一个人的名字还脸红?/站在房檐下避雨,/檐滴为何老是絮絮不停?/正在播种时下起雨来,/肩膀上还背着谷种,/他怎么也到这里来避雨,/是不是看见了我的身影?/种子播不到土里怎能发芽?/包定的产量能不能完成?/她真想找个人问问:/"天到什么时候才能放晴?"/哟,那不是他走过来了?/手里牵着老牛缓缓走近。/唉!他怎么还没看到我?/这人怎么这样粗心!/雨在牛背上流着,/亏得他有草帽一顶!/这是不是最好的机会?/问问他:天到什么时候/才能放晴?

清代文学家李渔论写人物"务使心曲隐微"。在《避雨》中,诗人细致入微地表现了情窦初开的村姑的心理,如小溪流水,如独茧抽丝,令人反复吟诵,细品无穷。在诗人设置的诗的境界中,姑娘的心情始终处于"急"与"止"的矛盾中,两次欲问,都是急而欲前,欲前又止,急而欲说,欲说还休。而诗味恰在这令人发急中酿成。诗中蕴含了姑娘多么含蓄的甜情蜜意呵。

但是,我们必须承认这个事实:他的诗虽然在艺术上"更老成",但不及于三四十年代的诗能震撼读者的心灵。其原因是缺少了对现代社会深沉的思考,缺少了历史和现实感受的锐利性和深邃感,因而缺少了深刻的历史内容和强烈的情绪力量。

原载《中州学刊》1986年第4期

时代的画卷 泥土的芬芳
——苏金伞新诗研究之一

许凤才

纵观苏金伞数十年来的农村诗作,笔者以为它有这样几个显著特色:

第一,真实、细腻、形象地描摹了半个多世纪以来农村社会发展变化的历史,是苏金伞农村诗作的第一个显著特色。

苏金伞在新诗创作的道路上起步很早,一九二一年的前后他就已开始在校园的墙报上发表新诗了。一九二六年发表在《洪水》上的《拟拟曲》是他第一次变成铅字的作品。此诗在艺术上诚然是很幼稚的,但它通过两个农夫在田野劳动间的对话,深刻有力地控诉了封建地主阶级对农民残酷的经济剥削和政治迫害,因此受到了《洪水》诸编辑的青睐。

《拟拟曲》的发表,更坚定了苏金伞为农民,为家乡父老写诗的信念。像三十年代初中期发表在《现代》和《大公报》上面的《乱葬岗》《午版》《午睡》《夜巷》等诗,无论是在思想性方面,或是在艺术成就上,都较《拟拟曲》时代有了长足的进步。

一九三七年"卢沟桥事变"之后,抗日救亡遂成了全民族的中心任务。具有强烈民族自尊心和爱国主义热情的苏金伞,这时也迅即将笔触移到了抗战的主题上来。《我们不能逃亡》等诗激昂慷慨地阐发了抗日救国的伟大意义和它的重要性;继之而起的《碉堡》《窗外》《麦》等诗意在揭露日本帝国主义的疯狂和残忍;《斑鸠》《睡眠》《雪中开拔》《一个女宣传员》等诗着重描绘的是全民抗战的动人景象。一句话,这期间的诗人是用笔来进行战斗的。即鼓动抗战,抨击侵略者,反映社会现实,讴歌中国社会的脊梁农民,内容丰富深刻,沉郁的基调中不乏高扬的精神,朴素的诗句中凝聚着巨大的民族悲愤。

苏金伞是一位现实主义新诗人,更确切地说是位受过马克思主义理论熏陶和革命实际斗争锻炼的现实主义新诗人。他的诗不仅仅局限在对农民不幸命运的同情和对地主阶级的"深憎"上,更重要的是他表现出了隐藏在农民内心深处的斗争火焰,并且还非常自信地指出,在国民党反动派所制造的严冬后面,一个新的春天正在孕育产生,但等那春雷一声爆响,马上就会出现一个冰化雪融、万物复苏的新世界。写于一九四八年六月之后的《在豫皖苏边区》《迎接我们的队伍》等诗就是这春世界的真实写照和缩影。在这春的世界里,山是"这样的青",天是"这样的广阔",人民从来没有"这样高声谈过话"和放怀大笑过。总之,阴郁、苦闷、哀愁、幽怨已和这春世界里的人民绝了缘,荡漾在他们心头的是青春、阳光和欢乐。他们在自己的土地上辛勤地耕作,愉快地收获,幸福地欢笑。

新中国的诞生,为苏金伞的诗歌创作开拓了一个更为广阔的天地,他再也不需要隐晦曲折地为日益凋零、萧疏的农村唱挽歌了,而可以尽情地用豪放奔越的诗笔,为新时代的农民图像作歌了。写于五十年代中期的《劳模三唱》《场边夜话》《卢凤皋的家乡》等诗就是这样。如其中的《场边夜话》,读此诗酷似在欣赏一首优美悦耳的歌曲,随着音符的起伏变化,很快将人们引进了一个宁静安谧、淡远恬适的乐园。

苏金伞热爱农村,热爱农民,全心全意地用手中的笔来为他们作诗画像,即使在蒙受不白之冤被"下放到农村改造"的年代里,也没有放弃对农村和农民生活的热切关注,并努力地去把握农村发展的"脉搏"和农民兄弟的思想潮汐。正因如此,粉碎"四人帮"后,他敢于"解放思想,跟上时代的要求。大胆思考一些新问题,冲破一切禁区"。在很短的时间内便写出了一组组反映新的农村生活和农民思想感情的优秀诗篇。《农村新歌》《十只金凤凰》《春天的诗》《山口》等诗是其代表。在《春天的诗》里,他把党的十一届三中全会比作春天里的"雷",说他将会排除一切距离,冲破一切禁区,在亿万农民的心上降落一阵春雨:

泻进人们的血液,/泻进人们的心怀。

而嫩绿的麦苗经过这春雨的冲洗滋润,也将变得像童话里诱人的绒球一样,跟着她可以步步走入仙境,甚至连高空悬挂着的太阳,经过这场春雨的洗礼也变得特别的明亮,仿佛倾泻的不是光线而是珠贝……总之,没有对农民、农村深刻的了解和无限热爱的情感,想在半个多世纪的峥嵘岁月里,用如椽之笔真实、细腻、形象地描摹出不同时代农村不同的风貌,谈何容易!苏金伞农村诗作的可贵之处也就在这里。这也是他"这一个"农民诗人区别于同时代其他农民诗人的重要标志之一。

第二,满怀激情,热烈讴歌社会主义新农村的带头人,深刻挖掘农民的心灵美,是苏金伞农村诗作的第二个显著特色。

由于长期生活在农村,因此他深知,假若没有一大批经过长期革命斗争锻炼和马列主义理论修养的干部率领农民进行社会主义革命和社会主义建设,那么,幅员辽阔、多灾多难的广大农村,有的地方至今也许仍是"黄河水还没退尽,到处生长着芦苇和蓼花"。为此,诗人倾注了他的全部热情,成功地塑造了一系列精神美好、情操高尚的干部形象。这里面既有长期扎根农村干革命的女大学生,又有与农民亲如一家人的城里来的技术员;同时也不乏"不管走向哪一块田亩,背后总跟着二十四条渠"的农村基层干部的代表。这些人,尽管他们的年龄、身份、经历都各具千秋,然而他们那颗热爱农村、热爱农民的心却都是一样的。如《农技站派来一位女同志》中的那位技术员,为了早日把科学种田的方法推广到农村,她甘愿放弃城市安逸舒适的生活,就像报春的布谷鸟一样,每年定时下乡传经送宝。

    她的黑色的头发,/像布谷鸟的翅膀,/在田野间到处飘飞着,/她的嗓音比布谷鸟还响。

如果说《农技站派来一位女同志》和同时而作的《陈瑞芳的路》《劳模三唱》等诗是五十年代中期农村领导干部的颂歌的话,那么,《绝壁上》《通车典礼》等诗章则是今日农村领导干部的礼赞了。粉碎"四人帮"后,一大批饱受十年"文革"之苦的农村基层干部,为了"把山水化作坦途",他们风餐露宿,"踏遍了所有的险峰和河谷",走访了沿途各个村庄的社员群众,然后根据他们的要求和心愿,绘制出了一幅幅社会主义新山乡的远景规划图,而后又与社员们一道,在那"苍鹰飞不到的悬崖上"以及"蝙蝠挂不住脚的绝壁上",腰间系一条绳索,抡锤挥钎,自由自在地飞来飞往。他们唯一与众不同的就是那一件件使"世世代代人民欢笑"的事情大功告成之后,社员们或高歌或酣眠,而他们却要重新踏上征途,去为子孙万代规划新的明天。

  早在四十年代就曾有人指出,苏金伞"虽不是地道的农民,但至少他了解他们和他们站在一起"。正因如此,所以不论是新中国成立前表现农民辛酸血泪史和反抗斗争画面的《地层下》《窗外》,还是新中国成立后讴歌农民幸福生活的《入伍》《鹁鸪鸟》等诗作,他都十分注重挖掘和表现农民的心灵美。苏金伞诗中的农民也和我国历代的劳动人民一样,不但有着勤劳勇敢、忍辱负重的一面,而且还有着忠厚、善良、纯朴的优秀品德。写于解放战争时期的《送鞋》《宿营》《修桥》《劳军小模范》等诗就是一组农民高尚品德的颂歌。在艳阳普照、云蒸霞蔚的解放区里,刚刚获得土地和新生的农民,尽管他们的生活还是那样的贫穷,但为了早日拯救出国统区的阶级弟兄,他们一个个都无私地献出了自己的所有。《修桥》中的乡亲们,为修复被敌人"破坏了的平汉铁路桥",让南下的子弟兵安全从上面通过,大家议定好的是两天内把修桥所需要的木料送齐,但有许多村庄的农民却是"头一天就送来啦",而且还都是挑了又挑。这些看起来都是极平常、极细微的小事一桩,但诗人通过对这些小事的描述,却活生生地托出了乡亲们那一颗颗赤诚火热的心。农民兄弟的这种博大胸怀、高尚情操,在社会主义时代又得到了进一步的发扬光大。《走出牛栏》中的小牧童在放牛时,还想着怎样把那"白鹤守护的灵芝草"和上了千年的"何首乌"统统挖出来,让它们为全村的病人解除痛苦。《两个哨兵》中的那个看果园的姑娘,在苹果将要收获的季节,日夜思考、计划着的是怎样把那一个个凝结着乡亲们情和爱的大苹果,送给守护在祖国万里海疆的解放军战士。还有《剪刀》中的那位被誉为"老剪刀"的农民技术员。为了农村的四个现代化建设,他"就像一把出匣的宝剑"到处"剪风裁雨"不辞辛劳。不论是外县或外省,"只要写信或派人邀请他,他总是马上就动身前去",而且还毫不保留地将他那"能使枯树抽出新条,剪去冰雪的老枝,春天就在他手里欢笑"的技术传授给人们,以便让全国所有的树苗都像"初生的小鹿"一样,"一丢开奶就在阳光下纵跳"。

苏金伞写农民的心灵美,并不是孤立地去表现某一个人如何如何,或抽象地去拔高其思想境界,使其鹤立鸡群不同凡俗,而是从现实出发,十分巧妙和谐地去表现阶级兄弟之间的那种真挚的友爱、淳朴的情谊,使其相得益彰,共生光辉。

第三,饱含着浓郁热烈的泥土香,是苏金伞农村诗作的第三个显著特色。

这种泥土香,首先来自诗作对农村生活的真实反映上。苏金伞是带着满身的"土腥气"闯入文坛的,在以后近六十年的岁月里,两只慧眼又紧紧地盯住农村不放。巍峨壮观的太行山脉、奔腾澎湃的黄河巨浪、沃野千里的豫东大平原以及生活在这里的人民的辛酸、痛苦、悲愁、哀吟和由此而引起的反抗斗争,加之反抗胜利后的喜悦都在诗人的作品里得到了反映。试以《我们不能逃亡》为例。此诗载于一九三七年胡风主编的《七月》第一期上。这时正值"卢沟桥事变"发生不久。一方面在以共产党为核心的抗日民族统一战线的领导下,万众一心,同仇敌忾,在辽阔无垠的祖国大地上到处燃起了抗战的熊熊烈火,处处回荡着驱除敌寇、还我河山的吼声;另一方面则是国民党反动派一泻千里的大溃退,和日寇有恃无恐地烧杀、抢掠、奸淫的暴行。在这样的时候,诗人把欢喜、愤怒、仇恨诸种情感凝聚笔端,向着四万万骨肉同胞大声疾呼:"我们不能逃生",不能离开我们的故乡,因为那里有抚育过我们几十代祖先,而今"又哺育我们和儿孙"的土地:

> 我们命定了和庄稼一样在土地里生长,/挪到别处就要枯黄……

凝重、深沉的感情与中国农民的命运、抗战以及故乡、故土、家园紧密地结合了起来,强有力地表达了那个时代广大农民的生活境况和心理状态。

其次,这种泥土香来自诗人高歌劳动的诗篇里。苏金伞从一九二六年在《洪水》上发表处女作至今,直接和间接描写劳动的诗几乎占了他整个农村诗作的三分之一。这劳动又因时代的不同而有着"质"的区别。总括起来说，苏金伞诗中的农民经历了这样三种不同性质的劳动。一种是在帝官封三座大山压迫下的劳动。这种劳动是为生活所迫，为人所逼，是奴隶似的，同时也是很残酷的。与这一种劳动性质相反的是志愿劳动。这种劳动主要体现在刚获得土地的农民身上。经过世世代代的艰苦奋斗、流血牺牲，劳动人民终于从地主阶级手里夺回了应该属于自己的土地。对"农民的要求和心理状态"十分了解的诗人，自然是能窥探到农民心灵深处的秘密。《三黑和土地》一诗所表现的就是农民为自己志愿劳动时的情景。诗作把农民分到土地后的喜悦以及在自己的土地上精耕细作的场面描写得惟妙惟肖，大有可感可触之态。另外，诗作对三黑的思想境界也写得比较开朗可爱。他在田间小憩的时候，听见荞麦地里蝈蝈儿的叫唤声，瞬间便引起了对童年因逮蝈蝈儿而遭地主痛骂的回忆，此时此刻他是多么想招呼从地头路过的孩子，"快去逮吧，你听，叫得多么好"……人们的觉悟程度是和社会、时代紧密相连的，崇高的理想是有现实生活做基础的。三黑所处的那个时代就决定了他为自己志愿劳动的思想境界，若拔之过高则会失去真实。苏金伞笔下的再一种劳动就是农民自觉自愿地为革命、为"四化"的愉快劳动。《太行绿意》中石玉殿的劳动就属于这后一种。为了开辟一块林业基地，他一年四季都是"前半夜有月就早上山，后半夜有月就早起床"。大年初一，别的家庭都是欢欢喜喜地走亲访友，而他却带领一家老小去山上"探望"刚栽上的树苗。《心愿》也是一篇表现农民为革命愉快劳动的佳篇杰作。

　　再次，这种泥土香来自诗作朴素的语言里面。在谈到自己诗的艺术风格时，苏金伞曾说了这样一段话："诗贵朴素，我终生追求的就是这两个字。因为土生土长，身上和灵魂都浸透了泥土的气息。一切华丽的外衣对我都是不相称的。而且我根本就不会用彩色的羽毛炫饰自己。"苏金伞一生的写作，也的确是沿着这个轨迹前进的。他的诗大部分是取材于农村，人物也多是农民，其语言也自然是来自乡间。但这又绝不是农民口语的照搬，而是经过艺术加工了的北方农民的口语，具有粗犷、豪放、清新、幽默等特点，并且还富有哲理性和趣味性。如组诗《农村新歌》中关于"扫帚"和"粪堆"的描写就很有典型意义。"扫帚""粪堆"都是农村中的常见之物，与农民有着天然的不解之缘，但它们在艺术上却丝毫引不起人们任何的情趣，而且彼此间又缺少必然的联系，因此过去很少有人去表现它们。偶尔有之也多是作为"丑"类来描写的，然而它们一旦在苏金伞的笔下出现，顷刻间便给披上了一层美丽的色彩。

原载《殷都学刊》1986 年第 4 期

论诗人苏金伞

刘家骥

苏金伞1906年出生于河南睢县董村一小地主家庭。从《出狱》于1934年在《现代》发表算起,在诗坛耕耘的岁月已50余年了。50多年来,诗作可查者约300首,出版的诗集有《地层下》《鹁鸪鸟》《入伍》《苏金伞诗选》四本。

苏金伞是和艾青、臧克家同时代的著名诗人。在王瑶主编的《中国现代文学史》里,其姓名同任钧、方敬、金迈、徐迟并列,说他们"在抗战后期和解放战争时期也写了不少诗篇"。在近几年出版的所有综合性诗歌选本里,都有其诗篇的地位,如《头发》入选周良沛编的《新诗选读111首》,在白崇义、乐齐编的《现代百家诗》可读到《睡眠》和《地层下》,《农人的脊背》见于刘家骥、单占生编著的《现代抒情诗选读》。

苏金伞1923年毕业于开封第一师范。60多年来,大部分时间生活、工作在中州大地,曾历任省文联、省作协副主任(席),就我省诗坛说,应称之为领袖。因为他不仅同我省已故老诗人徐玉诺、于赓虞曾同学于第一师范,又较他们写诗时间长、成就大,而晚于他的我省许多诗人多数又是得其扶植或受其影响而名扬诗坛的,人们谈起苏先生,没有不敬重其人、颂赞其诗的!

综论苏金伞诗的特色与成就,不仅是弘扬中州文化的需要,而对于诗创作的发展与繁荣,尤有重要意义。

一、现实主义·泥土芳香

苏金伞自己说:"我正式发表作品,开始于三十年代,第一首诗《出狱》,发表在1934年6月号《现代》杂志上,因为是亲身经历和真实感情,写来不加雕琢,比较自然,实际上也开始显示了自己的诗风。"①

1989年,在一篇针对"新诗潮"某些表现写的《论诗"短见"》里,诗人在评论"表现自我"说时用更为周密的语言写道:"自我也是社会中的自我,是历史上的

---

① 苏金伞:《苏金伞诗选》,人民文学出版社,1983年。

自我",不能不受外界事物的影响,诗"应从生活出发",在生活里"浸染""溶解""酿造"。

一贯坚持现实主义,散发泥土芳香,是苏金伞诗的一个显著特色。

翻开经过诗人自己筛选、1983年出版的《苏金伞诗选》看一看吧,从《出狱》开始,到《海的收获》结束,哪一首不是写的诗人自己的"亲身遭遇和真实感情"?哪一首不是现实生活经过诗人心灵"浸染""溶解""酿造"的产物?从旧社会农民的悲苦、反动政治的暴虐,到解放区后《在汝河岸上》的欢笑、翻身农民的喜悦、新中国成立后的风风雨雨,苏诗都有所反映。从苏诗里,我们可以看到50年来国家、社会、农民从黑夜到黎明艰难行进的步履、诗人自己的遭遇及不同时期心灵的悸动。

人们曾以"诗史"二字称赞杜甫的诗,我不是有意以伟大诗人杜甫作参照,盲目拔高苏金伞的地位,事实确是如此。

以写"亲身经历和真实感情"为出发点,苏诗的内容是相当广阔与丰富的:有《雷》《控诉太阳》《民主和自由》《鹈鸪鸟》等闪耀着思想锋芒和艺术光彩的政治抒情诗、讽刺诗,有《绝壁上》《缆绳》《战士》等歌颂工人、干部、士兵的诗,有《太行山》《海的收获》之类寄情托意于山水大海的诗,但写得最多(特别是三四十年代),更有光彩的诗,则是反映农民的疾苦、希冀及新生活的那些作品。《农人的脊背》《跟妈妈说》《三黑与土地》《大麻叶》《场边夜话》等,当永存于诗史中。

在旧社会,那"拖着一条长辫"的父亲,"被城里来的差人"吊在树上,抽打着要钱粮,做吊绳的竟是那长辫;在农民"弯曲的脊背"上,"经常有犁耙和箩筐挤压的纹印、绳索抽勒的伤痕";可怜的孩子,因摘不到一把充饥的荠荠菜或榆钱而向妈妈哭诉……在封建制度、反动政治的重压下,他们的命运何等悲苦!

新中国成立了,农民分到了土地,"就把整个生命投入了土地","三黑一边耙地,一边想着:翻身的人心里真甜,他笑嘻嘻的连嘴都合不上"。历史进入80年代,在三中全会方针政策的指引下,农村又有新变化,深夜的麦场边,你可以听到两个青年男女吃吃笑声和悄悄情话……

诗人就是这样真实、艺术地记录了50年来中原农村的历史、农民的辛酸和欢乐。在这些诗篇里,我们可以感受到诗人同农民的联系多么密切:他熟悉农村,深切地理解农民,心同农民跳动在一起。而所有这一切,又是以农民的语言、朴素的形式为载体,这就形成了泥土气息浓郁的特色。

任何艺术风格的形成,都同作者本人所处时代和亲身经历有重要关系。苏金伞生长在农村,他自述说:"十二岁以前,完全是在农村生活,一步也没有离开过家和我的那个小村庄——豫东平原上的一个小小村庄,只有几十户人家,每一户人家,从老人到婴儿,我都熟悉。"上学以后,离家远了,"但每逢寒暑假还是要回家的。因此,二十二岁以前,我基本是在农村生活的"。① 再往后,无论是在河南大学做体育教员,还是在黄河水利专科学校,当时这俩学校又恰恰都在山沟沟的穷乡僻壤里。

追寻诗人的足迹,我们就不难发现此艺术风格形成的原因了。

二、朴实无华·饶有诗味

苏金伞诗除了坚持现实主义道路、有浓郁的泥土气息这一特色外,单从艺术方面着眼,另一显著特色可用"朴素、有味"四字做概括。

诗人在其自选的诗集"序"中说,几十年来,有三个不变的"老主意,其一就是在风格上力求朴实无华,带有泥土气息,并在朴实中透出清新"。由此可知,朴素是诗人的一种艺术追求。何谓朴素?诗人在同一"序"中说,从《出狱》开始,实际上就已显示出这一诗风来。试以该诗为例,略作说明。这首诗写的是诗人自己在踏出被囚禁了三年的监狱行走在街巷的形神、心态,有真切动人的厚实内容,单就形式而言,有如下几个特点:

用平平常常的口头语言(作为文学的语言,自应有必要的选择);

没有或很少有华采辞藻与形容语;

排列以四行为主,但又不受此拘束,或四行或三行,因内容而定,不勉强求整齐;

虽有韵,但用之甚少,且有变化,服从口语之自然,决不强凑韵脚——也可以说不讲究押韵。

总之,写诗如说话,言所当言,顺乎自然,有"清水出芙蓉,天然去雕饰"的妙趣。

从《出狱》以后,经历 55 年,1988 年发表的《太行山》(组诗)、《秋猎》(组诗)仍大体如此。

近两年诗坛上有一批所谓"第三代"(或称"后新诗潮")的年轻诗人,在其鲜明的反传统旗帜下张扬"平民意识",也主张用口头语写诗,怎么说就怎么写,自由得很,这自然也可称之为"朴素",但实非诗之朴素,我以为是不足取的。朴素不等于无技巧、无语言的选择与提炼,它其实是在熟练掌握了技巧、有很高语言能力的基础上诗人所追求的一种美,如大智之若愚,出于清水之芙蓉,是很不容易达到的一种境界。关于诗要不要技巧的问题,请听诗人自己怎样说的吧:

---

① 苏金伞:《我是怎样写起诗来的》,《诗刊》,1981 年第 3 期。

"写诗要不要技巧？掌握语言的能力已很熟练,控制浮泛粗俗的能力已很充分,就不需要玩弄技巧",诗之深度在意,"而意靠技巧是得不到的。有些青年刚写诗,就提出反对技巧,我看也不一定适当"。①

苏金伞的这一见解是其诗作的最好说明,仍以《出狱》为例。从表面看,你只觉得诗人好像不是在写诗,而是在不动声色地诉说着迈出狱门行走在街巷时的情景,没有什么雕饰,然而,为了意之有深度,写什么情景与细节,大而言之,这里就有选择与提炼的技巧；小而言之,又有遣词炼字之功力。你看,"挟着三年前的旧行囊""侧身在墙下行走""便不得不侧目俯视着行人的脚跟"等句,几个动词,何等精确,又有何等丰富的内涵。

有味,是苏金伞的又一审美理想与追求。在《我开始写诗的时候》里诗人自述说:"从那时(作者按:《出狱》发表时)起,我就主张诗要含蓄、有嚼头、有余味,一览无余,总不能算好诗。"有什么样的审美理想与追求,自然就可能有什么样的诗。统观苏金伞的全部诗作,虽然未必篇篇都含蓄有味,但大部分特别是传诵的佳作,确都蕴含深厚。

《出狱》表面看,写的只是迈出狱门走在街巷时一个出狱者讲他怎样迷茫、胆怯、想念同炕难友,而在你品味这平静朴实的讲述时,不能不感叹在诗人所生活的那个时代里一个革命者或追求进步者处境的艰难与险恶,它可以引起你许多联想与思索。

"文化大革命"给予国家和人民的灾难,罄竹难书。它使许多人同诗人一样遭受迫害,也令许多人胡作非为,丧失人性。诗人在用诗来反映这一重大主题时,没有从正面着笔,没有愤懑的感情抒发,以《遗憾——一件往事》为题,用平缓的语调,诉说了自己的一件往事。

　　大雪/掩埋了村庄,/封锁了一切来路,/堵住了我们的小木窗,/积满窗外的牲口院。

开头写天气、写环境,寥寥几句,使我们可以想象出风雪之大、政治氛围之寒冷,诗味深厚。接着叙述"我们"如何在草料屋"靠墙坐在被窝里","庆幸今天可能无事",就在此时,"专案组忽然通知我","有人来外调",外调者"竟是一个柔弱的女子",她对我分外亲切,虽然"我"并没有讲什么,她临走时还"握手致谢"。从侧面切入,以反常写正常,特别是当我们读到"外调曾使我痛苦/比夜半起来站在冷风里,在高音喇叭下听最新指示还可怕"这几句时,我们的心不禁颤抖了,这平缓的讲述,能唤起我们许多联想,它蕴含了多么丰富、深刻的内容啊！

① 苏金伞:《论诗"短见"》,《诗刊》,1987年第6期。

苏金伞的许多诗，便都是这样于朴实中见深厚，越咀嚼越有味。

司空图在《诗品》中说："不着一字，尽得风流，语不涉难，已不堪忧。"讲含蓄、求诗味，是我国古典诗词的艺术特点与优秀传统，是诗之所以为诗的重要特质之一。在80年代兴起的新诗潮中，许多评论家与诗人，更推崇这一审美原则。不过，他们的思想主要来自西方现代派，并非传统诗学的继承，他们以"朦胧美""多义性"代替"含蓄""诗味"，他们过分强调读者的参与，有些诗"朦胧"到晦涩难懂、莫知所云的地步，所谓"多义"，实际"无义"。《三原色》诗作者车前子就公然说：他也"说不清"这首诗究竟表现的是什么，"让读者和作者共同完成一首诗，不是更好吗"？

苏金伞诗的"含蓄""有味"，自然也多少有些"朦胧"，也要有读者的参与，但却都是可以和读者的心灵相通，无论怎么"朦胧"，在读者思索、品味之后，都不难发现其言外之意。他本人也曾多次讲过晦涩难懂不是好诗。

我以为，在当前明确苏金伞诗创作的这一特色，总结其创作经验，对于引导新诗的发展，有着重要的意义。

三、不断进取·永葆青春

乡土气息、朴素、有诗味，三者融合，形成了苏金伞诗特有的风格，而苏金伞诗的永葆青春、艺术上的不断进取，在所有有成就的诗人中，也是很少见的。

诗，属于年轻人。因为诗这种特殊的文学样式要求于作者的是，感情世界丰富，想象能力活泼，艺术感觉敏锐，据说20—30岁的年轻人，恰处于旺盛时期。到了老年，特别是70岁以后，这些气质有所衰减，一般地说，诗艺自然也就随之退步了。

而苏金伞则不然。10年浩劫过去，当1978年读到他复出后的第一首诗《绝壁上》(《诗刊》)时，已满头银丝、七十有二了。此后10年来，诗情不减当年，不仅仍然焕发着青春的光彩，而且，同过去相比，无论是思想、艺术都有某些发展。

首先是题材的路子宽了，有歌颂工人、干部及寄情山水的诗，揭露"四人帮"、反思"文化大革命"的政治诗，除仍有40年代揭露国民党反动派那些诗的激情和锋芒外，有些又多了一些哲理，内容也更深沉。

在这首用血与泪、爱与恨交融的感情写的《题张志新烈士像》里，诗人启发读者和他一起思考造成祖国、人民厄运的原因，用振聋发聩的声音发问："怎么会出现那么一个日子？"愤怒地呼喊：

> 以个人的喜怒决定人的生死的年代/决不许再重复！/以个人的爱憎决定人的荣辱的年代/决不许再重复！

《反省》在慨叹"我们民族的一个伟大战士"刘少奇于开封古城"痛苦地结束了他的一生"的同时，诗人提出一个严峻而又令人痛心的问题：

> 我们的民族呵，今天需要反省：/这样一个拯救了自己的英雄，/本来该伸开双臂拥抱他，/却不得不任人举拳头把他打倒，/还要踏上一只脚，永世不得翻身。

其次，苏金伞过去的一些诗，大都是靠生活根底之深厚，以其特有的艺术敏感，从生活里选取典型情景构思成篇的，写实成分重一些。70岁以后的某些作品，想象更丰富了，艺术感受更敏锐了，构思、技巧方面的考虑似乎又多了些。

我特别喜欢《试马》：

> 满园苹果花，/摇红了万树春风；/一队白马驰过，/响起千里银铃。
>
> 骑在马背上的是/一排刚入伍的新兵，/花开来试马，/愿和一切生命一同起程。
>
> 苹果园也像是骑上马背，/扬枝飞上天空；/马蹄下大地在疾飞，/祖国啊，今天多么年轻！

热情洋溢、想象超拔、诗意盎然，哪像出自满头银丝的老诗人之手？"一排刚入伍的新兵"在苹果园边"试马"的这一生活情景，触动了诗人的心灵，于是写出了这首热情歌颂我们社会主义祖国的好诗。诗人在我们眼前展现的是一个美妙、神奇的世界。诗人把"一排刚入伍的新兵"苹果园"试马"的这一生活情景，安排在那"万树春风"正摇红了"满园苹果花"的背景上，绿树、红花、白马、春风驰荡，银铃叮当，有色彩、有声音，融合了诗人的多少丰富想象和奇妙幻想，这是诗人进行艺术构思、巧做安排的结果。

再读《山口》。深山口横一座小桥，桥头有一片草地，这里有啼叫的百灵鸟、明亮的阳光、带着红色杜鹃花瓣铮铮流过小桥的一股响泉。诗人凭靠他丰富的想象及高妙的技巧（如"通感"），所写的鸟、太阳、响泉似乎都有生命、有灵性："百灵鸟一叫"，阳光就"显得特别明亮"，"好像倾泻的不是光线而是珠贝"，响泉竟是那从各个山头向下流淌的珠贝汇成的。于是呈现在读者眼前的山口景色，就不仅绚丽、生动，富有神幻色彩，而且能调动起读者的想象力，真是要多美就有多美！结尾"快些进山去吧！山口不过是春天的咽喉"，又把读者的想象力引向深山。山口如此，山里风光当更绮丽。这首诗，与其说是写山口，不如说意在写深山，写山口也不是什么都写，只写小桥与一片草地，以一当十，言少意多，意在言外,诗味分外浓郁。

应当指出,苏诗能永葆青春,并不是诗人有什么特异的诗人气质,奥秘在于他的努力与不断进取。他是在大量阅读了唐诗宋词及中外新诗的情况下,写起诗来的。在其开始发表诗作的卅年代,正是"普罗文学"盛行时期,反映在诗是重政治宣传、标语口号多。他没有简单地趋附时尚,而着重学习与之审美观不同、冷落于一隅的卞之琳甚至"诗怪"李金发,但他又不以李诗的晦涩难懂为然。他善于汲取各方面营养,从而形成自己独有的风格。

到了80年代,异彩纷呈、百花齐放涌现出一批同传统相悖的年轻的新潮诗人,一时大有主盟诗坛的气势,苏金伞热情关注新潮诗的发展,对此有批评也有肯定。他此时已是颇有成就、影响的老诗人了,并不保守,也尝试着写了几首多少有点"新潮"味的诗。请读《竹篙》:

  竹篙/总是喜欢不断地淌着水滴,/越过握着竹篙的手又流到水里去。

  竹篙/总是喜欢不断地有手握着,/在小河里刺进又抽出,/越是溯流艰难,/越能感到手的力度。

  竹篙/总是喜欢小船吃水深深的,/深得跟船舷平,/每一侧歪,/就会爆发出一阵惊呼后的宽慰。

  竹篙/总是喜欢河水不断地从冬流到春,/从山峡流到平地。/结成冰太冷,/干涸了竹篙也烂成泥。

诗仅仅是写竹篙如何吗?显然不是。竹篙,作为象征物象,诗的内涵可以有"多义",例如你可以想象出诗人是在赞美运动、生命的不能止息,处在艰难险阻者,也许可以从中得到宽慰与鼓舞……

不趋时,不保守,在诗创作道路上,苏金伞在不断进取中,永葆青春。

祝苏老健康长寿!

原载《郑州大学学报》(哲学社会科学版)1990年第3期

纯朴的语言　深情的歌唱
——杂谈苏金伞诗歌的语言风格

朱　强

风格即人，首先是真正的人、真正的战士，才能成为真正的诗人；只有真正的诗人，才能谈到诗的风格。河南著名诗人苏金伞，就是一个真正的人、真正的战士。从二十多岁发表诗歌以来他就努力追求自己的风格，他的诗已经形成了独特的风格。

一、朴实无华而又透着清新、透着泥土的芬芳

苏金伞生在中原农村，也长在农村。后来由于大家熟知的原因，他又被下放到农村劳动改造，他称得上是农民的儿子、土地的儿子。他熟悉农民的生活、性格、心态、理想和追求，他与农民同甘共苦，同悲共喜。他熟悉农村的山水草木，熟悉农民的语言，他诗歌的语言就是经过千锤百炼的鲜活、生动的有农民声气的口语。他把自己的血肉和情感熔铸成诗，这诗又同农民融成一体。他就像北方的农民那样，纯朴无华，平平常常，到老还是一脸憨气，一身倔强的性格。你看他诗歌的题目是那么简朴、通俗：《稻草担子》《摘棉花》《芦花和棉絮》《货郎挑》《跟妈妈说》《破草帽》《鹁鸪鸟》《在汝河岸上》《三黑和土地》《豆》《老牛回家》《农技站派来一位女同志》《扯秧》《歇畔》《听苏殿选发言》《蒲公英》《送鞋》《修桥》《劳军小模范》……我们读他的诗，最易身临其境，因为那都是真实的生活本身，那一人一物、一言一行都那么朴素自然，正像诗人自己说的那样，没有酸溜溜的学究气，没有小市民的油腔滑调。他不习惯着意去雕饰诗的语言，用的都是极普通极平常的口语。你听：

　　我担着稻草担子，／跟别的年轻人／一同往稻场里跑。／我喜欢那稻草的气息，／喜欢那熟透的稻粒／因闪动而发出的声音。（《稻草担子》）

在这由六行组成的诗段里，没有用上一个形容词去修饰，所选用的词绝大部分是基本词，这是最具有全民习用性的词。再看：

> 孩子爬在地下啃泥土,／声音已经哭哑了,／妈妈毫不关心地在摘花;／对于怀中的棉絮,／却又如此地溺爱。(《摘棉花》)

在这段诗中,也没有用一个形容词去修饰,照样用的是基本词。再看:

> 妈,我一挤眼,／就看见荠荠菜／一棵压一棵地生在眼前,／把夜空／铺得不剩一条缝;／要是地里也有这么多,／今天晚上／也可以吃一顿饱饭啦。(《跟妈妈说》)

苏金伞的诗是极富口语化的,在他的诗里,选用了不少单音节词,像这段诗中"眼""生""剩""缝",我这里说的是这些词都有它们相应的书面化的双音节词:"眼睛""生长""剩余""缝隙",而连"妈妈"也说成"妈"了。有时用上几个带有中原色彩的语气词,更使他的诗情真意切,令人有亲切之感:

> 我拍着她的头慰解着:"以后我们还要来哩。"(《雪中开拔》)

但是朴素不是拘谨呆板,不是苍白无力,那些从生活中总结出来的平常的动词、形容词等词语却放射出艺术之光,它们生动活泼,它们透着灵气,闪动着色彩,有极强的表现力。那是生活本身的灵气,那是生活本身的色彩,就像世界原本拥有赤、橙、黄、绿、青、蓝、紫一样。朴素也不是粗俗,苏金伞的诗歌语言是美丽的。你听:"叱咤一声／呼开了冬的闸门",其中这个"呼"字锤炼得多么好!有气魄,是如此精练,如此生动传神,真是妙不可言!苏金伞诗中的动词绝大多数都是极平常、极普通的,但它们被贴切地安排在诗句里,有时勾勒出一幅画,有时描写出一种情态。请看:

> 来了一位骑马的客人,／后头跟着心爱的小管家／背着布袋提着斗。(《破草帽·客人》)

仅三行诗,就画出一幅《催租图》,我们仿佛看到他们横眉立目、耀武扬威的神气。再看《雨》中的一段:

> 一声霹雳推进一个老人,／锄头带进一段红闪;／阔檐草帽滴着水珠,／白色的胡须贴在胸前。

一位飒爽英姿的老英雄的形象呈现在我们面前。动词、形容词都是那么平平常常,可是被诗人巧妙地连缀在一起就放出艺术的光芒。动词运用的另一特点是诗人常常把它们置于谓语中心之处,用它们构成拟物,这一点将在第三部分详谈。他的诗虽朴实无华,但总是给人清爽新鲜的感觉,按诗人自己的话说:"我是有意形成一种自然朴素的美的,如果还有清新,那是诗的内在里的,含蕴

在诗的构思和意境里。"①在《山口》一诗中,诗人把"山口"比成三中全会后改革开放的窗口,构思巧妙,语言清新:

> 一座小桥横在山口,/连着山里山外的阴晴,/桥头一片草地,/吸引着所有人的眼睛。//这草地就像童话里诱人的绒球,/跟着它就可以一步一步走入奇境,/你看那层峦后面不是半山杜鹃花?/在云端不是还浮着一座仙宫?//……/站在山口,调整一下呼吸,/试一试想象力是否丰富,/快些进山去吧!/山口不过是春天的咽喉。

诗人有坚实的生活实践,有敏锐的洞察力,明察秋毫,善于选取平凡的事物,驰骋想象,赋予它们新的寓意,使人感受到清新而葱茏的诗意。他写人,也写物,有时人和物交织在一起,写物是为了写人;写人的时候,小且平凡至头发、农人的脊背;写物的时候,有雷、雨、雪、风、江、海,有斑鸠、燕子、鹁鸪鸟,有芦花、棉花、稻草、桐叶、大麻叶、蒲公英……从语言到内容总是别具一格,使人有新鲜之感。他的诗大部分是写农村生活的,从诗中我们嗅到了"稻草的气息",我们听到了"那熟透的稻粒因闪动而发出的声音";我们看到了紫色的菊花、绿色的黄瓜、南瓜的叶蔓、白色的棉花和荞麦花,也看到了穷人的菜:荠荠菜、榆树钱,还闻到了各种星星般繁多的野花的清香;我们听到了蝈蝈儿、蟋蟀和各种鸟的啼叫声,看到了白鹅在慢悠悠地散步;我们更看到了黑油油的土地和土地上的一切,那里生长着农民的苦痛和欢乐……这些诗不是单纯地讴歌自然的,农村也绝不是世外桃源,在这里融入了诗人对农民的同情和挚爱,对剥削压迫农民的统治者的憎恨以及对把芬芳的土地从财主手里夺回来交还给农民的解放者的赞扬与感激。

诗人以自由体的形式写作,这本身就是一种朴实无华。他并不讲究诗行的整齐和押韵,诗兴一起,即信笔挥洒,诗歌的节奏是随感情的起伏和语气的轻重而变化的,是自然的节奏,不凑句凑韵。他的语言有一种情绪波动的旋律。他极少用民歌体和顺口溜,更不用律诗形式。

二、含蓄、深刻,透出哲理之光

朴实无华也不是直白浅露。苏金伞的诗不是一眼就能看出诗意的,它们深刻剔透,耐人寻味而又无晦涩之嫌,有些则具有哲理性。像写于 1942 年的《无

---

① 苏金伞:《我开始写诗的时候》,《星星诗刊》,1983 年第 4 期。

弦琴》,构思巧妙,含蓄深刻。诗人或许是借无弦琴自喻,表现了在当时形势下的难言与渴望同群众一起投入战斗,在战斗中得到升华的激情,很有点"凤凰涅槃"的味道。这种渴望战斗、渴望革命暴风雨的激情没有用浅白的标语口号形式表露,它很深沉地寄寓于这个闲挂在墙上落满灰尘的"无弦琴"上,耐人寻味,引人深思,留给人不灭的印象。诗人借一片黄叶委婉、含蓄地赞美了自我献身的崇高精神,这片黄叶"不久以前/它曾有过愉快的负载,/等人间感到了寒冷,/它便卸去了牵挂,/给人以更多的太阳,/黄叶铺满了街道,/从不回避人们的践踩"(《黄叶》),直到它们变成泥,人们忘记了它们的形状。诗人又借芦花和棉絮这两种具体、鲜明、富有特征的形象含蓄地把自己抑和扬的情绪表现出来,从中可以体味到诗人之所爱和努力追求的理想是无畏的奉献精神。他借田野上普通、平凡而生命力旺盛的蒲公英委婉、深情地唱出对农民的赞歌。他不是哲学家,但是他却写出了富有哲理性的庄严的诗。反映旧中国贫富之不均,统治者对被统治者的欺压凌辱,这不是最明晰的哲理吗?被压迫者渴望革命,渴望并坚信新世界曙光之到来,这不是最明晰的哲理吗?诗人在《农人的脊背》中历数了农民的悲苦命运、他们的创造,歌颂了他们的力量:

你看,那满载谷物的大车,/像山一般重,/一声呐喊,/就被掀翻在禾场上。//现在/就正用这同样的姿势/来掀翻另一种更为沉重的东西,/——那牢牢地压在脊背上的残酷的统治。

今天,在社会主义中国,要富强,就要改革、开放,他富有远见卓识地暗示读者,"山口"是我国改革开放的窗口,他昭示人们:走进山去,那里将是山花烂漫的春天。

要做到含蓄、有哲理性,对诗人的要求更高,他必须有丰富的实践、敏锐的洞察力、思辨的头脑、对事物准确的认识和明确的态度,这样,才能使读者于委婉含蓄中寻求诗的真谛和真情。它绝不应该晦涩,也容不得丝毫的"模糊"。己之昏昏,如何使人昭昭?你看:

有终年的沉默,/才有破天的轰响;/有辽阔的天的幅员,/才有不羁的行踪。//声中有雷,/跟光中有太阳一样;/太阳不私有光/雷也不顾惜声音。(《雷》)

诗人的观察是如此深刻、辩证,判断是如此精确,口气是如此坚定,而用语又是如此的含蓄和婉约,字字是哲理的闪光。

三、娴熟自如地调动多种修辞手段

苏金伞的诗朴实无华,但绝不平淡,他的诗是相当精彩的,其中运用多种修辞手法是重要的因素之一。诗人重视这个因素,他总是寻求最佳修辞手段来加强诗歌的表达效果,所以他的诗是动人的,也是美的。

诗人善于用拟人化手法把描写的事物写得富有灵气,写得诗意盎然。时而把秋天的小河比拟成可爱、羞涩的小姑娘,时而把雷比拟成光明磊落、无私无畏、给大地带来生机的英雄,时而声色俱厉地控诉太阳,斥责他为什么允许在辉煌的朗日下杀害我们敬爱的闻一多先生,时而赋予翻身农民地里的麦籽儿以人的感觉和举动……在诗人的笔下,一朵小花,一棵小草,一条蚯蚓,一只小鸟,一条小河,风、雷、雨、雪,总之,万事万物都活灵活现,生动至极。

在比拟手法的运用中,拟物的运用很有特色。诗人常把此物拟成彼物,赋此物以彼物的特点,这种特色常常是在谓语的位置上巧妙地安排一不属于此物的动词形成的。言简意赅,新颖雅致,起到画龙点睛的作用。你看:

雨声织成农民的梦,/在梦中又时时清醒。(《春宵伴着细雨》)

随着一轮巨大的红日,/跃出一个辉煌的早晨。/……/欢乐无羁的荞麦野,/到处追逐着绿色的晨风;/农民是这样认真耕作,/从汗珠里溢出笑容。(《最好的早晨》)

蒲公英在暗暗繁殖。(《蒲公英》)

他的梦似乎已扎了千丈深的根。(《红灯》)

而制造灾害的人们,/在上面种植更多的灾害。(《农人的脊背》)

没有细致的经久的观察和体验,就不可能比拟得如此恰切、自然、逼真;没有巧妙的构思,就不会唱出这人与自然化合一体的歌;没有一片痴情、鲜明的爱和憎,就不会把诗人的情感融于其中,使人感动。

苏金伞也善用拈连辞格,这种辞格是有感而用的,诗人在运用这一辞格时并没有循规蹈矩,而是根据诗歌的表达特点,根据抒情的需要,创造性地运用的。有如下几个特点:

第一,常式用法。

像:"……母亲曾在那里舀过来。/舀出了满天的星辰,/舀过了一遍又一遍的更声。"(《台阶上》)又如:"河流挣脱冰雪,冲出峡谷,/在空阔的天地间奔泻;/泻进人们的血液,/泻进人们的心怀。"(《最好的早晨》)有时是句与句相拈,有时是段与段相拈。段与段相拈如:"你看,那满载谷物的大车,/像山一般重,/一声呐喊,/就被掀翻在禾场上。//现在,就正用这同样的姿势/来掀翻另一种更为沉重的东西,/——那牢牢地压在脊背上的残酷的统治。"(《农人的脊背》)

第二,不出现甲词,而只出现甲词存在的语境。

例如:"瞎子的算命锣,/叮叮当当地敲着自己冷清的命运。"(《窗外》)及"蒲公英根植在农民的心上,/烂入农民的记忆,/又在农民的坟地上生生不息。"(《蒲公英》)

这种形式很像拟物,但我认为一是这种形式的拈连,甲词出现的语境已经存在,像瞎子敲算命锣,蒲公英植根在田野上,在农民的坟地上。一是这种拈连格不出现的甲词可以比照乙词填出来,而且一般说只限于词,而拟物则不出现比拟的语境,它不出现的是甲物,用物的潜台词往往不是一个词所能表达的,而是一段话。比如我们举的第一例,完全可以填出甲词:瞎子敲着算命锣……而"有着灵敏的触觉的旗子,/流着潺潺的阳光"(《迎接自己的队伍》),没出现的甲物是什么呢?我们联想的潜台词是:诗人把阳光比拟成潺潺的流水,在旗子上流动。说得明白一点就是:灿烂的阳光映照着火红的战旗。而且我们能加上比喻词:阳光像流水,阳光是流水。拈连一般则不好填比喻词。

第三,乙词出现的句子用比喻完成。

如:"今天,豆子种在自己地里,/跟种在自己心上一样……"(《豆》)及"山坡上绿色的麦流,/蜿蜒地一级一级地泻下来,/在平地/汇成一片汪洋。"(《雨后》)

第四,甲词出现,乙词与甲词近义。

如:"人们后悔不该把桥板搭起来,/又和灾害紧紧地连在一起。"(《秋天的小河·板桥》)

除了成功地运用比拟、比喻、拈连辞格外,诗人还运用了对比、示现、移就、夸张等多种辞格来加强诗的表达效果,恕不赘述。

原载《郑州大学学报》(哲学社会科学版)1992年第6期

率性而为 发自真心

谢 冕

埋葬了的爱情

苏金伞

那时我们爱得正苦
常常一同到城外沙丘中漫步
她用手拢起了一个小小的坟茔
插上几根枯草,说：
这里埋葬了我们的爱情

第二天我独自来到这里
想把那座小沙丘移回家中
但什么也没有了
秋风在夜间已把它削平

第二年我又去凭吊
沙坡上雨水纵横,像她的泪痕
而沙地里已钻出几粒草芽
远远望去微微泛青
这不是枯草又发了芽
这是我们埋在地下的爱情生了根

作者注：几十年前的秋天,姑娘约我到一个小县城的郊外。秋风阵阵。因为当时我出于羞怯没有亲她,一直遗恨至今！只有在暮年的黄昏默默回想多年以前的爱情。

86岁作于1992年5月27日

古今第一等文字是无遮拦、不作假、率性而为、发自真心。这里当然也有技巧,无技巧便不是文学,但这样的诗文往往超凡脱俗,不用形容。技巧到了纯熟之处,全把那一切机关隐到背后去了。大凡年轻气盛,往往藏不住自己的才华机智;及至年事渐长,参透人生枝枝节节,托出的却是那份澄澈空明,这时,技巧于它便成了多余。读那文坛大师老年作品或与他们交谈,都有一种凝丰富于平淡、寓深刻于自然的魅力,他们无须炫耀,也不用夸饰,却端的是炉火纯青的境界。

苏金伞这首《埋葬了的爱情》,是在暮年回忆青春期的爱情往事,袒露、挚真、朴素而全无斧凿痕迹。全诗三段,首段写二人郊外约会,她手拢沙堆做了一个爱的墓茔;次段写次日他一人独往,风吹平了沙堆;末段写次年又是一人独往凭吊遗踪,枯草发芽,埋葬的爱情已在地下生根。以平淡写刻骨铭心,愈是不用形容,便愈见深郁强烈。世间无数花前月下、男欢女爱,却不如这平常说来的震撼人心。

诗后作者附注更是一段不可忽视的奇文字,我以为其意义甚至胜过诗的正文。"当时我出于羞怯而没有亲她,一直遗恨至今!只能在暮年的黄昏默默回想多年以前的爱情",这是一种童稚般的纯真!最动情处,便是最坦率处。因为当年的羞涩而铸成了终身的遗憾。这种失之交臂,却是无可补偿的天老地荒的哀痛!

人生无常,沧海桑田,诗人钟情一生的女子也许已不在人世,即使健在,也许竟已忘却。但当一切都不在的时候,唯有那一缕亘古不绝的情思,却缠绕着、牵萦着那未曾老去的诗心。对于不能如愿的爱情的思念,伴随着那最后一回未能抱吻的遗憾,经数十年风雨以至于今。

诗人写此诗时已86岁高龄。这样的年龄,往往是无牵无挂、不忧不喜,但却为青春年代的一段情、一个吻而在人生的黄昏时分独自默默地痛苦着。这样的文字诗史上有,但也不多,也许可与比拟的是陆游的《沈园》二章——

> 城上斜阳画角哀,沈园非复旧池台;
> 伤心桥下春波绿,曾是惊鸿照影来。
>
> 梦断香消四十年,沈园柳老不吹绵。
> 此身行作稽山土,犹吊遗踪一泫然!

写这诗的陆游也是晚年,沈园伤心处,唐婉已不在,存在的却是荒园斜阳里的永远的遗憾和思念!

人的一生可以写很多诗,但这样的诗却不能多写。说得极端些,人一生写很多诗而未必留传,而这样的诗只要一首便能留传,因为它把一生的哀痛浓缩在短短的诗章之中了。像苏金伞《埋葬了的爱情》这样的诗,看似平淡无技巧,一般人却写不成，因为它们的浑朴天成之中凝聚了毕生的艺术经验。

　　从生命为之悸动不宁的极处直接切入，不曲折、不迂回，甚至也无须含蓄或婉转，活脱脱地托出那颗真心来。眼下流行的那类爱情诗，轻轻浅浅，缠缠绵绵，娇态百种，悲情万状，与苏先生这首诗相形之下，孰高孰低，读者定有明察。

原载《人民文学》1999 年第 2 期

论苏金伞的诗歌语言及其诗意生成机制

张俊山

我们面对的是新诗史上并不多见的诗人个例。

他几乎就是一个诗界奇迹。

苏金伞，一位生于世纪初的老人，著名的现代诗人，当今诗坛的寿星翁，今年90初度，在诗歌之旅中已经跋涉过整整70年的风雨历程。然而，这位近年很少离开医院的老人却诗笔弥健，时有新作面世，并以脍炙人口的吟哦引起诗坛一次又一次的惊异和赞叹。

显然，这种现象不只证明苏金伞的诗心并未随年龄老化，而且还包含着一个更深蕴的事实——他的诗艺之娴熟。如果承认诗是最精粹的语言艺术，那么，就应当认可：驾驭语言的能力就是诗人艺术涵养的重要内容。一首成功的诗歌作品，无疑是诗人对语言的一次成功调遣、一次鬼使神差般的美妙征服。正因此，那些原本含义单一、单薄的字、词、短语、句子，在一首诗歌中被巧妙地组合在一起，就形成个有机的生命整体，从而衍生出许多新的意味、意蕴、情致、氛围。这就是人们称为"诗意"的那种语言生命之光。这就是说，诗意不是单个的语言元素或成分本来具有的，起码主要不是由这些语言"个体"释放出来的；它只能来自，或者主要来自作品那个有机的生命整体，即来自作品语言机制。这个语言机制遵循着"结构—功能"法则，在各个元素或成分的组合过程中产生了"诗意"的新质。因此，要从本体意义上探寻诗意的本质就不能不深入作品的语言内部构造，分析其成分要素、各种成分的功能，以及它们建构诗篇过程中的功能增值情况。沿着上述思路，我在考察苏金伞的诗歌语言时就形成以下几个关注层面：

外篇:风格论；

内篇1:类型功能论；

内篇2:语言场机制论。

一、外篇:风格论

语言之于诗，是最基本的建筑材料。每一个成熟的诗人在运用语言材料构筑诗篇时，都有自己刻意追求的美学风貌和积久形成的语言习惯，从而显示各个不相同的语言风格。

苏金伞善于以民族的和大众的规范语言入诗，这就使他的诗歌语言具有散发着泥土芳香的朴素美。他严格遵循汉语语法规律编制自己的诗句，不用倒装句式，也不使用重重叠叠的附加修辞成分。因此，他的诗句一般是简短的，符合汉民族的语言习惯，无洋腔洋调之弊。"有终年的沉默，／才有破天的轰响；／有辽阔的天的幅员，／才有不羁的行踪。"（《雷》）像这样的诗句，是标准的汉语结构形式。用一二最恰当的修饰语放在中心词前面，整装为流畅顺口的短句，这是苏金伞构造诗句的基本方式。可以说他的诗歌语言是地道的"中国作风、中国气派"。同时，他的诗歌语言又是以大众口语为基本材料，不猎奇，不涉怪，纯净而通俗。在用大众口头语言写诗方面苏金伞有自觉的追求。他说他"坚持用朴素的语言传达真诚的感情"。苏金伞确是学习群众语言的有心人，他总是那样得心应手地把群众语言中富有生命力、表现力的词汇借来，妙语天成似地点化为灼灼闪光的诗句：

荞麦地里，／还有两个蝈蝈儿叫唤，／吱吱吱……／叫得人心里痒抓抓的好喜欢。

这是《三黑和土地》里的一节，每一个字都是农民口中可见的，然而这却是美妙的诗行、动人的吟唱。

苏金伞设喻取譬多来自生活中常见的事物，这也是其诗歌语言大众风格的标志。可以略举数例，以见一斑：

活像旱天的鹅，／一见了水就连头带尾巴钻进水里。（《三黑和土地》）
走在像鼓胀的蛙背，／吱吱在脚下发响的田间小径上。（《雨后》）
就像初生的牛犊，／衔着水桶般的母奶不放。（《桐叶》）

句中的引喻之物，均为人们习闻常见的。这样的比喻句由于通俗易解而使人感到亲切，一经诵读，即永记不忘。

有人称苏金伞是"泥土诗人"。这不应单指他的诗与农村生活更为接近，也应指他的语言能为每一个普通的中国人所理解。他诗歌的"土腥味儿"不是别的，正是中华民族世代于此生息的华夏泥土气息。在这方面，苏金伞在新诗史上占据着属于他自己的位置。

苏金伞虽用口语写诗，却很讲究语言的锤炼。

锤炼语言是我国古典诗歌的优良传统。刘勰所谓"富于万篇，贫于一字"。即指诗人炼字之严谨不苟和穷求之苦。古典诗歌讲求锤炼语言，除了适应声韵格律等形式方面的严格要求外,主要还是诗人们追求表情达意、绘形传神等内容上的至善至美。在后一点上,古典诗歌对新诗创作具有典范意义。特别对于有志采用口语写诗的人来说更为重要,因为群众的语言,必须经过选择和提炼,然后才可能成为最凝练的最精粹的诗句。

苏金伞锤炼语言,力求提升形象的鲜明性、意蕴的丰富性和包孕感情的浓厚性。因此他的诗歌语言富于力度,读来朴素、平易、流畅、自然,而细细品味,却相当生动、含蓄、深沉,犹如绵里藏针,柔中有刚,一经触摸,令人震惊。例如《摘棉花》,通篇是平实的叙说,语言朴素极了,没有一个故意雕凿的字眼,然而却那样洗练,意味深长,这里不妨随便引来一节:

孩子爬在地下啃泥土,/声音已经哭哑了,/妈妈毫不关心地在摘棉花;/对于怀中的棉絮,/却又如此地溺爱。

论形象,这是一幅触目惊心的图画;论思想,它深刻揭露了旧中国农村的贫穷和愚昧;论感情,它表现了诗人对不合理的社会制度多么强烈的愤怒和抗议,对农民多么深切的同情。再如:"妈,我一挤眼,/就看见荠荠菜/一棵压一棵地生在眼前,/把夜空/铺得不剩一条缝。"(《跟妈妈说》)写尽了饿儿的幻想,字里行间饱含辛酸;"地是他的,/难道野菜也是他种的吗?"(《跟妈妈说》)写出了孩子的愤慨,稚气的困惑里含着他对世间不平的思考。像这样的诗句,纯粹是口语化的,但是不含芜杂,精练生动。袁枚论诗说:"诗宜朴不宜巧,然必须大巧之朴;诗宜淡不宜浓,然必须浓后之淡。"[1]苏金伞的诗歌语言正是经过锤炼之后达到了"大巧之朴""浓后之淡",是真正凝练纯净的诗的语言。

在新诗史上精于锤炼语言的不乏其人,如艾青在口语基础上追求语言的形象性和雕塑感,臧克家"力求谨严,苦心推敲、追求,希望把每一个字安放在最恰切的地方,螺丝钉似的把它扭得紧紧的"。[2] 与这两位大家相比,苏金伞的语言也许不是最突出的。然而,他的造诣显而易见。

二、内篇1:类型功能论

当我们在上文谈论苏金伞善于将大众口语入诗时,伴随而生的是又一个问题:人们的日常会话毕竟缺少"诗意",即使偶有片言只语带点不同凡响的韵味,

---

[1] 袁枚:《随园诗语》,人民文学出版社,1960年。
[2] 臧克家:《臧克家诗选》,作家出版社,1954年。

但若说那是"诗意",也是相对淡薄的。可是,为什么同是这些语言材料,一经诗人引入诗句就产生出迥异的艺术效果,令人感到诗意盎然呢?美国现代著名的美学家苏珊·朗格在《谈诗的创造》的演讲中,相当令人信服地解答了这个问题。她说"诗是由词语构成的,然而词语……仅仅是诗人用来创造诗的材料。作为艺术品的诗是否出现,主要取决于诗人运用这些材料的特殊方式"。"诗人创造的是一种幻想,是为诗歌中涉及的题材提供一种幻想。……而诗歌创造的幻象又是通过某种特定的用词方式而得以实现的"[①]。她说"诗"的产生来自诗人运用词语的"特殊方式",我认为是符合实际的。正是从这一点出发,我认为她说"诗从根本上说来就不同于普通的会话语言",也是正确的。

那么,用"口语"写诗的苏金伞是用什么"特殊方式"在"日常用语"中创造诗意的呢?要具体回答这个问题,不能不对苏金伞的诗歌语言类型及其生成诗意的功能做些剖析。

大体说来,苏金伞的诗歌语言包含三种类型,或者说表现为三种形态:呈现性语言、描绘性语言、异变性语言。下面,我们就逐类考察:

1. 呈现性语言

这类语言包括白描、联想、想象性的诗句,其陈述对象既有属于外在于诗人主体的客观景象,又有属于内在于诗人主体的主观心像。它们是诗人用"词语"对某种对象情境的复现,也可叫作"情境语言"。但是,这里的"复现"不是照描,而是通过诗人主体的观照,将对象情境的细节加以筛选、净化、集中,从而突出了、强化了对象情境的某些特征,即把对象情境的质量提升到更鲜明、更强烈的层次上。这样,虽然是"复现"对象情境,但是却赋予它以更富于震撼力的全新意味,"诗意"就在这里生成了。

白描举例:

牛栏边生了一堆棉柴火,/草苫子堵了一屋的浓烟。/牛倒着沫,出着粗气,/跟一家人的呼吸融成一片。(《雪跟夜一般深》)

这个诗节复现了冬天雪夜里农家牛屋的情境。每一个诗句,不单负载着特定的信息(如牛栏边的棉柴火、屋里弥漫着浓烟、牛在倒沫喘气、人在酣睡等),更重要的是它们都溢散出特有的温馨气息,并且氤氲为一种恬适的、幸福的氛围,使人强烈地感受到那种"农家乐"。显然,这种"言外之意""韵外之致"不是句中某个词语显示的,它是诗人通过对"牛栏边""棉柴火""草苫子""浓烟""牛的倒沫喘气""人的呼吸"等富有特征的意象的择取和集中而创造出来的新质。

[①] 苏珊·朗格:《艺术问题》,中国社会科学出版社,1983年。

人们所感受到的诗的韵味,不正是这种新质——那扑面而来的氛围气息吗？苏金伞有些诗篇,纯用白描的语言写成,如《头发》《寻找》《家乡的小镇》《最后一个小镇》等。在这些诗篇里,虽然诗句朴实得一清如水,不着丝毫铅华痕迹,但由于诗人捕捉到生活中最典型、最富特征性的细节,通过意象词语表述出来,就创造出一种氛围,使人感到那确是对生活景象的超越和升华,而进入了"诗"的境界。这就证明,白描语言同样具有诗的生成能力,它的主要功能就在于对氛围——韵味的创造。由于诗人善于驱遣这种语言,可以用之创造出诗意,而一般人只会在传递信息的层次上使用它,也就无诗意可言。

联想举例:

《贝壳》一诗总共三节,前两节写大海的温柔和"我"对大海的眷恋,表现抒情主体在海滩身受海浪抚摸、拥抱时的陶醉心态和幸福感受,属于现实情境。而第三节却是抒情主体由现实情境产生的联想:

想起年轻时候,/常常在一双眼睛里/沐浴以至于沉溺,/今天看见大海,/才知道大海不过是那眼睛的融汇。

诗人想到的肯定是情人的那双眼睛了。往昔的一种生活体验虽然已成"历史风景",但事隔许多年之后,由于现实情境的触发,它却又历历如绘地浮现于诗人脑际。人是现实的和历史的两种类似体验交汇一起,就大大强化了那特定感受；对于现实情境来说,那联想到的历史情境犹如一束强光的投射,清晰度也就随之提高。这就是一种诗意增值,也就是诗意有了新的生成。这种因联想而创生诗意的例子,在苏金伞诗歌语言里是很多的。总之,联想的情境是现实情境的转移和拓展,是主体生活经验的总体调度,也是诗人对生活库存的开封和启用。从语言操作的意义说,联想是诗人语言的转换,也是对两种以上时态语言的嫁接和组合。由于经过这种处理,两种（或更多的）情境在互补中得到强化,诗篇就产生了更浓的意味,这就是联想语言在生成诗意方面的功能。

想象举例:

伴着白云,/它似乎就可以飞向天空;/翻着水花,/它自然会去小河里游泳。

这是《海滨市场》的一节。诗篇写一只"贝雕的小鹅",它"洁净柔软的绒毛,/就像飞鸿蹬落的一朵白云,/就像获得金牌的女跳水员/跳水时溅出的一团水沫"。自然是十分美丽而生动。因此,这个精致的、栩栩如生的工艺品就激活了诗人的想象,在他的想象中,这只"小鹅"会飞翔,会游泳,而且是那样一个自由的、活泼的生命。这当然并非是真实的,但却是合乎情理的,因为工艺匠人的高超手艺能够创造出"逼真的"幻象,不然就不会有"巧夺天工"之说了。在诗中,想象的情境是诗人主体情思的积极创造,需要诗人有一颗更鲜活、生气勃勃的诗心。唯此,他才能超越现实真实情境的拘囿,如天马行空般自由驰骋其形象思维,"凭空"想象出生活中本来没有的情境。这种想象情境,与联想情境具有同样的功能,即为现实情境平添一层诗的韵味。因此,作为一种诗歌语言,它也是创生性的。另外,想象语言和联想语言都是诗人主观心像的呈现,这与白描多为客观景象的呈现有所不同。但是作为主观心像呈现的语言,在苏金伞诗歌里也多为白描形态,很少使用其他辅助性修辞手段。因此,我们把这三种语言归为一类,称之为"呈现性语言"。

2. 描绘性语言

尽管白描语言也不乏传递信息以至生成诗意的功能,但毕竟是有限度的。于是诗人们十分重视对各种修辞手段的运用,以强化诗歌语言的艺术性,提高其艺术表现力,也即借修辞手段创造诗意。这就是在诗歌作品里大量存在的描绘性语言。

苏金伞诗歌的描绘性语言,常见的有比喻、比拟、象征、排比等几种形态。这些都是发散性语言,能够将本体情境引向更广阔、更繁复,因而也更富蕴的艺术时空,其对诗意的生成起着举足轻重的作用。

比喻举例:

雪,跟夜一般深,/跟夜一般寂静。(《雪跟夜一般深》)
黄河风从龙羊峡吹来;/抓住人们的衣袖,/就像一头棕熊。(《植树在黄河岸上》)

从这两个例子可以看出,比喻的心理机制仍然是联想和想象,不过这里的联想或想象是以修辞形态出现,而且在许多情况下都明显地嵌入比喻词,构成一个比喻句。

比喻对创造诗意的意义,从以上的例子也不难看出。就第一例说,用"夜"来比喻雪的浩茫和落地无声,不仅显示了下雪的景象,而且"雪"与"夜"两个意象浑融一体,更具浓郁的氛围气息,比起单说雪"深"、雪"寂静",别有一番韵致。第二例以"棕熊"比喻"黄河风",化无形为有形,并且也显示了黄河风的猛厉强劲,更有"神在形外"的艺术效果。这些,都说明比喻语言大大拓展了原初情境的意蕴和韵味,"诗"就是在这种修辞运作中蓦然生成了。

比拟举例:

比拟不是局部修辞,它是诗篇从总体上将甲物作乙物描写的手法,其中有以人拟物、以物拟人、以物拟物几种情况。苏金伞的诗歌常用以人拟物(即拟人)的手法,如《大麻叶》一诗。在这首诗里,大麻叶会"做梦"、会"看"、会"纳闷"、会"埋怨",还"想拉人们的手/问个究竟",全然具有了人的灵性,这些当然都是诗人想象中的情景。然而,这样写对于可以虚拟的艺术来说,不但不属悖谬,而且还格外富有情趣,那是比诗人直接将大麻叶的所"感"所"思"作为自己的所感所思来写,要蕴藉、婉曲得多。不是说"诗忌直说"吗?《大麻叶》正是避免了诗人的"直说"话语,所以才显得诗味浓郁。尤其是当诗人要以诗的形式表达某种哲思时,借用拟人手法就更富艺术成效。如《竹篙》一诗,诗人意欲展示一种人生态度,倘若直陈见解,就很难成"诗";而诗人在这里将"竹篙"人化,写它的四种"喜欢",就活生生地刻画出一个有血有肉的灵魂,这个"生命"就获得强烈的艺术感染力,不仅令人顿然有所悟,而且让人怦然有所感,那种力量完全是一种艺术的——"诗"的效应了。

象征举例:

70年代末,苏金伞写过一首题为《蒲公英》的抒情诗,全诗七节,不便全引,这里只抄录最后三节:

> 沉重的牛蹄和马蹄,/一再把它们踏碎,/不久在蹄窝里又绽出绿意。//冬天盖上一层厚厚的白雪,/雪化了又结成冰,/它们的根在下面微微翕动。//蒲公英植根在农民的心上,/烂入农民的记忆,/又在农民的坟地上生生不息。

我想,只要了解苏金伞生平遭际和诗歌创作情况的人,都不会怀疑"蒲公英"这个意象的诗人命运的遗痕。然而,又不能把这首诗仅仅看作是诗人的自况,实际上它概括了更广博的社会生活,具有更丰富的人生意蕴。人们从"蒲公英"的命运不止看到了一个苏金伞,而且还看到一大批同苏金伞有着类似命运的知识分子、仁人志士。这就是说,在诗里"蒲公英"是一个更具典型意义的象征。类似《蒲公英》写法的,在苏金伞的诗歌里还有不少,如《头发》《无弦琴》《黄叶》《棉花和棉絮》《鹅》《农人的脊背》《雷》《马蹄》《山口》《风筝》……这些作品,都是借助于特定的具象编织的象征结构,难怪曾有人把苏金伞称为象征派诗人了。

象征以语言形式出现于诗中,往往不是指个别词语说的。"象征语言"是一种总体构成性语言。用它创造的意象、建构的诗篇,一切突破了词语的原初概念而获得新的能指意义。"蒲公英"在苏金伞的诗里不再仅仅是植物学上的那种开黄花的草本植物,而是可以指称遭遇某种命运的一类人。同样的道理,在苏金伞的诗里,"头发""无弦琴""黄叶"……都是别有所指,而不仅仅为那种事物自身。这就是说,"象征语言"一旦被纳入一首诗的语境里面,就获得了相应的暗喻性和"彼岸性",实现了"言在此而意在彼"的语意扩散和跨越。这种语意衍变现象无疑为作品带来了更自由的联想空间,从而使作品更具有神秘的、扑朔迷离的精神意味。因此,"象征语言"的诗意生成能力是很强的,它在诗人的语言操作中总是被放在十分重要的地位。古往今来,无论属于哪个流派的诗歌,都不乏具有象征意蕴的作品,更勿论以"象征"名派的那一路诗人的创作了。诗歌史上这个突出现象充分说明"象征语言"绝对是"诗"的语言;舍此,还能有别的解释吗?

排比举例:

> 庄稼都收割完了,/剩下冷风顺着地沟吹着,/把干枯的豆叶和蝉翼,/搅在一起沙沙地翻响。//但是在村子里,/在各家各户的墙头上,/跟葫芦一起/都挂着一个太阳//摊在牛背上的最多,/藏在羊毛里的最厚,/装在棉花里的最重,/照在玻璃窗上的最暖和。

这是苏金伞的《收获》一诗,其中第三节四个诗句就是排比语言。全诗在于表现获得秋季丰收的农村那种特有的安泰情境,第二节"太阳"的意象已经透露了诗的这个基本意蕴。但是,如果没有第三节,诗的情境和情调就未免单薄,其韵味就远为不足。就是靠着这里四个排比起来的意象,那种丰收、富足、温暖而幸福的情境洋溢而出,诗意就特别浓郁了。由此可以看出,排比语言所起的作用在于渲染气氛、强化情境,使特定诗意产生"力透纸背"的艺术效应。因此,对于诗意创造来说,排比语言也是生成性语言。

总而言之,修辞性语言在苏金伞诗歌里是呈现性语言的重要辅佐;对于其白描语言来说,各种修辞语言不仅是"锦上添花",而且有时就是交叉并存甚至融为一体的。它们共同承担着一个艺术使命:创造"诗",生成"诗",从而显示出诗人语言的魔力。

3. 异变性语言

从语言规则看,呈现性语言和描绘性语言都还是"常态语言",因为尽管它们构成形态千变万化,多彩多姿,但总是遵循通行的语法规则运作,因而也具有更广泛的普适性。但是,诗歌里却有另一类语言并不遵循语法规则,而是完全依照主体对语言意象的感受自由运作,从而呈现为非常态的、更富个体色彩的语言形式,我们称它为"异变性语言"。不言而喻,异变性语言由于逸出了公认的语法规则,在信息传递系统中就造成阻拒和障碍,本来是不利于信息接收的;但是正因为它的这种阻拒和障碍效果,却又为诗歌语言带来独具的神秘感和非同寻常的艺术魅力,因而自古以来的诗人又特别重视对这种语言的运用。如前所述,苏金伞是一位按汉语规则编织诗句的诗人,他很重视遣词造句的规范性。

但是,他也以自己的方式将语言"异变",以创生诗意。苏金伞诗歌里常见的异变性语言有词语强力组合和交感两种形态,下面分述之:

词语强力组合举例:

> 在太阳的睫毛上,/沾满了油菜花的花粉,/于是整个世界,/到处闪着金色的眼睛,/盛开的油菜花,/白天响着蜜蜂的翅膀;/晚上撕扯着成团的萤火,/以至扯下许多星星。(《需要一场透雨》)

像这样的诗句,丝毫没有违反语法规则,但其表意层面却发生了巨大的错位重组。这两节诗写油菜开花季节里白天和夜晚的两种景象,其中写到的事物有"阳光""油菜花""蜂翅""萤火虫""星星"。如果孤立地看各种事物,固然没有什么新奇;即使按照常规分别描绘出各种事物,再把它们排列在一起,也许会渲染成一种意境,不乏诗意,但也仍然很难产生奇特的艺术效果;但是当诗人以强力组合的方式将"油菜花"这个中心意象与相应的其他意象("太阳的睫毛""蜂翅""成团的萤火""星星"等)用动词"响""撕扯""扯下"联结起来时,这两个时空画面就有了繁复而神秘的感觉。本来,每个画面里的物象,虽然是共时空存在的,但相互并无干系。在诗人编织的语言世界里,情况却变了:两本不相干的意象被纽结在一起,似乎它们本来就是互为发生的一般。不难看出,这个语言世界是一种心理真实,是主体感觉中的幻象。因此,这两个诗节更富心灵性,比客观地呈现一种生活情境,当然就多出一重奇妙的韵味。我想,诗意就是在这个地方生成的——它来自意象的撞击和迅速转换,便于激发人们的想象力来填补大幅度跳跃留下的空白,这就是词语强力组合的电影蒙太奇效果。

交感举例:

> 百灵鸟在什么地方啼叫着。/百灵鸟一叫,太阳显得特别明亮,/好像倾泻着的不是光线而是珠贝,/从各个山头向下流淌。//流下来又汇成一股响泉,/从小桥下面铮铮流过。/带着红色的杜鹃花瓣,/流向山外,流进茫茫的大河。(《山口》)

这两节诗把视、听两种感觉沟通了,就是典型的交感语言。由百灵鸟的啼叫到阳光"特别明亮",这种因果陈述就包含着感觉形象的一次暗转;再写阳光"倾泻着的不是光线而是珠贝",是感觉形象的再度暗转;又写"向下流淌"的"珠贝"(实为阳光)"汇成一股响泉",并且这响泉"带着红色的杜鹃花瓣,流向山外,流进茫茫的大河",又是感觉形象的暗转和延伸。如此一路写来,各种形象交叠映现,络绎奔赴,给人以变幻莫测、目迷神摇的感觉。客观的现实情境在这种交感语言中升华了,成为一种心理画图(形、声、色交汇而成的美妙画图)。你可以说这种语言是违背常识、常规的,但你不能不承认它是富有艺术魅力的。这就够了。"诗"作为语言的艺术,追求的不正是这种"艺术魅力"吗?

从以上对两种异变性语言的举例分析可以看出,这是更富弹性的诗歌语言。正如有人曾经指出的:"诗人借用的语言常常突破概念指向和语法逻辑,被奇特地组合着,被奇崛地创造着,被奇异地改变着。这一自由异变性增强着语言的弹性,也增添着诗美的意味。"①论者在这里揭示的诗歌语言同诗意生成的关系,对于我们所说的异变性语言来说,显然更具有典型意义。

三、内篇 2:语言场机制论

以上我们对苏金伞诗歌语言的类型及其功能做了分析,而且为了论述的方便,还逐一举例说明其诗意生成能力,而一首作品的诗意创造过程当然不是那样单纯,因为有些不同类别的语言本是重叠、交融于一体,并非可以彼此离析的。这样说也并不意味着一首作品的诗意是各类语言所含诗意的机械相加,就像"1+1=2"那样简单,实际情况要复杂得多。苏珊·朗格的解释颇能说明这个复杂的诗意创生过程:"假如它是一首优秀的诗篇,它就必然是一种表现的形式,正如一件可塑性艺术品也是一种表现形式一样。——这种表现形式借助于构成成分之间作用力的紧张和松弛,借助于这些形式之间的平衡和非平衡,就产生一种有机性的幻觉,亦即艺术家们称之为'生命的形式'的幻觉。"②

这就是说,各种类型的诗歌语言在一首作品里形成一种生命似的关系结构;在这个结构里,各种语言互补互掣互相耸动,从而从整体结构里产生了那种美妙的、变幻莫测的语言张力,这种张力就是人们从普通的通讯语言里难以相遇、只有在诗歌语言里才能感觉、体味(有时又难以传述)的那种氛围、意蕴、韵味……精神的、心理的体验情境。对苏金伞的诗歌语言及其诗意生成功能,也应当作如是观。这里不妨以《竹篙》一诗为例说明之:

> 竹篙/总是喜欢不断地淌着水滴,/越过握着竹篙的手又流到水里去。
>
> 竹篙/总是喜欢不断地有手握着,/在小河里刺进又抽出,/越是溯流艰难,/越能感到手的力度。
>
> 竹篙/总是喜欢小船吃水深深的,/深得跟船舷平,/每一侧歪,/就会爆

---

① 杨匡汉:《弹性语言——诗学笔记之一》,《文学评论》,1990 年第 1 期。
② 苏姗·朗格:《艺术问题》,中国社会科学出版社,1983 年。

发出一阵惊呼后的宽慰。

竹篙/总是喜欢河水不断地从冬流到春,/从山峡流到平地。/结成冰太冷,/干涸了竹篙也烂成泥。

这首诗是拟人、象征、白描、排比、复沓等多种类型语言的浑融。它的"诗意"——那种神秘的情爱意味,那种若明若暗的哲理启悟,那种回荡低昂的旋律,那种犹如舟行水上的款款游弋的语感……这种种让人说不清道不明的韵味——不正是来自那种语式、语调和语境吗?而可以归属各种类别的语词——上述几种诗歌语言——不正是通过诗篇特有的语式和语境而体现为一种关系结构,形成一种富有"表现性形式"即"生命的形式"吗?这就告诉我们,一首诗的诗意生成是在一个运动着的关系结构里实现的,离开诗句特定的结构整体,任何一种诗歌语言都不可能产生同样强大的诗力。

诗篇作为一种"生命的形式",既然体现为各种诗歌语言的关系结构,那么一首诗就是由各种诗歌语言交织而成的"语言场"——一个充满了内部张力、生气勃勃的关系网络系统。在这里,我想借用鲁枢元在其文学言语学思考中表述的一个观点,他认为文学作品里有三种类型的语言:线型语言、面型语言、场型语言。关于"场型语言",他是这样诠释的:场型语言主要是一种建构性语言,一种立体的、空间的语言,它依赖于表象和意象的自由拼接,它作用于作家和读者的直觉与顿悟,从而创生出审美的新质,创生出文学作品的氛围、气韵、格调、情致。①

看来,他所谓的"场型语言"正是我们在本文探讨的诗歌语言。这种"场型语言"的建构性、立体空间感、语词的组接方式,以及其审美功能,在诗歌语言中表现得最突出、最明显、最典型。各种诗歌语言正是依靠其"建构性""自由拼接",形成一个"立体的、空间的"语言世界——语言场。在这个语言场内,各种诗歌语言交织以至融汇,互相撞击,互相牵引,"从而创生出审美的新质,创生出文学作品(诗歌——引者注)的氛围、气韵、格调、情致",这就是一首诗歌诗意的生成过程。上面我们对《竹篙》一诗的简要剖析即揭示了这个奥秘。

语言场——生命的形式,苏金伞诗歌——以及其他人的诗歌——语言机制和诗意创生,不是都居于这个令多少人为之倾倒和神往的语言世界里吗?

原载《中国现代文学研究丛刊》1996年第3期

---

① 鲁枢元:《超越语言——文学言语学刍议》,中国社会科学出版社,1990年。

苏金伞前期诗歌创作简评

张雁泉　易成俊

苏金伞是中原农村大地孕育的诗人。他带着乡土气息和乡野情趣走上诗坛,并以一种农民的执拗和诚朴在漫长的诗歌生涯中一直保持着这种本色。欣赏其诗歌,如同听一首古朴悠然、舒缓清丽的田园乐曲,又像观赏一幅亲切新鲜、韵味无穷的乡村图画。品读他创作前期的乡土诗歌,对此感受尤为深刻。这些诗作中,虽少有现代人觉醒抗争的呐喊,也很少有缠绵的情爱话语,对于当时一浪高过一浪的革命文艺潮流,也并无明显的响应(他的诗在新中国成立后稍有变化),但诗人那质朴、清丽的诗歌风韵却体现得淋漓尽致。

苏金伞的前期诗歌,从内容上看,具有浓厚的河南地方色彩,大都是对农村社会、农民生活的撷取和咏叹。如《午饭》《午睡》《稻草担子》《村女》等选取的都是农村普遍而习见的生活场景,但一经诗人之笔绘出,便情趣盎然,清新脱俗。例如:

早晨,/麻雀刚啄碎夜的躯壳,/露出黎明的鲜肉,/她已经在井上摇辘轳。/辫子在脊梁上跳,/脸在水桶里笑,/——脸边上还有半轮晓月。/将月和笑倾入石槽,/便有一条水蛇,/到菜根上寻找溪窝,/随后迅疾地放开井绳,/像初离水的白鹭拍翅膀,/巴拉巴拉地响彻全村。/在她的灌溉下,/油菜开了花,/黄瓜已有羊角大。(《村女》)

他的诗还广泛触及了特有的农村的事物:牲畜、庄稼、衣服、土地等。如歇响的老牛(《眼睛都睡红了》)、悠闲笨重不能高飞的鹅(《鹅》)、呼唤春天的斑鸠(《斑鸠》)、走乡串户的货郎(《货郎挑》)、破草帽(《破草帽》)等,要知道这些对于农民的意义和农民对于它们的感情,我们不妨看看那最为平凡的泥土,农民对之是如何一种态度:

热馍掉在地上,/皮也不揭,/连泥吞下去;
腿上磕破一块皮,/用指甲挖一点墙头土,/按在伤口上,/不用包扎;
孩子发烧了,/——那是吓掉了魂,/把脚印抓回来,/压在枕头下,/就会马上见轻。

——《破草帽·信赖》

而且,苏诗中许多有所寄寓思考和象征的篇什也是以农村的土俗事物为形象载体的,如《玉蜀黍》《向日葵》《芦花和棉絮》《鹁鸪鸟》等。

当然,农村并非乐土,苏诗在对乡村生活风貌的吟咏中也表现了农民生活中悲哀、酸痛、愁苦的一面。他现存的最早诗作《拟拟曲》就通过两个农民的对话写出了当时农村剥削严重、民不堪命的悲惨现实。其他如《摘棉花》中所描述的被劳作的母亲弃置不顾的孩子,戏台就在家门口却因砍柴不能看戏的少年(《看戏》),别妻离子愁肠百转的农夫(《离家》)……这说明苏金伞对于乡村田园并非纯然陶醉,它是深沉有力地表现了农村生活的。纵观他的诗作,农民和他们的命运始终是他最大的创作主题。

苏金伞的乡土诗歌创作,既受到"五四"以来新文学思潮的影响,又能坚持从现实出发,从生活出发,从古典诗歌传统汲取营养,再加上他对农村、农民那种割舍不断的深厚感情,他对农村、农民的熟悉和迷恋,因此,见之于诗歌时,既有浓郁的生活气息,又给人以清新脱俗之感;既有诚挚深沉的感情,又有繁丽的优美的形象。他的诗歌绝不艰涩,但表达一般并不直白浅摇,读来那种感觉,好像既有陶诗醇厚的田园风味,又有李商隐诗意象繁丽精工的特色。如《我们不能逃走》:

……碓臼,已舂了几辈子米,/犁雁和锄杠都被我们的/手掌磨出深深的汗窝;/棉油灯夜夜看姑嫂们纺花,/纺花声把我们的梦/缠得又密又重,/像蛛丝裹住一个槐花虫,/就是驴踢槽也惊不醒;/蟋蟀在墙根劝说织布人:/别裁嘴,再织一会儿就到三更!

又如《钟声》:

钟声又响了,/从前,/每当月亮用银色的牧鞭/把群山和湖水/都赶入睡眠的深夜;/或在繁霜的羽翼下/孵化着太阳的幼卵的早晨,/这宏亮的矜持,/浩渺的而深沉的钟声,/抖落着丰满的绒毛,/在旷野上铺着梦,/在人心上散着虔诚。

由于注重生活内容的充实和真情的流露,苏诗的诗体采取的多是与此相符的自由体。他的诗歌长短不一,节数不等,字数参差,也不押韵,变化比较大,不注重音乐性。他的诗集中,有《我们不能逃走》《雨后》《国民身份证》等少数气势跌宕或铺叙较繁的篇幅稍长的作品,大多则属于节少行短、精致隽永的短诗。除早期个别诗作如《元宵夜步》外,他是进入解放区后才有意识地追求格律化。《元宵夜步》一诗,共分七节,每节四句,每节之中,一二和三四句分别押韵,字数基本均齐且除最后一节外,每节均用比喻写所见所感,意象新奇,感觉纤妙,不妨录取一节:

目光滑着我的鼻尖/像九月莲花凉瘦的灰烬/像涂上蛙背/呈着无限冷的滋味

《三黑与土地》是苏金伞后期创作中一首很有代表性的格律化诗,共十五节,每节四句,偶句押韵,诗句均齐,很是严整。

值得指出的是,苏诗在结构上很费苦心,着意经营,诗中的景象描写往往同时伴随着感情的流动而为读者所浑然不觉,或一气呵成,或曲折掩抑,或回环往复,或变幻莫测,总之他的诗歌的结构是气脉连贯,浑然天成,既能吸引人一直读下去,又经得起反复咀嚼品味。

在表现手法上,苏金伞的诗可以说是博取众长,转益多师,创新意识浓厚。他的诗基本是采取写实的方法,但也吸纳了现代主义的一些手法,如象征等。他善于选取、罗致农村土气十足的事物入诗,并大量运用比喻、拟人、联想、象征等修辞方法,来彰显农村生活的韵味与情趣。如:

鼾声的根盘两肋巴,/像一架糜烂的葡萄。(《午饭》)
窗外的蜂翅是个小钥匙,/轻轻地开开了我的午睡。(《午睡》)
红色的汗/沉淀成一场酣眠。/任凭:/槐花落了一脊梁,/屎壳郎在肚皮下推车;/小芦花鸡/站在角上学叫晌,/也没惊动一根睫毛。(《眼睛都睡红了》)

苏金伞在当时诗潮蜂起、诗派迭现时开拓并坚持自己这样一种别具特色的乡土诗歌创作新路,是难能可贵的。

他的诗歌语言是从与他的诗的内容和体式最为匹配的生活中提炼出来的带有农民声气的语言,土气、平实、自然、清白,诗中到处可见"土坷垃""锅巴草""馍""老鸹""顺溜"等这些中原人再熟悉不过的方言土语,诗句是那么朴实亲切,有时连修辞也是那么土俗笨拙:

农民一有了土地,/就把整个生命投入了土地;/活像是旱天的鹅,/一见了水就连头带尾巴钻进水里。(《三黑和土地》)

至此,我们对苏金伞前期的诗歌创作已做了一个概略的分析。苏金伞是土生土长的作家,他的一生创作蕴蓄了土地一样朴实和宽厚的品格与精神内涵。他的几乎每一首诗,都有生活,有新意,朴素隽永,沁人心脾。诗人牛汉曾这样评价道:"苏金伞的诗与他的漫长曲折的人生相依为命。诗人在长长的70年间所开拓的创作境域,正如一片古老的中原大地,放眼望去,平展的,表面上不见高山峡谷,也感觉不到远近有什么大的倾斜,然而却大地似的稳定、宽广、厚实、永恒。"这一评价,道出了苏诗的灵魂。

原载《郑州工业高等专科学校学报》2001年第4期

评苏金伞的诗歌创作

刘同般

苏金伞(1906—1997),河南睢县人,我国著名诗人。他从20世纪20年代开始写诗,1949年出版第一本诗集《窗外》,以后陆续出版了《入伍》《鹁鸪鸟》《苏金伞诗选》,1998年又出版了《苏金伞诗文集》,在中国诗坛驰骋60余年,为中国新诗的发展做出了可贵的贡献。诚如文艺批评家孙荪所说,他的诗像中原大地一般,那样质朴厚重,那样旷达远阔,那样灵动潇洒,在艺术上已臻于大智若愚、大巧若拙的境界。臧克家称他是"诗坛上的著名老诗人,也是我的一位老朋友。60余年来,他为诗歌创作付出了大量心血,获得了斐然成绩与声誉"。苏金伞身上体现的这种以诗为命、老而弥坚、永葆青春活力的"苏金伞现象",值得我们深思和研究。

一、两头甜甘蔗的悲喜剧

苏金伞的诗歌创作呈现出马鞍形的态势。他最初活跃在中国诗坛上,是那样的生气勃勃,充满着活力,中间一个阶段,他受到"左"倾思潮的残酷迫害,使他不能发挥自己的才华。在新的历史时期,他又重新焕发了青春的活力。研究苏金伞的诗歌创作,这是一个不容回避的客观事实。

苏金伞在中国诗坛上的出现,除了他的天赋之外,那便是时代的赐予。在这位诗人的少年时代,中国诗坛上已发生了天翻地覆的变化。五四时期的文坛革命正如火如荼地进行,出现了郭沫若、徐志摩、闻一多等许多天才的大诗人。苏金伞是五四新文化运动的宁馨儿,他汲取了五四新文化运动的乳汁。这个时期出现的新诗人对他影响最大的是郭沫若。但当我们考察苏金伞的诗歌创作之后认为,他的艺术风格和郭沫若相去甚远。《女神》的大气、《女神》的"泛神"、《女神》的"大我"等,在苏金伞诗歌中是很难寻觅其踪影的。苏诗是属于别一风味的,苏金伞是河南睢县的一个农民的儿子,豫东大平原的风俗人情、传统文化浸润了这位敏感的农民子弟。他早期的诗歌创作实际上是对农民、农村生活的一种反顾和眷恋、一种反思与批判。《苏金伞诗文集》(河南文艺出版社1998年

版)中的首篇《拟拟曲》就是对农民苦难生活的回顾,也是对农民苦难的无限同情。但作品还是呈现出一丝亮色:

  ——真苦啊!/那边苍茫里一条白白的,/是一条小路吧。再见。/——永远莫要忘记我们的痛苦呀!

这个收尾和鲁迅的小说《故乡》有点相似:"我在朦胧中,眼前展开一片海边碧绿的沙地来,上面深蓝的天空中挂着一轮金黄的圆月。我想:希望是本无所谓有,无所谓无的。这正如地上的路;其实地上本没有路,走的人多了,也便成了路。"只不过苏金伞无有鲁迅忧愤深广罢了。《我们不能逃走——写给农民》是抒写抗日战争初期诗人的情怀:

  我们也不能逃走,/要拿起家伙跟鬼子拼一拼!/一个人是一个铁圈,/扣在一起就是坚强的铁缆,/把那载我们的大船靠牢稳,/永远不叫那毁灭人类的海盗击碎。/等把鬼子赶跑了,/再细细品味那蓝天下的/倚着锄头时的一管烟的滋味。

以后的《稻草担子》描写农民劳动后的喜悦:

  挎着香喷喷的馍篮,/到外婆家走亲戚时才有的喜悦。
  到稻场里卸下担子,/我才感到最好的收获的滋味。

《腊月是结婚的日子》歌咏的是农村的新婚喜庆:

  你看新郎还在流鼻涕,/新媳妇的头发,/还缠不住辫根。

《摘棉花》更是写出农村的勤劳与节俭:

  我摘下一个棉花桃,/塞在孩子的手里,/他马上放在嘴边舔着咬着,/痴呆地笑了。/那女人反而怪起我来:/"吓,那是作孽的,/一个棉花桃要纺几丈线哩!"

咏叹农民生活的篇章,当推苏金伞1948年创作的《三黑和土地》:有了土地的农民先是想钻进土里,继之是尝尝土地的甜咸,变成一粒种子试试种子的温暖,接着是写耕耘土地,精细地侍弄,好让庄稼长得更好,过着美好的日子:

  再买头小毛驴,/打完场赶着送公粮;/驮着老伴儿/看闺女,上东庄……

通观这个时期的创作,苏金伞的诗歌有一种浓浓的乡村情结,有一种对苦难深深的同情,有一种"日出而作,日落而息"的自然经济条件下的农民的理想生活的怡然之情。苏金伞诗的"滋味"是农民的小富即安,而不是工业社会,特别是后工业社会的物化了的现代社会,更不是"斗争哲学"的社会理想蓝图。即使是像《三黑和土地》这样歌颂大规模的土地改革的作品,其中融进去的仍是得到土地后过着分散耕耘土地的自然经济条件下自然农民的生活。在这样的诗篇里,连大规模残酷斗争的影子也看不到,更看不到以后集体化、大锅饭的伏笔。在我们看来,苏金伞的诗篇里,农民天然的分散本性和自然条件的天伦理想与阶级斗争扩大化及过早合作化之间有着内在的几乎是不可调和的冲突。

诗人进入了灾难的岁月,祖国也进入了灾难的岁月,"左"倾思潮的泛滥,使得祖国陷入经济上的困境。在1960年以后,由于东方大地上持续多年的大饥荒,政治上的狂热斗争暂时有所收敛。在这个间隙中,个别的文人间或有些作品问世。苏金伞也不时有作品出现在报刊上。但这个时期的作品,民歌的自由度鲜见了,诗人的理想藏匿了,作家的主题性让位了,自然经济下的农民生活理想被窒息了。有的仅仅是对政治、政策的歌咏,更何况这时的政治、政策是"左"倾的余绪了,更正确地说,政治、政策陷入了一种误区。所以,在诗人被剥夺了民间文化的自由度的岁月里,他间或有作品问世,也无大的价值了。

1976年"四人帮"被粉碎,现代化的总设计师邓小平拨乱反正,一个新的历史阶段开始了。大批的冤假错案得以平反,苏金伞也获得了第二次新生。只有在这样的时代,苏金伞才真正获得了民间文学创作的自由空间。《待嫁的姑娘》是他创作开始转变的一个象征性的作品,具有"大跃进"时期狂热的余绪:

> 这是一群该出嫁的姑娘,/却一直转战在各个工地上,/三年没有在家缝过衣服,/手中剪裁的山山岭岭,/就是她们做活的针线筐。

和"天上没有玉皇,地上没有龙王,喝令三山五岳让道,我来了"有气息上的相通之处。但如果把这首诗等同于1958年的充满虚假的豪情的民歌,显然是不完全符合实际的。事实上,在这首诗歌里,诗人虽然秉承了政治上夸大其词的余韵,但在内在的情调上却有个人的主体在涌动:

> 今天又来到这个山头上,/忽然感到天地的开朗,/山风满怀,野花满目,/远远看见黄河在滚着波浪……

以待嫁的姑娘喻己,"今天又来到这山头上",暗示诗人又重返诗坛,"山风满怀,野花满目"以及波涛翻滚的黄河,都有强烈的诗人主体性的骚动。在《春天的呼唤》中,诗人向孩子们呼唤,实际上是向自己呼唤,呼唤着重新焕发的青春;到山里掏孔雀蛋,在石洞里拽蛇尾,希望拽出"一切珍宝",说明诗人宝刀不老,"老骥伏枥,志在千里"。《怒向刀丛觅小诗——读〈天安门诗抄〉》与《再读

《天安门诗抄》》,是诗人郁积于心的大喷发。《春宵伴着细雨》可以视作《三黑和土地》的续篇。在新的历史时期,农民希望过好日子的做法和愿望,不再受到批判,不再是资本主义的尾巴可以任意宰割。他们可以甩开膀子大干,可以尽情地侍弄土地,三黑又回来了:

> 雨声织成农民们的梦,/在梦中又时时清醒;/感到夜长不能马上起身,/又怕夜短不够墒深。

从1948年的《三黑和土地》到20世纪80年代的《春宵伴着细雨》,历时30多年。在人类历史的长河中,可以视作瞬间,但对于一个人来说,这是那么漫长而坎坷的岁月呀!30多年呀,诗人又找回了自己。

中国有句谚语:甘蔗没有两头甜。这对于苏金伞来说却恰恰相反。苏金伞的诗歌创作便是两头甜中间酸的甘蔗。这是苏金伞走过的坎坷不平的创作道路的形象比喻,是这位诗人和中华大地共命运的文字写照。诗人命运的悲喜剧与祖国命运的悲喜剧相同步,这本身便具有史料价值,又由于苏金伞是个优秀诗人,也就相应地具有了美学意义。但有一点令人遗憾的是人生苦短,在匆匆几十年的岁月里,掐去如日中天的中间阶段,这是怎样的刻骨铭心的痛呀!苏金伞本来是可以取得比目前更令人瞩目的成绩的,但20多年的荒唐岁月,使他成为大诗人的愿望终为水中月、镜中花。

二、形而上与形而下的撞击

在众多评论苏金伞创作的文章中,大家的共识是这位大诗人的诗风是朴实、自然、不尚雕饰。他笔下的诸多诗篇都是来自民间底层的生活,来自劳苦大众的喜怒哀乐,来自豫东平原的古朴民风,间或有抒发自己的诗篇。中国古代的飘逸性灵、西方的怪诞朦胧,在这位诗人的创作中是鲜见的。早期的代表作《拟拟曲》中的两位农夫,他们两人的对话是最实际的:他们最为关心的是房子、牛车、镰刀……这些东西和他们的生活息息相关,切切实实。即使是反映自己经历的《出狱》,也写得极为朴实,他出狱后挟着的是他三年前的旧行囊,他走过的是他多次穿行的小巷,还有眼前的"小水潦"。这里非常实际地抒发了一个出狱人的精神历程。没有什么天马行空的玄想,也没有什么对人生的终极叩问,这里有的仅仅是一种出狱后的生活无着的彷徨。他太实际了,他也太生活化了。写于1935年的《春荒》,更是用白描的手法写出白骨遍野的惨相:

　　　　锅儿生了锈，/粮囤早做了饥鼠的猎场；/一只驴价已吃光了，/夜间也听不见，/隔壁踢槽的蹄声。//待柳絮成棉，/水萝卜开了花时，/路旁的尸骨就一天比一天多了。

一个尸骨相枕、饿殍相继的人间惨相出现在读者面前。在《土的气息》中，诗人给我们讲了一个乡下古老的传说：

　　　　有位员外，/五亩地种棵高粱，/后来居然长成大树，/婆娑的穗下简直可以乘凉。/高粱熟了，抱秆一摇，/顷刻粟粒满地，一任装载；/但它只认识那位员外，/别的不管谁都摇不掉，/于是佃户唯叹息命乖。

用一个极通俗的民间传说，批判了人间的不平的宿命。诗篇的结尾却是人定胜天："请以这挖河的事为证，铁锨齐挥终引来源水。"或许用不着再引证了。他的朴实、扎实、厚实的文风已是确凿无疑了。即使到了他的晚年，他的这种文风也没有更改。例如写于1936年的《扫帚谣》，开篇便是妇孺皆知的民谣："扫帚响，粪堆长。"接着便是诗人的吟唱：

　　　　扫帚，/是粪堆的翅膀。/扫出太阳，扫出月亮，/粪堆也跟着生长。/粪堆越长越大，/就像母猪拖着乳房，/领一群猪娃，/在粪堆边哼哼挤嚷。/粪堆送到麦地里，/就像大地的乳房。/等麦子成熟了，/扫帚又是麦堆的翅膀。

《苏金伞诗文集》中的压轴之作——《我的小邻居》以极为朴素的语言叙述了我的邻居小纺的一生，简直就是拉家常，用农民的家常语言叙述一位村姑的命运遭际，这位村姑和小猫亲嘴、喂饱小羊，和小伙伴捉迷藏、过家家，后来经历了"文革"灾难，改革开放后，她又过上了好日子。她一直寡居，新时期也不准备成家。在各自都头发斑白，到了晚年的时候，她祝福"我""前途幸福，不再有灾难"，"说完流下了眼泪"。这首诗有点象征意味，以一对"青梅竹马，两小无猜"的农村孩子的几十年的遭际，来反映一个时代的变迁。虽然有些象征性，但是却没有西方象征派的朦胧艰涩和不确定性，几乎全部是写实，写农村中的琐碎事情，收尾时写的是"洗衣石、捣米臼、簸箕、砍柴斧、水桶"等实际生活中的须臾不得或缺的农夫用品，以向这些东西告别的方式来陈述人事的沧桑、历史的进步、岁月的不再、感情的憾事、对往事的留恋等。

通过以上的分析，苏金伞的诗作形而下的特色是不容置疑的。但如果我们据此得出结论说苏金伞的诗歌全部是形而下的，全部是写实的，全部是生活化的、民俗化的，那也不完全符合实际。即使在早期作品里，苏金伞也有形而上的诗篇。1936年，他有一首诗叫《乱葬岗》，开头便有些虚无缥缈：

生前谁也不认识谁,/也许竟是仇敌,/现在都一块儿躺在这里。/谁也不要埋怨,/死后的际遇不平;/同是一锹黄土/给拍个瓮大的冢;/没有碑石刻下名字,/也没有栽过一棵小树;/旧的叫雨水冲平了,/再埋上新的……

诗篇接着诉说了由于战争、贫困、资本家的榨取,由于乞讨无门,还有别的原因,这些人都埋葬在这里:

　　命运早给他们/在这里看好了风水。/人们给它太多的记忆,/人们却把它忘了! 现在独有姜姜菜花格外大,/芦尖格外肥,狗儿秧已能够爬到坟上了……

这首诗颇有人生虚无、无常、无奈、无可逃遁之意。它的整体命意是形而上的。《夜巷》与《气》两篇同样是有形而上的气息:《夜巷》写出了城市文明的异化,一个城市的小巷在战乱的年代的记忆全部是"黑夜",臃肿的城市、商业文明的发展、农村的破产,使得城市"像细蛇吞进一头青蛙,/在肚里翻不过身来"。这里的"星子多",但却被人们捕捉。此诗对城市在战乱年代异化的描绘是相当空灵的。用耐人咀嚼的语句表现了现代都市文明的异化。如果我们把此诗和苏金伞咏农、悯农的诗篇相对照来读,便可发现,苏金伞长期生活在河南开封、郑州两城市,但他对城市文明是失望的,他对乡村文明是有某种程度的依恋的。我们还应该明白:感情上的眷恋,并不是理性的向往,也不是首选的价值取向。事实上,他和其他文人一样,在对城市文明与乡村文明的双重失望中,表现了他形而上的思想,——并不太现实的,也即是说比较空洞的生活愿望。《气》一诗便是这种空洞、空灵的理想和愿望的写照:

　　有人舒气如虹,/在云端扎上彩门供光群出入;/入海则化为长鲸,/喷百尺雾作行藏的标志。/有人嘘气如兰,/出语使人如浴于溶溶水;/玉阶不起尘烟,/一夜白草绿到帘内。/又有人练气成剑,/能于紧封的窗外,/削奸仇的首级,/如探囊取物。/也许有人出着粗重的气,/坚强的手指挥弹如雨;/多少雄伟的新建筑物,/在椰林般的喘息里完成了。/而我的呼吸,/却如腐草根化的流萤,/熠呀熠,终照不出微径,/只能给残缺的墓碑标点字句。

这里诗人的理想、价值取向既不向城,又不向农;既不向西,又不向东。他像"腐草根化为流萤",虽然熠熠发光,但究竟是什么,作者自己也说不清:"只能给残缺的墓碑标点字句。"他的指向不明,他的取向不清,才显出诗人的审美魅力。作者既不是一个抒情诗人,也不是一个政治诗人,他的诗作表明,他是一个

带有农民气质的自由主义知识分子的诗者。在诗人的晚年,有一首诗叫《渡船》,可以看作苏金伞形而上创作的终结:

> 一只木船停在水面上,/没有撑船人,/也没有乘客。//长长柳丝垂在船板上,/不靠此岸也不靠彼岸,/横断了万重关山的连接,/中断古往今来的通途。//从远方回来的本地人,/隔河看看自己的村庄/却无法回家;而村里想出去的人/又不知从哪里出发。/于是渡船不见了……

直到苏金伞的晚年,他"既不靠此岸,也不靠彼岸","而本地人想去远方的,却不知道从哪里出发"。这种没有归宿、没有结论的探索精神是苏诗的另一个侧面。

苏金伞的形而下、形而上的诗歌创作,表面上看来是矛盾的,而实际上是统一的。他的农家子弟出身的事实、他目睹农民太多的苦难生活、他身世坎坷的生活经历,使这位诗人的诗风趋于形而下,而他获得现代意识的知识分子境遇、他不屈个性的执着追求、他正直知识分子良知呼唤下的探索精神,使这位诗人的诗风又趋于形而上。

他的探索、他的叩问、他的追求,最终没有达到人类终极叩问的高度,是这位诗人的憾事。个中原因除了中国社会的发展,社会异化、人生异化现象不太典型之外,还有苏金伞的个人经历、阅读视野、活动范围、受教育程度,并由此而形成的文化素质、哲学修养都使他的诗歌创作受到了限制。他本来是可以上升到一定高度的,但他在终极叩问的大门口留步了。

原载《商丘师范学院学报》2005年第4期

植根泥土　诗意芬芳
——简论苏金伞和他的诗

韩爱平

苏金伞是这样一位诗人：与时代共进步，与万人同悲欢。他几乎就是诗界的一个奇迹。从中国新诗萌芽的20世纪20年代初到90年代末，诗人尽管在生活和创作上饱经沧桑、历尽坎坷，但却坚韧不拔、持之以恒地在诗歌之旅中顽强跋涉。他的创作历程跨越了现代和当代两个时期，从而成为我国诗界创作周期最长的诗人之一。他以诗为业，以诗为命，自言"三生修来做诗人"。诗是他的寄托和价值所在，诗给他带来过欢乐和荣誉，也给他带来过痛苦。70多年的风雨历程，他无怨无悔。

诗人生年正值中国社会大变革的前夜。少年时曾系统地接受了中国传统文化的熏陶，早年在开封第一师范就读时又受到当时蓬勃开展的新文学运动的影响，喜欢上新诗。1926年，在创造社办的《洪水》杂志上，他发表了散文诗《拟拟曲》。今天看来这还比较幼稚的试笔正标志着他的诗歌生涯的开始。在民族危亡的抗日战争时期和以后整个20世纪40年代，诗人基本上过着颠沛流离、忧心忡忡的生活。山河破碎、田园荒芜、国难民瘼时刻煎熬着诗人的心——愤怒出诗人！因此，他的创作一直处于旺盛状态，诗艺走向成熟，开始形成自己的风格，也形成了他的第一个创作高峰。1934年，《雪夜》发表在《新诗》杂志上，曾被闻一多选入《现代诗抄》。其他作品也先后出现在《大公报》《七月》《文艺阵地》《诗垦地》《青年文艺》等全国各地报刊上，引起读者广泛的注意与喜爱。在他88岁生日的时候，诗人周良沛写道："我在台湾亲眼看到诗名很大的诗人，至今很珍贵地保存着年轻时苏金伞诗歌的手抄本，使我大开眼界。"[①]苏金伞诗歌的巨大影响由此可见一斑。新中国成立后，诗人以明快的音调为新中国歌唱。令人遗憾的是，由于众所周知的原因，诗人正当盛年之时，却在诗坛沉寂了10多年。当他以70多岁高龄重返新时期诗坛时，他以饱满的热情和旺盛的精力投入创作之中，在春天里纵声歌唱，尽情挥洒心中的美感，佳作纷呈，珠玉竞辉……他以优质高产的累累硕果在全国诗坛赢得声誉。特别是20世纪80年

---

① 苏金伞：《苏金伞诗文集》，河南文艺出版社，1998年。

代以后,他虽然已步入耄耋之年,而且常年缠绵于病榻,但仍抑制不住创作的冲动,时有佳作问世,一颗不会衰老的赤子童心以及他那脍炙人口、焕发着青春光彩的吟哦引起诗坛一次又一次的惊异和赞叹。"苏金伞写农村,写童年,写对于世事和人生的感悟和思考,一路插花植草,令人目不暇接,创造了当今诗坛不可多见的老诗人大获丰收的奇迹。晚晴斋(苏金伞书斋雅号)里明霞绮丽,诗情氤氲,这里的主人是河南诗界的骄傲!"①

一

《雷》是苏金伞诗作中的名篇。苏金伞的诗,确如春雷般在中原大地上响过,并且传响到全中国。他的长达70年的写作经历真实地记录了他一生追求进步的曲折人生道路。他是一位爱祖国、爱人民、爱他足下的土地的革命现实主义诗人,他的人生命运和创作历程是和我们国家的兴衰与曲折联结在一起的,他的心和广大劳动人民是苦乐与共、休戚相关的。从开始创作以来,他的笔就直指旧中国的腐败与黑暗,揭露、鞭挞一针见血、毫不留情,同时又热切地呼唤着进步与光明。他用他那能发出独特音调的"无弦琴"(苏金伞一首诗的标题),弹奏着生活在社会底层的中国人民的悲哀,以此作为他抗争的形式。对广大人民的命运他不仅是个同情者,更是个代言者。除了在被迫缄默的特定历史时期外,他一直坚守着这一人生信念而顽强搏击着、歌唱着。他的全部创作正是中国现当代历史的折射,是一面历史的镜子。这也正是我国诗歌源远流长的优良传统。

苏金伞自幼打下了扎实的中国传统文化的根基,接着又吸收了"五四"以后翻译过来的外国诗歌和"五四"新文学运动的前驱者们的诗歌艺术营养,但更重要的是他从小生长在农村,与广大劳动人民结成了血肉相连的关系,成长以后也一直保持着这种关系。因此,来自农民的素朴的美丑善恶的价值观、审美观,渲染了诗人灵魂的基色,并随着人生的历练而不断升华。这些构成了诗人诗歌艺术的丰沛泉源。他的一生创作蕴蓄了土地一样朴实和宽厚的品格与精神内涵,农民和他们的命运始终是他最大的创作主题。他的诗,不是一般的同情和空泛的歌颂。他与大地和农民是血亲般的不可分的,是一种命运的亲情。这种人的气质和诗的情境的高度统一,在中国诗人之中是不多见的。更为十分难得的是,他一生从没有背离这个人生的选择。说它是出于天性和命运,都不算错。

---

① 张俊山:《河南新文学大系·诗歌卷》,河南大学出版社,1996年。

因此，苏金伞的诗与他的漫长曲折的人生相依为命。诗人在长长的 70 年间所开拓的创作境域，正如古老的中原大地，稳定、宽广、厚实、永恒。

不错，正是古老的中原大地、中原的泥土、广漠的中原大地上奔腾而过的黄河，是黄河岸边的勤劳又多难的中原农民，哺育了诗人；诗人又以对这些生活的独特感受反映和再现了这些生活，因而写出了在诗坛上能发出迥响的力作。他盼望自己像雷一样炸响：

> 有终年的沉默，/才有破天的轰响；/有辽阔的天的幅员，/才有不羁的行踪。(《雷》)

这"终年沉默"而积发的"破天的轰响"，是中原的农民们赋予诗人的，更是诗人自己深厚的农村生活的积累。这使性格坦率如雷的诗人获得了"辽阔的天的幅员"。因此，不论是"农人的脊背"或是被人忽视的"头发"，乃至一顶破草帽、一件汗褂、一把泥土、一篮野菜、一副货郎挑，都能在诗人的笔下成为广大读者争相传诵的佳篇。

诗人不是消极地叹息或仅以旁观者的身份同情被压迫者的命运。他塑像般用诗的雕刀刻出了"经过烈日的烤炼/和冷雨的浇淋，/变成火成岩一般的坚固"的"农人的脊背"，他控诉"脂肪过剩的人们"在农人的脊背上面"寻求更多的脂肪"。更可贵的是，诗人严正地指出：

> 却不知道：/和无穷的忍受同时，/这脊背/也有无穷的力量。/你看，那满载谷物的大车，/像山一般重，/一声呐喊，/就被掀翻在禾场上。

诗人庄严地宣判着旧世界的灭亡，预示着新世界的诞生：

> 现在/就正用这同样的姿势/来掀翻另一种更为沉重的东西，/——那牢牢地压在脊背上的残酷的统治。

这首写于 1946 年的《农人的脊背》，是他的代表作之一。他从童年就对脊背留下了难忘的印象。那上面，既有"绳索抽勒的疤痕"，"也有无穷的力量"！他从农人的脊背上，开掘出蕴蓄着深刻内涵的思想光芒。那画面，多么壮观啊——掀翻在禾场上的大车旁，挺立着有多么伟大潜力的劳动者！他善于寻找焦点，善于选择有特征的部位，通过这一点典型深刻地反映生活。他总是在生活中捕捉具体形象、意象，他决不抛开形象空泛地去说豪言壮语。这使得他的诗的形象鲜活具体，感人至深，令人过目不忘。

在文学描写乃至绘画艺术之中，画眼睛，是最要紧的。我们的民族甚至创造出"画龙点睛"这样的寓言。但苏金伞却能在《头发》一诗中运用独特的白描手法,仅仅通过头发就深刻地描绘了几十年漫长的社会和人生面貌。诗人从还拖着一条长辫子的父亲的头发写起,写到死后还被虱子喝血的"母亲的头发";又写到自己的头发"不服梳理",全诗仅 52 行,却有着非常感人的诗的内核和深广的容量,在艺术上又是那么朴实无华,含蓄凝重。这篇佳作,比起前人或同辈新诗人的同样题材的佳作,都是毫不逊色的,同《农人的脊背》《跟妈妈说》《眼睛都睡红了》《破草帽》《泥土》《摘棉花》等篇,都可列入 20 世纪 40 年代中国新诗中的优秀作品。

20 世纪 40 年代末,诗人带着他的新作《三黑和土地》出现在新中国的诗坛上。这首在新中国成立前夕写于华北解放区的著名作品,无疑属于新时代的歌声。它通过歌唱翻身农民的喜悦和对未来幸福生活的憧憬,预示新的社会制度的诞生和农村生产关系的变革将极大地解放农村的生产力。这是中原诗人为土地改革竖起的一座诗的纪念碑(此诗后来被选入中学语文课本)。而写于 1956 年的《场边夜话》则在诗的意境中展现了合作化后农村的新生活和农民为理想所陶醉的动人情景:

在小河边的柳丛下,/隐约听到谈话的片断,/从谈话的机密来判断,/一定是一对男女青年。//女的说:"我过河去割麦,/你为什么老跟在我的后边?"/男的说:"割麦怎能撇下我,/我手拿的不也是一张快镰?"//"明天我坐上拖拉机,/就再不把你放在心间!"/"那我去当你的助手,/一刻也不让离远……"

这写的是一对男女青年农民的"情话",透露的却是走上新生活的农民对美好未来的无限憧憬与向往。对于生活诗意的发现,来自诗人对崭新的社会制度的体认,其歌颂的真诚是显而易见的。这些诗同他 20 世纪 40 年代最旺盛的创作期中的优秀作品一脉相承并有新的发展。而这一切的一切又都来自他对农村、农民的深切了解。

他说他生长在农村,12 岁以前,完全在农村生活,一步也没离开过家和他的那个小村庄——豫东平原上的一个小小的村庄。这个小村庄,只有几十户人家。每一户人家,从老人到婴儿,他都熟悉……12 岁到县城上高小,14 岁到开封上第一师范,后来又上体专,离家远了。但每逢寒暑假还是要回家的。因此 22 岁以前,他基本上是在农村生活的。这影响了他一生的创作,决定了他写诗的题材主要是农村,连他的写诗的风格,也朴素得像是北方的农村一样。正如他自己所说:"我的诗是反映生活的,主要是反映农村生活。因为从小生活在农村,以后又不断地到农村去,对农村生活比较熟悉;在风格上力求朴实无华,带有泥土气息,并在朴实中透出清新,这种风格始终不变。"①正是这深厚的农村生活基础,使诗人摸透了农民的气质、农民的要求和心理状态,他要挖掘出潜藏在农民内心深处的力量,他要写出农民对土地深挚的恋情。他的诗的调色板上,充满了中原农村的色调。因为不仅求学时期常回农村,就是在以后执教于黄河水专、河南大学等学校时,抗战中几经迁徙,他居住之地从嵩县潭头到内乡山窝或宝鸡山沟,也多是穷乡僻壤。他关心农民疾苦,只要一有空,他就去田边、地头。他同农民一起担过稻谷,帮农妇摘过棉花,闻到泥土和庄稼的气息,他心情就会轻松些。他自称是一个"土人"。但是,正由于他的"土",由于他诗歌中独具的中原农村色调,使得他向中国的新诗坛呈献出了自己的艺术,又从而使人们在这艺术中发现了诗人自己——河南诗坛"乡土文学"的代表。

二

现实主义创作方法,是苏金伞诗歌创作的主流。现实主义,也需要夸张和想象,但它是建立在现实基础上的。从苏金伞的诗作中,我们不难发现,诗人的抒情,多凭借对客观现实的描绘,很少有纯主观的直抒胸臆式的激情爆发。正是由于创作方法上运用现实主义,才形成了苏金伞诗的风格的朴实无华。他的作品,散发着浓郁的泥土气息,并以朴实无华的语言和深蕴的诗意而见长。例如1943年在潭头河南大学时写的《摘棉花》:

> 孩子爬在地下啃泥土,/声音已经哭哑了,/妈妈毫不关心地在摘棉花;/对于怀中的棉絮,/却又如此地溺爱。//中国的孩子就是这样地被看待着的。//我摘下一个棉花桃,/塞在孩子的手里,/他马上放在嘴边舔着咬着,/痴呆地笑了。//中国的孩子就是这样地容易满足的。//那女人反而怪起我来:/"吓,那是作孽的,/一个棉花桃要纺几丈线哩!"

贫困的生活扭曲了母亲的感情,读来令人心酸! 诗人不动声色地描画着这真实的生活,然而在字里行间蕴含着多么深刻的悲哀和痛苦! 深刻的现实主义在这里获得了撼人心魄的艺术力量! 其他作品,如上文提到的《农人的脊背》《头发》等,借鉴象征手法,表现时代精神,诗意纯熟,意味深长,都是运用现实主义手法获得成功的篇章。

苏金伞的诗,朴实得连形容词都极少用。当然,朴实既可走向深沉,也可流

---

① 苏金伞:《苏金伞诗选》,人民文学出版社,1983年。

于浮露。而苏金伞诗的朴实,是含蓄、深沉、蕴藉的。即便是写于解放战争时期的政治讽刺诗也是如此。正如诗人自己所说,抗战胜利后,"1946 年到 1948 年,我写的几乎全部是政治讽刺诗,1946 年《大公报》评论我的诗'讽刺深刻得体',我想无非是说,这些讽刺虽尖刻,但却有点含蓄,有诗的味道"。① 应当指出的是,苏金伞的政治讽刺诗,不但尖刻、含蓄,而且富有极浓郁的生活气息。他借助于鲜明的艺术形象,嬉笑怒骂皆成诗篇地鞭笞黑暗的统治。诗人能通过一张"国民身份证"入骨穿心地揭露当时军警特务对人民的残酷迫害,用"我"去"照相"和"身份证的受难"等一个个极富戏剧性的镜头,辛辣地进行讽刺。没有"身份证"要"一律驱逐出境",有了"身份证"呢?"它反而跟着我/受了许多的磨难"。在开始检查的那一天,"爹爹突然得了霍乱病,/我立时出去买药,/——腰里带着身份证"。但是,有"身份证"仍躲不过无数关卡的刁难,到天黑才回家,"爹爹已经咽了气,/一家人都围着哭,/并且埋怨我耽误事"。该埋怨的自然不该是"我",是谁? 诗人留给读者去回味了。令人意料不到的是突然出现了这样一个奇特、沉痛、愤慨却又不乏诙谐浪漫的结尾:

    家里人催我出去买棺材,/我哆嗦着不敢再上街。/我倒是先把爹爹的身份证,/跟纸钱一同烧化了,/免得他的鬼魂到处受阻碍,/一时走不到十八层地狱!(《国民身份证》)

这样尖锐地讽刺国民党反动派的诗,在 1946 年 11 月写出,实在是难能可贵! 在此之前的 7 月 18 日、著名民主战士闻一多先生被特务刺杀后三日,苏金伞就写出至今仍被读者传诵的名作《控诉太阳——哀闻一多先生》。这首诗的构思是新颖、大胆而独特的:

    然而五点二十分,/究竟还是白天,/是应该由你管束的。/谁叫你带来与黑夜不分,/而又同样可怖的白天哪!

以现实主义创作方法为主的诗人,在这首抒情诗中,以呼天喊地的屈原式的悲愤和浪漫主义手法,塑出一座民主战士的雕像,像闪电刺破黑沉沉的夜空,如雷声炸响于国统区的诗坛。这类讽刺诗,在"反内战、反饥饿、反迫害"的群众反蒋斗争中发挥了积极的战斗作用。

苏金伞的创作方法是现实主义的,诗的风格是朴实、含蓄的;但诗的形式,却是"自由体"。字句不求整齐,有时连韵脚也不押,随着感情的起伏、语气的轻重,运用自然的节奏,不加雕琢,取得了相当高的艺术成就。诗人自己说:"诗贵

---

① 苏金伞:《苏金伞诗选》,人民文学出版社,1983 年。

朴素,我终生追求的就是这两个字。因为我生长在农村,土生土长,身上以至灵魂都浸透了泥土的气息。一切华丽的外衣对我都是不相称的。而且我根本就不会用彩色的羽毛炫饰自己。这是一个人的性情,作假也作不来。"①这段话,相当准确地概括了苏金伞诗风的基本特征。

三

诗是最精粹的语言艺术,驾驭语言的能力构成了诗人艺术涵养的重要内容。苏金伞善于以民族的和大众的规范语言入诗,他严格遵循汉语语法规律编制自己的诗句,他的诗句一般是简短的,符合汉民族的语言习惯,他的诗歌语言是地道的中国作风、中国气派。同时,他的诗歌语言又以大众口语为基本材料,不猎奇,不涉怪,纯净而通俗。在用大众口头语写诗方面苏金伞有自觉的追求。他说他"坚持用朴素的语言传达真诚的感情"。苏金伞确是学习群众语言的有心人,他总是那样得心应手地把群众语言中富有生命力、表现力的词汇借来,妙语天成地点化为灼灼闪光的诗句,他的诗歌语言具有散发着泥土芳香的朴素美。例如:

荞麦地里,/还有两个蝈蝈儿在叫唤,/吱吱吱……/叫得人心里痒抓抓的好喜欢。(《三黑和土地》)

这里每一个字都好像是从农民口中说出,平白自然,鲜活形象,声情并茂,美妙而动人。再比如:

我担着稻草担子,/跟别的年轻人/一同往稻场里跑。/我喜欢那稻草的气息,/喜欢那熟透的稻粒/因闪动而发出的声音。(《稻草担子》)

他懂得"稻草的喜悦",懂得"稻草的密语",稻草在他眼中变成童话境界中能言善语的精灵了,以至使他"往往不知远近,/不辨东西。/到场里卸下担子,/我才感到最好的收获的滋味"。这首写于1939年的《稻草担子》,抒发了他初到潭头河南大学时的心情。诗的感情纯粹是农民的感情,语言全都是农民的语言。

苏金伞设喻取譬多来自生活中常见的事物,这也是其诗歌语言大众风格的标志。比如:

---

① 苏金伞:《作家谈创作我是怎样写起诗来的》,花城出版社,1981年。

> 活像旱天的鹅,/一见了水就连头带尾巴钻进水里。(《三黑和土地》)
> 走在像鼓胀的蛙背,/吱吱在脚下发响的田间小径上。(《雨后》)
> 就像初生的牛犊,/衔着水桶般的母奶不放。(《桐叶》)

句中的引喻之物,都是人们习闻常见的。这样的比喻句由于通俗易懂而使人感到亲切,一经诵读,即永记不忘。我们称苏金伞是"泥土诗人",这不应单指他的诗与农村生活更为接近,也应指他的语言能为每一个普通的中国人所理解。他的诗歌的"土腥味儿"不是别的,正是中华民族世代于此生息的华夏泥土气息。在这方面,苏金伞在新诗史上占据着属于他自己的位置。

苏金伞虽用口语写诗,却很讲究语言的锤炼。例如《雨后》,写燕子用紫色的胸脯,在麦浪上恣意地翔泳着。"翔泳"这个词乍看有点生僻,细细咀嚼又觉得真切新鲜,是真正的创作,诗人写出了燕子所以快活的体验,还写出了诗人审美的通感:

> 而我,/也用手掌/在麦芒上轻轻地抹过。/于是,我的手掌,/也像长满了茸毛,/我的身上/也像生了翅膀,/我也有了燕子的感觉了。

这是不是就是所谓"天人合一"的境界呢? 这是多么不同寻常的神秘而又有美丽诗意啊! 在这首诗的境界里,人类诗意地栖息着,燕子诗意地栖息着,麦穗也是诗意地栖息着。这是诗人的梦境或理想,是一个美的真的人与自然息息相通的和谐的精神世界。这种诗情和境界,直到诗人晚年的诗作里,仍然在不息地延续着、拓展着,没有枯竭,没有衰颓。

苏金伞锤炼语言,力求提升形象的鲜明性、意蕴的丰富性和包容感情的浓厚性。因此他的诗歌语言富于力度,读来朴素、平易、流畅、自然,而细细品味,却相当生动、含蓄、深沉,犹如绵里藏针,柔中有刚,一经触摸,令人震惊。例如上文提到的《摘棉花》,通篇是平实的叙说,语言朴素极了,没有一个刻意雕凿的字眼,然而却简练精警,意味深长。论形象,它是一幅触目惊心的图画;论思想,它深刻揭露了旧中国农村的贫穷和愚昧;论感情,它表现了诗人对不合理社会制度的无比强烈的愤怒和抗议、对农民无限深切的同情。再如:"妈,我一挤眼,/就看见荠荠菜/一棵压一棵地生在眼前,/把夜空/铺得不剩一条缝。"(《跟妈妈说》)写尽了饿儿的幻想,字里行间饱含辛酸;"地是他的,难道野菜也是他的吗?"(《跟妈妈说》)写出了孩子的愤慨,稚气的困惑里含着他对世间不平的思考。像这样的诗句,纯粹是口语化的,但是不含芜杂,精练生动。

总之,苏金伞的诗以中原农村习见的人情世态和中原劳动群众活生生的口语为第一特色。但这些诗的具象与词语并非生活的如实照搬,而是经过诗人的淘漉和提炼,赋予了崭新的艺术生命。诗人那些富有特色的词语,总是恰切地出现在特定语境中,对作品起到绘声绘色、画龙点睛的作用;他不追求诗的外形的规整和押韵,但却反映了内在情绪流动的节律,具有一种独特的音乐美;他从不刻意雕琢去追求表面的华丽繁缛,但却像中原的黄土地一样质朴坦荡,锦绣满地,流荡着清新的气息,渗透着浓浓的泥土的芳香;他厌恶标语口号式的直白,在表面的平实静穆中,诗情却像黄河的浪涛一样汹涌澎湃,无穷无尽;他从不浮躁地去赶时髦、趋流行,却像嵩岳一样雍容深沉,坚守着自己固有的形态和色彩。这种大巧若拙、大雅似俗的艺术境界形成了他朴实自然、清新隽永的艺术风格。他的《秋猎》《坠楼人》一类的诗,有着唐人绝句的韵致和海涅的精巧,而《控诉太阳》一类的诗,又使我们想到屈原和拜伦的风采。他国学渊厚,却食古能化;他喜爱西方的现代诗,又未被"洋"化。他的诗从整体来说,给人的感受是平实、素朴、隽永;从深层来说,平实体现了自信,素朴是最高的华贵,而隽永却和浅薄无缘。这一切使他的诗歌独具一种沁人心脾、耐人寻味的艺术魅力,从而在我国诗坛上形成了以他为代表的现代乡土诗派;他的诗创作的根深植在中原丰厚的泥土里,他的诗之大树枝繁叶茂、硕果累累!

原载《平顶山学院学报》2006 年第 3 期

苏金伞：一个诗人的名字

安春华

别林斯基说：诗人"不仅是一个诗人，而且是一个人"。

当然，诗人应该用自己的作品说话，然而比作品更重要的，是诗人的品质，即诗人的精神力量和人格魅力。真正的诗人，不仅用作品感动着世界，更用自己的品质为他所生活的世界树立起精神的丰碑。他们是勇敢地面对整个世界的人，是以其敏感、丰富的心灵去感受和触摸世界苦难的人，是永远向世界袒露自己心灵的人。而唯有这样的人的诗，才有可能使人们通过它去感悟世界、体验人生。正如埃得施米特在《创作中的表现主义》中所说的那样："诗人的伟大乐章就是他所体现的人。"

苏金伞，就是一位其人让我们缅怀不已、其诗让我们咀嚼再三的真正的诗人。他一生创作新诗 300 余首，均具有极高的艺术和思想价值。自然清白，是其为人，也是其诗作的基本风格；童心真心不泯，人的气质与诗的意境完美统一，是诗人的基本特色。1995 年台湾九歌出版社出版的《新诗三百首》中收录了苏金伞的《头发》。余光中在"序言"中说："我一向认为苏金伞是早期诗人中虽无盛名却有实力的一位，却未料到他能写出像《头发》这么踏实有力、捣人胸臆的好诗，并且立刻认定，此诗虽短，撼人的强烈却不输鲁迅的小说。"

著名学者程光炜曾经对他在文学史上的地位给予高度评价："苏金伞先生是另一方面的例子。文学史对他的冷淡不仅未能影响他晚年的创造力，相反，文学史轻率的裁决倒是证明了他写作方向的正确性：对灵魂的忠实而非对时代风气的忠实。在历史的一个个所谓'转折期'，他没有留下其他著名诗人那样的'代表作'，然而，却是为数不多的几个承受住了时间检验的诗人。他的写作被证明是有效的，而不是像诸多的诗人一样，当历史翻过新的一页，他们的诗也随即被历史的书页翻掉了，销声匿迹了。"[①]

一、赤子一样高洁的诗心

"不管跟谁说话／披肝沥胆的倾吐"（《雷》），这是苏金伞的诗句，也是他的诗

[①] 程光炜：《不知所终的旅行——九十年代诗歌综论》，《山花》（上半月），1997 年第 11 期。

歌宣言，更是他赤子一样高洁诗心的真诚祖露。从 1926 年的《拟拟曲》到 1996 年的《四月诗稿》，在长达 70 余年的创作历程中，诗构成了苏金伞生命的全部，他为诗而生，亦为诗而死。当祖国和人民遭受磨难的时候，他用一颗宽厚、赤诚的心，抒发着对父老乡亲的同情和挚爱：

    汗褂烂了，/改给孩子穿；/又烂了，/改做屎布。/最后/撕成铺衬/垫在脚底下/一直踏得不剩一条线！（《汗褂》）
    马蹄嘚嘚走过，/带着女人的啜泣声/和孩子们的帽铃声。//破音的唢呐，/呜呜啦啦地吹过来，/同样令人哭泣的调子，/我辨不出是在埋人呢，/还是在娶亲。/……//瞎子的算命锣，叮叮当当地敲着自己冷清的命运……/我想问问明天的遭遇，/但他的眼前比我还黑。（《窗外》）

诗作表现的杂乱、凄凉、悲怆的氛围，正是黑暗中国的缩影。当人民当家做主、扬眉吐气的时候，他歌唱光明，歌唱新生活：

    一树一树熟透的苹果，/染红了累累的阳光。/繁花开出她的春天，/满园的苹果/炫耀着她的收成。

他把心中的满腔激情无私地奉献给了祖国、人民和脚下的土地。他的诗之根深深地扎在中原文化丰厚的土壤里，散发着泥土的芳香。

艾青说过："高尚的意志与纯洁的灵魂，常常比美的形式与雕琢的词句更深刻并长久地给人以震动。"这句话用在苏金伞身上再恰当不过了。"没有一只鸟在这里撒过谎语，/也没有一朵花在这里骗过春天。"（《登鼓楼》）像这只痴情的鸟儿和这朵报春的花儿一样，苏金伞的每一行诗都饱含真情。而这真情源于他"高尚的意志与纯洁的灵魂"，"却把蓄积起来的温暖，/全部地倾倒出来，/以抚慰寒冷的世界"（《芦花和棉絮》）。苏金伞的童年和少年时代是在贫困和流离中度过的，虽然他的家庭和个人都曾蒙受苦难，"惆怅的是桨，渺茫的是我的方向"（《元宵夜步》），但他并不流于对于个人经验的推演，而是由己及人、由此及彼地洞悉世界以及世界上同样蒙受苦难的灵魂，经由个体进入更为广阔的时空，显示出更为深邃博大的情怀。苏金伞的这种创作境界不仅体现了他作为诗人的品质，同时也为我们评估诗歌价值提供了一个标准。

二、大地一样的深厚诗情

苏金伞是豫东大平原哺育出来的乡土诗人，他写作的根，源于他对故乡文化、生命和土地的本真认识。苏金伞的爱深沉而偏执：他热爱家乡和世世代代生活在家乡土地上的农民。就像田野上一株成熟的稻穗，他怀着宗教般的圣洁之心,一直低着头,默默地凝视着故乡的土地、土地上的阳光和在阳光下生活着的人们。他的一生都"走在像鼓胀的蛙背/吱吱在脚下发响的田间小径上"(《雨后》),因而他的诗歌也就蕴蓄了土地一样朴实、宽厚的品格与精神内涵;他的诗歌语言也亲切平实得像呼吸一样自然。

用语言反映时代的心声,关注那些挣扎在底层的劳苦者,是苏金伞早期诗歌的主要内容。他前期的诗歌创作多以中原的农村风貌和农民生活、命运为核心,以自然清白的语言和自由、简短的体式为载体,展现了永远的乡土情怀:"我喜欢那稻草的气息……/我懂得稻草的喜悦……/我懂得稻草的密语"(《稻草担子》),"野外响着蚯蚓的长吟,/还是蟋蟀擦着翅羽?/是蛙足蹚着池水,/还是树根吸着新泥? ——这是土地的声音,/土地呀着亿万张嘴唇,/吸吮着甘甜的濡沫,滋润着深深的肠肺"(《春宵伴着细雨》)……从这些散发着泥土气息和稻花香味的诗句中,不难读出诗人对于生命真实状态和个体生命深处的真实感受,以及他对大地的深沉热爱。

"乱世之音怨以怒",是中国诗歌的一个古老传统。苏金伞继承了这个优良的传统。面对旧中国旧河南的风雨如磐、满目疮痍,苏金伞一边和农民一道流泪,一边蘸着从恨的血管里流出来的黑色的血,描绘着农村衰败的景况,表现了农民非人的命运和异常艰辛的生活:

而掰穗子的人/也空着两手/走回没有一粒米的家/也没有一棵玉蜀黍秆/叫他补一补漏裂的小屋(《玉蜀黍》)

天黑啦,/老鸹吃得饱饱的,/飞回各自的老窝,/而她/却没有拾满一把麦……(《麦》)

农民的命运竟不如老鸹,多么可怜、可悲!然而更可悲的是在土地上辛劳一辈子的农民,竟死无葬身之地:农人信赖泥土,/就是这样的执迷。/但等到饿得倒毙时/却找不到一块隙地/让他们葬埋尸身!(《泥土》)

当然,贫穷和苦难并不是农民的全部,苏金伞还表现了农民的坚忍与博大:从"农人的脊背,/经过烈日的烤炼/和冷雨的浇淋,/变成火成岩一般的坚固"(《农人的脊背》)中,我们感到了农民身上蕴含着的巨大力量和坚忍不屈的精神;从"只要耕种的人多了,/耕种的日子久了,/一代一代的血汗融合起来,/土质就可以变肥"(《耕种》)中,可以体会到农民博大的胸襟和对美好未来的憧憬……这些诗不是对大地之表层景象的赞美,而是直指大地深处,也即生命深处。正因为有着如此深切的对大地的情感,这些诗才具有如此的艺术感染力,让人们觉得它们是正在生长着的诗歌,就像大地之上的一棵棵花草树木、一片片庄稼一样,直接获得了大地的养育之力,并因此而具有了大地的品质。

> 农民一有土地，/就把整个生命投入了土地；/活像旱天的鹅，/一见了水就连头带尾钻进水里。
>
> 恨不得把每一块土，/都送到舌头上，/是咸是甜，/自己先来尝一尝。

这首名为《三黑和土地》的诗，是苏金伞最脍炙人口的诗作，曾被选入中学教材。它表现了农民得到自己的土地之后无边的幸福感。"这是一种最典型的本土性的歌唱，河南诗人特有的带着土腥味的憨厚的歌唱。朴实的河南方言，切肤的个体经验以一种自我指涉的智性方式融汇起来，形成了一种既亲切自然、含蓄内敛又散射诗意光彩的文本存在。读这样的诗句，虽然没有如读《新华颂》《我们最伟大的节日》那样的酣畅淋漓，却如听一曲家乡小调，在优美熟悉的旋律中仿佛能够缓缓看见镜像中的我们的又一个自我。就诗学本体意义上说，这样的诗句，是更能够与我们的精神与灵魂保持长久的谐和共振的"①。

如果说"最懂大地的是乡下人"(《土的气息》)，那么，可以毫不夸张地说，最懂乡下人(农民)的诗人是苏金伞。

三、蒲公英一样清新的诗艺

诗歌不是现实世界和客观事物的简单复制和罗列，它既需要体验、积累，更需要发现、创造。苏金伞这些清新、优美的诗歌就来自他对泥土、乡村、田野的独具慧眼的发现，以及娴熟的艺术表现。如果没有诗意眼睛的发现，那些苹果、高粱、玉蜀黍、稻草、蚯蚓、青蛙、鹅等就不会成为诗歌语境中的"意象"了；如果没有艺术化的手法，这些"意象"也不会延伸为一首首美丽的诗了。

飘荡着质朴和真诚的生活的芬芳，充满着淳厚的泥土之香，可以说是苏金伞诗歌的整体艺术风貌；不事雕琢，以朴素、恬淡、坦率、诚恳构成诗歌的灵魂。苏金伞不仅为现代诗派提供了一个新的艺术品种，更重要的是他对诗艺新质的开拓，实现了对传统田园诗温柔敦厚、闲适空灵风格的创造性的背离。"我们是一同/在高粱丛里/和牛肚子底下长大的……"(《你走了》)这样的诗句，既无突兀之感，更无造作之嫌，只有朴素的诗心才会写出这么质朴的诗句，也才有了沉甸甸的质朴美。

> 乳桐的叶子飞速生长，/贪馋地吸吮着温暖的阳光，/就像初生的牛

---

① 李少咏：《在边缘处歌唱——河南诗歌(1949—2003)一瞥》，《诗江西》，中国广播电视出版社，2004 年。

犊,/衔着水桶般的母奶不放……//从村子里跑出一群儿童,/在桐叶下追逐爬行,/泥浆的脸上涂满了欢笑,/整个桐林响起了回声。//从桐叶下爬出来,/每人好像增加了五公斤体重。/手里一柄桐叶当作小伞,/每人都像一株乳桐。

这首诗题为《桐叶》,诗人把乳桐和村童两个意象叠加在一起,如古人说的"不似此诗,恰是此诗"(袁枚语),给人以优美的想象和清醇的回味。

和中国其他新诗一样,苏金伞诗歌的艺术价值不仅体现在对中国传统诗歌技法的继承,更在于对现代主义诗歌表现方法的借鉴和吸收,"我将看见凝蓝的天,/并可以放出我的思念和遐想"(《窗外》),"给人以更多的太阳,/给人以更多的蓝天"(《黄叶》),这些诗句充分体现了诗人更为开阔的胸襟和更加宏大的视野,反映了诗人诗歌观念和审美思维方式的根本转变。"无论谁从巫山下经过,都会被打湿衣袖,/一直到大海都晾不干!"(《遇神女峰》)这首本是写山的诗,因创造性地运用了如变形、隐喻、象征、抽象、幻化、通感等现代主义表现手法,膨胀了诗歌的空间,给读者以无限的审美想象和心灵的愉悦。再如《雪跟夜一般深》,屋外雪覆盖了一切,屋内一家人热气腾腾;大雪下生命在暗暗生长,"正在把春天孵抱"。屋外屋内,雪和人,雪的寓意和人的心灵叠化成一幅现实生活的写意画,委婉而深邃的意境蕴含其中,农民实行生产责任制后对美好生活的向往,表现得是那样的悠然、透明、空灵。

诗歌一向被认为是最具灵性的、最贴近人的心灵的,甚至被荷尔德林称为"最清白无邪的事业"。诗歌作为一种文化现象,像江河一样源远流长,是人类精神家园里一股最具灵性的活水,它来自人类高贵的心灵,又滋润、提升着世俗的灵魂。影响和感动我们的,是我们触到了另一颗心灵的震颤。自言"三生修来是诗人"的苏金伞一生以诗为业,以诗自命,沉醉于诗,献身于诗,以自己杰出的诗作和伟岸表明了他是无愧于"诗人"这个神圣称号的。

"依我看,无论是对我们这块乡土的体验,还是对我们这个时代的把握,苏金伞都以真正诗的方式做出了独到的表达;无论是烈酒或清茶,苏金伞都有高标的独树力作乃至精品;无论诗情或诗才,尤其是创造力,老诗人都是不让后生晚辈的。毫无疑问,苏金伞应该而且必定能够融入我们今天乃至今后的诗歌创作河流里去,并以这样的方式留在历史长河中"①。

原载《新闻爱好者》2007 年第 6 期

---

① 孙荪:《重读苏金伞》,《大河报》,2006 年 4 月 14 日。

超脱现实　情理相生
——苏金伞《雪夜》赏析

卓厚宝　李伯仲

　　一个雪天的夜晚，诗人"闯进"深山老林猎狐。诗人真去猎狐了吗？"忽然起了夜猎银狐的憧憬""就像我未曾打过猎，却作这首夜猎银狐诗"，诗歌的开篇和结句明确告诉我们：诗人这辈子压根儿就没打过猎，本诗所写的猎狐只是一个憧憬、一个想象。诗人欲超脱现实，追求闲适情趣的意图可见一斑。这诚如黑格尔所说，"凭主体的独立想象，去创造出一种内心情感和思想的新的诗性世界"。

　　为了表现这一情趣，作者抓住了猎狐时的三个具体细节——踏着"雪夜的靴声"、提着"弓刀"、点亮"羊角灯"，展开诗化的描写。诗人沉醉于"甘美醉人"的"雪夜的靴声"里，沉湎于雪飘在脸上甜在心间的惬意中，倾听着"树叶的干舌""默诵着雪的新辞藻"并"滑脱"在弓刀上的清晰声响，看到亮在雪原里的羊角灯"抖着薄晕"，竟生发了她仿佛是"出嫁前少女的寻思，羞涩"的联想。白的雪，红的灯，锃亮的弓刀，靴子踢起晶莹的雪声，诗人绘成了一幅让人心驰神往的夜猎银狐图。至此，我们不禁和诗人一样心旷神怡，神采飞扬，深深迷醉在这一优美的图画之中而流连忘返。

　　将哲理顿悟融入象征意象中，寻求感情与理智的交错平衡，达到诗情智化是现代诗派的审美趋向。诗人苏金伞在灵感的火花闪现之后，沉入哲理的思考与人生的探索之中。"并不以狐的有无为得失，/重在猎获雪夜的情趣"，写得浅近精美，情理相生，既具情趣又具理趣，使读者既享受感情的熏陶，也得到心智的启迪。

附原诗：

雪　夜
苏金伞

未曾打过猎，
不知何故
忽然起了夜猎银狐的憧憬：

雪夜的靴声是甘美醉人的。
雪片潜入眉心，
衔啄心中新奇的颤震，
像锦鸥投身湖泊擒取游鱼。

树叶的干舌，
默诵着雪的新辞藻，
不提防滑脱两句，
落上弓刀便惊人一跳。

羊角灯抖着薄晕，
仿佛出嫁前少女的寻思，
羞涩——但又不肯辍止。

并不以狐的有无为得失，
重在猎获雪夜的情趣；
就像我未曾打过猎，
却作这首夜猎银狐诗。

原载《中学语文园地》(高中版)2007年第4期

现代语境中的乡土与家园
——从苏金伞的诗歌谈乡土家园的诗性重构

张晓雪

时代的脚步已经进入 21 世纪,30 多年的改革开放使中国社会迎来了后农业经济时代,市场经济的建立带给这个古老民族以价值观的大变革。随着工业化、城市化的进程,农民涌向城市,现代科技的刺激使农民乡土意识日益淡薄,乡土文化日渐衰落,紧张的生活节奏带给人们强烈的焦虑感和孤独感,从而唤起当代人对精神家园的渴望,如何在现代语境中重构乡土和家园,成为文学创作尤其是诗歌创作的重大课题。

西方现代派文学自象征主义诗歌肇始,而象征主义正是西方工业时代对家园的破坏造成的精神危机的产物,艾略特的《荒原》因为反映了现代人家园丧失、乡土沦落的意识,而成为象征主义诗歌的代表作。中国现代诗歌从"五四"以后的新诗运动开始,经过一批留学海外归来的知识精英的倡导和实践,以郭沫若的《女神》为标志,徐志摩、闻一多、戴望舒、艾青等一批诗人出现,形成了中国现代诗歌的一次高峰。苏金伞就是在中国 30 年代现代诗歌高潮的时代背景下开始自己的诗歌创作的。与其他诗人相同的是,在新诗发展的百年历史中,他们都经历了时代风云的磨砺,苏金伞的人生可以说是中国追求进步的知识分子坎坷曲折的人生道路的缩影;苏金伞的不同在于他始终坚持着新诗的乡土意蕴、人性立场与现代诗风,晚年的诗作更以高度的精纯创造了他诗歌创作的高峰,使苏金伞的诗保持了艺术的纯粹性,使他能够从 1926 年开始创作而横贯 70 年岁月,成为中国新诗在几经断层后承续了中国诗歌现代性的少有的诗人之一,为中国新诗的发展做出了杰出贡献,也为当代诗歌创作带来可贵的启迪。

一、乡土文化的诗性发现

在中国新诗发展史上,苏金伞以现代乡土诗人而著称。说他现代,是他一生的诗歌创作一直坚持自由体新诗的写作形式,而他创作的主题又是以个人情感为中心,以人本主义、人性的视角为美学价值观,使用富于现代感的语言,具有象征主义和表现主义色彩;说他乡土,是在他的诗歌里,乡土风情、农家生活、瞬时意象在他的诗作中占有很大比重,一直是他诗歌中最有才华和激情、最具魅力和亲和力的篇章,还因为他的富有现代感的语言是由最质朴的民间语言构成的,显得那么朴素、自然,不经雕琢,浑然天成,仿佛是乡亲们不经意的聊天。而那撼人心魄、如印象派绘画般的诗的意境,却是最平常而琐碎的乡村生活的场景。一头牛卧在槐树下歇晌,"眼睛都睡红了"。斑鸠"叱咤一声","枝条上的嫩芽,/挨次睁开了眼睛","而山/蜿蜒着庞大的肢体/……用金色的脖子/在太阳上/擦痒","拨浪鼓的声音/为静止的乡村/装上悸动的心脏","落叶上的夕阳/一筋斗/跌在土色的蛙背上/牛羊俱归/剩下黄昏/在山脚下蹀躞"……"腊月是结婚的日子。/为了一家的喜事,/全村人都扎上翅膀,/村前村后地飞"。"妈,我忘记告诉你一件事,/有一条黑狗/在野地里扒坑,/……""不久/坟头的迎春花/就要开放/最先感到温暖"。苏金伞能够从原生态的乡土生活中发现具有文化价值和审美价值的意象,从最质朴的乡土语言中撷取鲜活的有神韵的诗性。苏金伞的乡土,是经过了主观审美的发现,经过了现代诗人的自由联想和重新构建,带着梦幻般的奇妙和臆语样的重组。苏金伞对乡土文化的发现使他的作品充满浓郁的生活气息和生机盎然的生活情趣。土地、太阳、雷雨,树木、禽鸟、牲畜,插秧、割草、摘棉花,婚、丧、嫁、娶,都被赋予了哲学的人生的意味,因而显示出生命的价值,闪射出美学的光辉。村落土地、田野山川都被赋予灵性,涌动着不泯的童心;农夫的草帽、汗褂,货郎的小担,姑娘的嫁衣成为生生不息的生命的图画;即便战争、贫穷、灾荒和人世的悲欢离合,也都成为人的意志和尊严的赞歌。

这当然首先基于苏金伞对乡土的热爱。"金伞与大地和农民是血亲般的不可分的,是一种命运的亲情。这种人的气质和诗的情境的高度统一,在中国诗人之中几乎是罕见的"[①]。然而对于一个诗人,仅仅有这份热爱、有对乡土的熟悉和生活积累是不够的,要把乡土的文化意蕴变为感人的诗性的文字,不但要有细腻的观察、敏锐的悟性,更必须有一双现代知识分子的智性的眼睛、一支能够把心中的乡土化为美丽梦境的笔。

二、以人本主义的人性的审美观构筑精神家园

苏金伞诗歌的现代性,首先是因为他具有人本主义的人性的审美观。

[①] 苏金伞:《苏金伞诗文集》,河南文艺出版社,1998年,第4页。

毋庸讳言,中国现代诗歌如中国的话剧一样是在西方文化影响下诞生、成长,逐渐融入本土的。这就决定了中国新诗首先要处理好自由体写作与民族诗歌传统的关系。这不是形式问题,而是文学观、审美观的问题。从苏金伞诗歌的字里行间我们都能读到中国诗歌的优秀传统——忧患意识和人道主义,然而,苏金伞的诗既不是站在文人士大夫立场上对饱经忧患的乡土和乡亲表达怜悯,也不是站在农民的同情者立场上对不公的世事表达愤怒。在他的诗里,我们读到的是一种天人合一的淡雅、人性尊严的淳美,这使他的诗的悲悯更加博大,情怀更加深沉,超越了忧患和人道。

孩子爬在地上啃泥土,/声音已经哭哑了,/妈妈毫不关心地在摘棉花;/对于怀中的棉絮,/却又如此地溺爱。//中国的孩子就是这样地被看待着的。//我摘下一个棉花桃,/塞在孩子的手里,/他马上放在嘴边舔着咬着,/痴呆地笑了。//中国的孩子就是这样地容易满足的。//那女人反而怪起我来:"吓,那是作孽的,/一个棉花桃要纺出几丈线哩!"(《摘棉花》)

汗褂/是农民的晴雨计,/啥时候一发潮,/那就是快要下雨啦。/……/汗褂烂了,/改给孩子穿;/又烂了,/改做屎布。/最后/撕成铺衬/垫在脚底下/一直踏得不剩一条线!(《汗褂》)

苏金伞有两首写乡土历史的诗,书写中原乡土的苦难历程。祖父站在台阶上,"手里捏着派款条子/无可奈何地抖索着,/满脸的肌肉乱跳"。祖母在台阶上给他讲邻里故事:"隔壁的媳妇上吊了,/两个孩子,/一个抱着一条腿。"父亲在台阶上学木匠,被祖父"用刨子敲他的头,血从耳朵上淌下来"。母亲在台阶上舂米,"舂过了一遍又一遍的更声"。现在"屋里住着兵,/台阶上再也没有我插脚的余地"(《台阶上》)。台阶上亲人的影子浓缩了中原乡土的百年历史。因为没有使用任何政治词汇,反而更深刻、更具感染力。另一首《头发》曾经让台湾诗人余光中拍案叫绝。这首诗分三段写了父亲、母亲和我的头发。父亲"还拖着一条长辫子",祖父打他时就踩着他的辫子,"城里来的差人,/又把那辫子/吊在树上"。"母亲的头发,/一辈子不梳……"我的头发太硬,被人说不驯服,我把它剃光,又被说成是"光头党",要把我的头砍掉。余光中赞扬这首诗:"此诗虽短,撼人的强烈却不输鲁迅的小说"。①

中国近百年内忧外患,战乱频仍,社会动荡,中国诗歌的现代进程遇到的最大障碍是实用主义文学观加给诗歌的社会化功能。在战争年代和革命岁月中,

---

① 张默,萧萧:《新诗三百首》,九歌出版社,1995年。

充当时代号角是诗歌义不容辞的职责,诗歌难免常常身不由己地变为政治传单。苏金伞由一个追求进步的文艺青年而踏入革命队伍,经历了解放战争、抗美援朝等政治运动,成为文艺工作的领导干部,然而他的诗歌却保持着清醒的艺术自觉,没有像一些革命诗人的诗歌那样充斥了标语口号。从1944年到1946年,苏金伞写了一批反映抗日战争和解放战争生活的诗篇,在《离家》中,即将告别亲人上前线的人,为家里背回了最后一筐煤,给病在床上的孩子喂了药,打满了一缸水,临走听到地里的蝈蝈儿叫,"他后悔/不曾捉几只/挂在床头。/好在他走后,/代替他/安慰孩子的寂寞"。送同伴去参加革命,通篇是对昔日友情的美好时光的回忆(《你走了》)。伤员躺在救护所里,听着雨声想着"那堆积在车站上的麦包,/从麻袋缝里钻出的麦芽,/一定长得更高了"(《天亮了,但仍然下着雨》)。写女战士"戴着军帽/鬓边露出短发/伏卧在山脚下/练习射击/乓的一响/山上的桃花红了/背后的小河/突然喝起彩来"(《一个女宣传员》)……这些诗篇里没有豪言壮语,没有慷慨激昂,看不到一句宣传用语,有的只是浓浓的人情、暖暖的人性,因而这些反映革命与战争的诗篇对人的心灵具有特殊的亲和力和穿透力。

苏金伞早年写的《出狱》(1934年)和晚年写的《埋葬了的爱情》(1992年)可以看作是他诗歌创作的艺术之河的两端,它们以人本主义的人性的温情连贯着苏金伞70年的创作。《出狱》里的那个青年没有以愤怒的语言控诉反动派的迫害,"脸前的小水潦,/也不敢举步跨过,/我怕脚上还锁着脚镣"。这几句诗比愤怒的控诉更震撼人心。而年近90岁的诗人暮年最后悔的事情是与当年初恋的情人分手时"我出于羞怯没有亲她"。这首《埋葬了的爱情》感人至深,震动了当时的诗坛,至今仍在网上广泛流传,被诗歌评论家谢冕认为是"古今第一等文字……凝聚了诗人毕生的艺术经验"。

诗歌是心灵的声音,"写诗,是人的一切活动中最纯真的"①。苏金伞的诗因人性的美而战胜了时间,为当代人构筑了温馨的精神港湾。

三、以自由的形式和现代语境创造诗意的家园

"内容来自形式……每一种形式分泌它的思想,分泌它对世界的看法。"②苏金伞的精神乡土,是靠他的自由的形式和现代的语境创造出来的。而苏金伞的

---

① 伍蠡甫,胡经之:《西方文艺理论名著选编》,北京大学出版社,1987年。
② 帕斯:《太阳石》,漓江出版社,1992年。

现代语境又深深根植于中国诗歌雄厚的传统土壤里。当象征主义兴起时，欧洲诗人从中国古典诗歌汲取了灵感和启迪。与艾略特齐名的诗人庞德就曾把中国古典诗歌用英语重写，使之成为象征主义的名作。苏金伞的乡土诗歌成功地继承了中国诗歌的抽象思维，用具象的画面传达出抽象的含意。《台阶》《头发》《跟妈妈说》《斑鸠》《雷》等很多诗篇都以质朴的原生态的方式使普通的农村生活呈现出抽象历史、抽象人生、抽象生态文化的意义。

苏金伞在继承传统的同时又吸收融汇了西方现代派的诗歌表现手法，以印象、朦胧、超感觉、自由联想等手段将普通的场景升华为美丽的意象，使他的诗更像一幅幅印象派绘画。1946年至1947年间苏金伞写了两首描写战争的诗，一首写战场上的蟋蟀，"两只残废的蟋蟀，/一只被马蹄踏掉了一条腿，/一只被弹片烧断了一个翅膀，/一同爬上大炮的胸膛。//大炮刚刚停止轰击，胸口还留着余温……"（《两只残废的蟋蟀》），一首写鹁鸪鸟在战地鸣叫，让"我忽然想起：唔，原来已到了春天"（《鹁鸪鸟》）。诗人并没有正面写战争的硝烟，却通过鸟和昆虫的瞬时画面渲染出战争的残酷和对和平生活的渴望与赞美。苏金伞晚年的诗作将这种印象派的、象征主义的、表现主义的手法运用到了精纯的境界，《海的收获》《金色的世界》《诗四首》《儿时的田野》《白鹭篇》等组诗把白描的语言升华为精湛的隐喻，不但超越了前期的具象意境，也不再借重精妙的比喻和章法，造就了他70年创作的高峰。

"吃杯茶"来到村子里，/就像来了剧团一样，/乡村突然活跃起来，/每一棵树都成了剧场。

"吃杯茶"来到村子里，/黄河两岸的田野，/不断地卷来洪峰……

——《"吃杯茶"》

土壤/像铺了一层厚厚的羽毛，/太阳卧在里面抱窝。

卧在里面，/使土壤发酵，/使草木生根，/使雏鸟破壳。

于是孵出了春天，/太阳也出了窝。/阳光像柳絮一样，/到处塞人的鼻孔，/碰人的嘴角。

——《窝》

"诗唤出了与可见的喧嚣的现实相对立的非现实的梦境的世界，在这世界中我们确信自己到了家。"苏金伞以他的诗性、人性、自由驰骋的思想与想象力，以质朴的语言营造的现代语境为我们构建了非现实的世界，使乡土成为现代人永久的精神家园，乡土也便成了一种境界。

四、现代语境中的自我救赎

然而,在现代人的生活里,乡土已经一去不复返了。

苏金伞临终前在《人民文学》发表的最后一组诗既是他告别人世的谶语,也是现代人乡土失落的最后寄托。

> 一只木船停在水面上,/没有撑船人/也没有乘客。/……/从远方回来的本地人,/隔河看着自己的村庄/却无法回家……(《渡船》)
> 独轮车/在北方的土地上,/压出一道辙迹。/长长的车迹/远远地逝去,/送走了地面/却不见回还。/……/往回走吧。/在回去的路上/还有一个家呢!(《独轮车》)

其实,船和桥的意象在苏金伞的诗里曾经多次出现。"昨夜/我梦见/我逃行在布满坟丛的荒野里/……我折回来重寻路径/一条大河横在面前/无舟楫又无桥梁……"这是他写于1944年流亡岁月的诗《睡吧》中的句子。1945年他写战争过后的小河重又修起了桥,"两岸的村庄,/像被大兵冲散多日不知音信的兄弟,/现在又迎面走来,/紧紧地握住手"。然而桥又给他们带来了灾祸,"人们后悔不该把桥板搭起来"(《秋天的小河》)。1986年诗人站在黄河大桥上回忆当年走出故乡的情景,"过了小桥就是异乡/为过这座小桥我费了很大力气"(《两座桥之间》)。苏金伞对河的回忆、对桥和船的留恋,正是当代人走出乡土,与家园渐行渐远的心理轨迹。在苏金伞的诗歌里,乡土是早年的旧梦,随着时间推移、时代变迁,他晚年的诗歌已经很少有乡土的田园风光,更多的是个人内心对虚幻的家园的向往和重构。

> 小时候我问杜鹃,"家住哪里?"/杜鹃回答:/"你家屋后!"
> 可我家屋后,/连棵大树也没有。
> ……现在我有了固定的家,/如果杜鹃仍然说:它的家在我屋后;/我家屋后是新的住宅区,/重重的楼房夹着树木,/哪一扇是你的门窗?
> ——《家住哪里?》

中国现代诗歌伴随着我们的民族走过了百年坎坷的历程,以20世纪80年代的朦胧诗为开端,诗歌从社会功能的束缚下解放出来,逐渐成为抒发个人内心情感的工具,自由体诗歌再次成为诗坛的主流。自我价值的彰显使90年代以来的诗歌进入更加个人化的写作状态,中国诗歌失落已久的自我重新找回自己,外化的田园景色被内化的情感波澜代替,乡土远去,不再被现代诗歌关注。然而,当崇尚自我、崇尚小资情调成为当代诗歌的主流时,商业社会的浮躁与喧嚣代替政治和社会功能再次污染了诗歌的纯粹,矫情、无病呻吟、缺乏激情和真诚,使自我在虚张声势的镜像里再次丢失,当代诗歌愈来愈丧失活力,不再有新鲜感和感染力。其实,苏金伞晚年的诗歌早已走出了乡土,他早期诗歌里的田园景色已经被内心的风景所代替。他的启迪在于,走出乡土之后的苏金伞由于更深地走入了当代人的精神世界,他晚年的诗不但不减当年风采,反而愈加纯粹,愈有魅力,愈见深厚,《埋葬了的爱情》和他的绝笔《四月诗稿》创造了他一生创作的巅峰。

正如西班牙诗人希梅内斯(1956年诺贝尔文学奖获得者)所说:"诗人可以分为两种,一种用心灵说话,一种用头脑说话。……心灵的声音能够触动所有的人,头脑的声音则不能。"[1]当前中国诗歌缺失的是心灵,多余的是头脑和没有头脑。丧失了乡土的现代人,只有在心灵深处重建精神家园,才能救赎自己。这重建,靠的是对现代商业社会、物质世界的批判与质疑,靠的是人性、真情的宗教感和慈悲心。2008年诺贝尔文学奖颁给法国作家勒克莱齐奥的理由就是他的作品"表达出了自己对原始的文明传统、野性的古老文化的关注,以及对当代世界工业化文明的置疑和对抗"[2]。这正是中国文学乃至诗歌所缺乏的。从苏金伞诗歌里流溢出的乡土文明的感染力是对传统文明的再创造,也是对现代化进程中被异化的人性的重建。现代诗歌对现代人精神家园的重建,是对现代人自身的救赎。用心灵歌唱,才有好诗。

原载《河南社会科学》2009年第6期

---

[1] 希梅内斯:《悲哀的咏叹调》,漓江出版社,1997年。
[2] 余中先:《勒克莱齐奥其人其作》,http://gmw.cn./CONTENT/2009—02/25/content_891261.html。

在中原土地上行走
——苏金伞诗歌的三重空间

李耀威

著名诗人苏金伞以独立而质朴的诗风著称。在长达七十年的文学创作生涯中,他始终以普通农民及其生活为主要关注对象,以简洁、自由、朴实的语言传达出自己的所思所想,"以自己诚挚的心沉浸在万人的悲欢、憎爱与愿望当中",①并在此基础上建构起了一个别具特色的艺术世界。

细读苏金伞诗歌,结合他一生的行迹来考察,可以看出苏金伞的诗歌世界由三个分属不同层次的空间构成,从下到上依次是:"土地"——现实空间,"中原"——历史空间与"行走"——发展空间。"土地"是基础、重点;后两者是"土地"的生发与升华。作为意象而反复出现的农村和农民是贯穿三层空间的"中轴",也是每一层空间的"圆心"。《我们不能逃走》可谓"中轴"与"圆心"最好的表达。随着时间的推移,诗人创作中关注、指涉的现实世界也在扩张,由此建构的艺术世界呈现圈层式发展,最终形成了一个多层的同心圆,它们分别指向不同的亚空间。这种彼此独立又相互关联的立体结构使苏诗具有了强大的艺术魅力。

一、土地

苏金伞以"土地诗人"著称,这已成为学界的共识。在苏诗中,"土地"这一现实空间并不仅仅是指物理状态的土壤,而是更多地以兼具人文自然内涵的家园、黄河面貌出现。家园、黄河可以看作是从"土地"这一现实空间之上细化出来的"同心圆""亚空间",它们丰富了苏诗的现实空间。

1. 家园

在他的笔下,单就是老屋的台阶也拥有了很多很多深情的往事。"台阶上,/立过祖父""台阶上,/坐过祖母"(《台阶上》),这些情景即使是在几十年之

---

①李铁成,苏湲:《苏金伞诗文集》,河南文艺出版社,1998年。

后还能清晰地浮现在诗人脑海中。不仅是老屋,还有诗人生活过的小镇,"在我拖着小辫子时,/寨墙就已经倾圮了,/还留下半扇寨门"(《小镇三题》)。生活中最大的欢乐就是丰收时"挎着香喷喷的馍篮,/到外婆家走亲戚时才有的喜悦"(《稻草担子》)。是腊月里孩子们抬着"用竹杆和矮凳制的轿,/预习着嫁娶的仪式"(《腊月是结婚的日子》)。这一切都源自诗人真实的生活经历,有迹可循。经过艺术加工与传达之后,普通、琐碎的日常生活升华为诗歌意象,也凝结成了诗人建构自己艺术世界的基石。承载了悲欢离合的土地也就自然而然、顺理成章地首先以"家园"这一空间形式展示出来。

在家园当中也有种种爱情故事发生。最令人难忘的是那一段《埋葬了的爱情》。这首曾经受到著名学者谢冕盛赞的作品将事件发生的空间限制在城外沙丘中,这是家园的边际处,是诗人在早年为自己寻觅、开拓的私人空间。这里发生的一切只在个体范围内才有效。诗人的"赋予"行动对物理状态的土地并没有产生多大的影响,但是在他自己的意识及艺术世界中举足轻重——"我们埋在地下的爱情/生了根"。因为这里已经摆脱了前述"家园"当中的喧闹,而成为一间只属于诗人自己的小屋。

建筑在"土地"这一现实空间之上的"家园",以公共和私密两重身份进入诗歌世界。它们之间的互动关系由诗人通过现场记录和事后回忆的方式逐步结构完成。在这个过程中,"土地"二字并不需要直接出现,也不需要读者在自己的想象中将视线下移来凝视,它的存在以间接方式出现,即土地的承载、支撑作用。除此之外,土地还是生活必需品——粮食的来源,这在苏诗中占据了很大比重,同样也是前辈研究者重点关注与分析的对象。"苏金伞的'滋味'是农民的小富即安。"[①]很明显,这是农民阶级的局限性。但是,苏金伞诗歌中流露出的这股浓情恰恰提示读者必须注意"土地"这一现实空间对诗人现实生命及艺术生命所提供的养分——土地是苏金伞的精神"家园"。

2. 黄河

黄河从河南省境内蜿蜒而过。苏金伞一生的大部分活动空间都围绕着它。现实生活中,黄河所产生的影响有利有弊,既可以灌溉农田,也可以摧毁家园。在苏金伞的艺术世界里,黄河连同洛河、汝河、三门峡等共同组合成一个特殊的空间,即爱恨交织的故土。在这里,诗人因种种亲眼看到、亲身体验的悲喜剧而无法对其做出准确判断,但是又不可能逃避,因为他的情感之根已经深深扎入其中。

之所以说苏金伞对黄河会产生恨意,是因为它在历史上多次改道及国民党

---

① 刘同般:《论苏金伞的诗歌创作》,《商丘师范学院学报》,2005年第4期。

政府对河堤的蓄意破坏。在他小的时候,虽然还没有见过黄河,但已经感受到了它的威力。睢县位于黄河故道,这里遗留有大量沉积的沙土,"弄不好会连屋顶掀走,/把我们活活埋进土里"(《黄河又回来啦》)。然而,生存在黄河周围的人民顽强地承受着各种天灾。可是"人祸"又不时袭来。国民党政府于"1938年6月炸开花园口水淹黄泛区人民;1947年春天又强行堵口放水淹故道里的解放区军民"。①诗人因此而这样对黄河说:"你这没有品性的恶汉!"内蕴的情感已经从无奈、哀伤升级为愤怒。不过,两者的所指完全不同:前者是指自然,不可避免又无可挽回;后者是人为,动机不纯又残忍至极。从艺术层面来看,两者的结合使诗人对"黄河"这一现实空间的"恨"变得丰满起来。

诗人对黄河的爱与赞美,主要体现在新中国成立之后的诗作中。由于新中国成立后的大规模整修和建设,"植树在黄河岸上"使曾经为害一方的黄河变得"跟雪一样平静"(《两座桥之间》)。"新建成的黄河大桥/使我们的胸襟开阔了"(《我们同属于黄河家族》)。如此集中地歌咏一处景物是为了展示新中国为这片土地带来的崭新变化。更重要的是内心情感的扭转,"山风满怀,野花满目,/远远看见黄河在滚着波浪……"(《待嫁的姑娘》),这几句中蕴含着大量的政治性隐喻,不仅仅是作为自然景物的空间在恰当的状态中自在自为,还有农民的劳作、工人的奋战和诗人自己的情怀。自然景物与人工创造的结合,使苏金伞对黄河"爱"的一面充实起来。

诗人对黄河的情感与评价因时代不同而发生变化,但绝对不可以将两者截然分开,也不存在某个突转的时间点。综观苏金伞的作品,可以发现对黄河"爱"的一面是一以贯之的,只是在新中国成立前这一面由于种种原因而受到压制,以另一种更坚韧、更顽强的形式表达出来:"用我们的汗,/用我们的血,/来灌溉呵。"(《耕种》)诗人用敏感的心灵将自己所熟悉的土地做了一番仔细"审悲"之后,忠实记录下了所见。"在审悲活动中,我们可能会悲伤地哭泣,甚至痛苦地呼号,但它却能使我们的生命能量畅然一泄,并使我们快乐地享受生命的自由与甜美。"②总之,苏金伞对"黄河"这一空间的成功开拓源于他真切的经历与形象的艺术传达,使得黄河本身所具有的雄壮之美能够融合进时代的大潮,面向读者汹涌而来。

---

①阎豫昌:《苏金伞评传》,文心出版社,1994年。
②童庆炳:《维纳斯的腰带:创作美学》,中国人民大学出版社,2009年,第235页。

二、中原

从传统影响来看,在苏金伞诗歌的"土地"空间之上,还有隐约可见的"中原"这一历史空间,它明显见出于诗人在创作心理上对自身所处的观察视点的设定。它来源于中国古典文学传统中代代相传的"中原"意识,但是在苏金伞这里发生了富有时代特征的变化。

1. 位置自觉

河南省及周边地区古时统称为"中原"。从已有的历史文献和考古发掘成果来看,这里在相当长的时间之内地位显赫,承载过相当重要的政治功用,突出地表现在东汉、魏晋及北宋时期。在东汉与魏晋这一前后相继的历史时期中,文人以一腔热情直接参与政事;北宋时期士人始终抱有"代圣贤立言"的理想可以说是"中原特色"在历史发展中的顶峰。众多思想家和文学家的人生轨迹与传世名篇彰显了这一点。"经由历史积淀而成厚重的传统,催生出中原人士极大的政治热情,铸就了他们敢为天下先的人文精神"[①]。之后,对政治及文学的极大热情始终在延续着。

苏金伞在很早的时候就已经受到了中原文人气质的影响,并且在日后始终坚守着从这一历史空间中获得的宝贵财富。在早期诗作中,登高处以四望的情景就已经出现了,例如《登鼓楼》。这种看似简单的行为却值得注意:"此处"与"高处"是水平与垂直的双向定位,眼前之景与万古之思透露着穿越历史的共鸣,与阮籍《咏怀诗》第十七首的场景拥有了深刻的内在共同性,即作者此时此刻的登临接续了古时文人的类似感受,他不仅接受了这种传统的"天地模型",而且在自己建构的艺术世界当中将自身置于中心,唯有如此,他才可以在这叠加的两重基础上继续发挥自己的诗情。苏诗中还有一种类似的观察视点,即"仰望"。"太行山/像一座古老的城堡"(《太行山的传说》),将这样的诗句与曹操《苦寒行》联系在一起,就能够看出在这里观察者显然是身处较低的平原,仰望"中原"边际的山脉。

2. 时代自觉

随着生活经验的增长,体现了苏诗中的"位置自觉"又加入了"时代自觉"的成分。《在汝河岸上》作者喊出"不久/我们将在江南相见",暗示了作者在创作

[①] 周晓琳,刘玉平:《空间与审美——文化地理视域中的中国古代文学》,人民出版社,2009年。

该诗时所处的地理位置,又显而易见地展示出作者在意识深处对自身文化地理的定位。与此类似的诗句还有"让那长列的火车,/轰轰隆隆地奔驰过去,/要和江南的村庄去握手"(《修桥》)。它不仅是诗人投身火热的革命之后情感的自然流露,也是对未来的憧憬,还是对理想必然实现的自信。这种政治热情与地理设定的融合进一步发展了传统文人的内心观感,将视野放宽至纯粹由知识和想象建构而成的祖国之上,古已有之的独特内心优势被作者纯化,去除了古诗中内含的"夷夏之辨",使其更显高亢、豪迈。

这些共通之处还有很多。由此引出的问题首先是苏金伞对"中原"这一历史空间的继承是如何实现的呢?其次是继承而来的"中原"如何成为"苏金伞的中原"?关于第一个问题,可以从原型批评的角度切入。因此,苏金伞诗歌中的"中原"这一历史空间就有根可溯、有据可依:它是长期生活在这里的人们逐渐累积并代代相传,在这个过程中又加入了文人的审美创造成分,从而使苏金伞的诗作呈现出与古人遥相呼应的状态。那么,原型层面的"中原"又如何成为"苏金伞的中原"呢?苏氏"中原"具有多重现代性意味,这里既有传统农民在新兴资本主义冲击下悲惨的生活状况,又有现代城市、现代战争以及现代政治变迁,这一切都是古人的"中原"绝不可能出现的。其实,苏氏"中原"已经融入诗人自己的情感,或者说"中原"已经化入诗人的创作与生命当中,从而具有了特色鲜明的灵性。即使是"年来日子过得不算好",即使是"鬼子害苦了我们",我们也"不能逃走"!"诗人在长长的70年间所开拓的创作境域,正如一片古老的中原大地,放眼望去,平展的表面上不见高山峡谷,也感觉不到远近有什么大的倾斜,然而却大地似的稳定、宽广、厚实、永恒"[①]。由此,苏金伞的"中原"才具有了独特的审美价值和历史意义。

三、行走

苏金伞一生行迹范围较窄,主要集中在河南省境内。因此,以故乡河南省内为描写对象的诗歌就构成了"行走"的第一层圆;除此之外的风景就构成了苏诗"行走"的第二层圆。

1. 河南省内

安土重迁的传统意识是中国人精神支柱的重要组成部分。在那片祖祖辈辈居住过的土地上,到处都有令人留恋的故事。"这一切我们都不能舍弃,这一

[①] 李铁城,苏湲:《苏金伞诗文集》,河南文艺出版社,1998年。

切我们都不能抛丢"(《我们不能逃走——写给农民》)。从故乡开始,诗人踏上了旅程。

当日寇入侵时,河南大学暂时迁至嵩县潭头,这是一个位于山区的小村子。苏金伞用诗句记录下了这里的闭塞:

> 乡村和城市/永远是绝望的赛跑者/赖货郎挑的援助/才勉强不至于弃权(《货郎挑》)

其实这首诗是对诗人所熟悉的农村的新一重拓展,他将平原上的日常经验暂时弃置不顾,以一个突然闯入者的身份进行观察,山区的独特生存风景被放大。关注点的转移在瞬间让保存肉体的逃亡行为具备了精神价值。另外一首创作于这段经历当中的名作《离家》则进一步深化、丰富了行走的意义:

> 他茫然地答应着/走了……/他后悔/不曾捉几只/挂在床头。/好在他走后,/代替他/安慰孩子的寂寞。

无奈的分别与离开是为了妻儿能够更好地活下去,脚步的沉重由心灵的牵挂而更加坚定。即使是在行走的路途上由于某些原因而不得不暂时停下来,诗人也不会甘愿如此,他想投入到时代大潮中去,(《天亮了,但仍下着雨》)抗日战争胜利之后,苏金伞终于结束了长期的流亡生活,不过畅快的心情并不能保持多久,苏金伞加入了反对国民党一党专制的游行队伍,看到《马蹄》肆意狂奔,这一段激情高涨的路途突然间变得具有普遍意义与刻骨铭心。行走的价值进一步充实,它不再仅仅是个人为保全性命的无奈之举,而是直接与时代产生了联系,又反过来影响着时代发展的脚步。

在解放战争期间,苏金伞用诗歌作为武器,与国民党统治者进行了坚决的斗争。《国民身份证》是一首优秀的讽刺诗。其中,主人公"我"的行走由于查验"国民身份证"而不断受到阻拦。在这里,苏金伞将行走的意义重新限制在了个体之内,用一系列的场景描绘出民不聊生的黑色空间。细读之后,可以发现诗人与诗作的深度出现了突飞猛进的发展,这完全有赖于行走对现实与艺术世界的双重开拓。

1948年夏天,苏金伞来到了豫西解放区,(《在汝河岸上》)在这片充满生命力的土地上,苏金伞见到了刘伯承、陈毅、陈赓三位将军。在这里,诗人目睹了为革命队伍顺利前进而"修桥"的热闹场面。同样是在这里,诗人还发现了与行走密切相关的一样事物——鞋。由解放区的农民缝制的鞋,"鞋底厚,针脚密"(《迎接自己的队伍》),"小毛驴/驮着鞋子,/似乎也感到很光荣;/一见那些拉车的牲口,/突然扬起耳朵,/得意地大叫几声"(《送鞋》)。苏金伞在利用多重视角表现自己于行走路上的所见所闻之时,也多角度展示了他内心的兴奋与喜悦。

2. 河南省外

这段旅程的高潮部分出现在《宿营——来北平途中》:

  我们这一组/被分配在一个农民家里。

  老大娘早已把炕打扫干净,/又扑上一层谷草;/窗上的小洞,/也都临时用纸补过;/这样还怕我们冷,/硬要把炕烧暖和。

不仅是受到了这样热情的招待,诗人还目睹了人们对未来美好生活的憧憬。苏金伞在现实与艺术世界中的行走于此处实现了感染力的最大化。

以上分析可以看出,苏金伞的作品虽然数量不多,但能够成功,最重要的原因是他找到了最适合自己的创作源泉,即扎根在中原土地上,扎实前行,忠实记录,既不因急于迎合时代而流于庸俗,更不为销量而媚俗。"他的写作被证明是有效的"[①]。他的作品整体上也因此而获得了超越时代的价值。

原载《世界文学评论》2011 年第 1 期

---

① 程光炜:《不知所终的旅行——九十年代诗歌综论》,《山花》(上半月),1997 年第 11 期。

解读苏金伞诗歌的灵魂价值

白玉红

一、纯净如水的诗心

　　诗歌来源于诗人的心灵,它照耀人的灵魂,清洁人的思想,点燃人的激情。从古至今,诗歌莫不是诗人品格的写照,莫不是诗人梦想与抱负的展示。法国现象学家梅洛、庞蒂说:"生命与作品相通,事实在于,有这样的作品便要求这样的生命……生命是作品的设计。"王国维也说:"无高尚伟大之人格,而有高尚伟大之文学者,殆未之有也。"杰出的诗人必定怀有一颗独一无二的心灵,这心灵高贵而自由。就中国新诗史来说,苏金伞是一个丰富的存在,他是现代文学史上最早的一批新诗人成员之一,创作经历"几乎是一个诗界奇迹"。从1925年的《拟拟曲》带着乡土气息和乡野情趣走上诗坛,到1996年完成最后作品《四月诗稿》,他的文学活动长达近七十年,成为20世纪中国文学创作周期最长的诗人。在其漫长的创作历程中,他用农民一样的执拗与纯朴为中国新诗开拓了一条别具特色的乡土诗歌之路。他一生敬畏艺术、忠实生活、听命于自己的"心灵",无论外界怎样五音繁杂,无论有怎样的山呼海啸的巨响铺天盖地而来,他都只听命于心,只从心弦上发出唯独属于自己的声音。

　　苏金伞是真正的诗品与人品完美统一的诗人。清如碧水,白似玉石,是他诗品和人品的共同品质。当然,他诗歌清白的品质不是平淡和空洞,更不是苍白和乏味,而是对生活高度提炼后的纯净与素洁,是经过人生参悟后的清冽与甘美,像酒一样的醇净与透明。

　　　　在我的记忆里,/父亲的头发,/还拖着一条长辫子。/祖父常用脚/踏住那辫子,/拼命地拳击。/城里来的差人,/又把那辫子/吊在树上,/用鞭子抽打着/要钱粮。/……/母亲的头发,/一辈子不梳。/上面落满了/磨面时荡出的面屑/和烧火时/飞出的灰星子……

　　这首像黄土一样朴实无华的《头发》,创作于1946年,被收录进了1995年台湾九歌出版社出版的《新诗三百首》中。余光中在"序言"中特别提到:"我一向认为苏金伞是早期诗人中虽无盛名却有实力的一位,却未料到他能写出像《头发》这么踏实有力、捣人胸臆的好诗,并且立刻认定,此诗虽短,撼人的强烈却不输鲁迅的小说。"

这"撼人"的力量源自诗人自由博大的心灵。像那些真正的诗人一样,苏金伞自身对诗歌保持着崇高的敬畏,始终相信可以通过诗歌的建构来解脱内心的焦虑、无助和孤独,甚至可以用来拯救人类精神的苦难,于是,他"把蓄积起来的温暖,/全部地倾倒出来,/以抚慰寒冷的世界"(《芦花和棉絮》)。作为杰出的平民诗人,他的诗作始终体现了对处于社会底层的农民的灵魂的皈依。他的真与善、悲悯与同情是广博的,且与对不公正社会的批判联系紧紧在一起,显示出一种人性的深度。艾青说:"高尚的意志与纯洁的灵魂,常常比美的形式与雕琢的词句更深刻并长久地给人以震动。"这句话很适合苏金伞。"没有一只鸟在这里撒过谎语,/也没有一朵花在这里骗过春天"(《登鼓楼》)。像痴情的鸟儿和报春的花儿一样,苏金伞的每一行诗句都包含真情。尽管他的一生艰难而坎坷:童年和少年时代在贫困和流离中度过,1928年5月,还被国民党开封警备司令部逮捕入狱;抗战期间,又在河南内乡、镇平一带颠沛流离;1957年被划为"右派"多次受到批斗,但他无暇顾及个人的伤痛与磨难,也不仅仅留于对于个人经验的推衍,而是由己及人、由此及彼地了解世界以及世界上同样蒙受苦难的灵魂,经由个体进入更为广阔的时空关怀。这种创作境界不仅体现他作为诗人的品质,也为我们评估诗歌价值提供了一个新的标准。

二、泥土般深厚的诗情

诗歌是诗人对客观世界和主观世界的审美认知,它以独有的艺术形式和对美的敏锐感知启迪心智温暖灵魂。对于中国诗歌来说,"乡土"是一个温暖而疼痛的主题。发轫于《诗经》的中国乡土诗歌,两千多年来一直保持着对于土地、乡村,以及与之有关的人类活动的深切关怀,就像一条柔弱而又顽强的曲线,贯穿于漫漫的诗歌长河。回顾一个世纪以来的中国新诗,"乡土情结"近乎诗人的集体无意识。然而,在当前日渐城市化和资本化的时代,乡土和田园这些诗元素似乎正在逐渐被我们所遗忘,对乡土诗和田园诗意蕴的坚守似乎也成为当代诗歌写作中最为寂寞的事情。可是,对苏金伞来说,乡村却是他诗歌中最重要的部分,也是最温暖、最明亮和最柔软的部分。他和臧克家等"农民诗人"一起推动了新诗对于旧中国农民和农村的吟唱。他对农民及其命运的关注,不是一般的同情和空泛的歌颂,也不是借短暂的"深入生活"所获得的那种沾沾自喜的感触,而是与大地的血肉般密不可分的一种命运的亲情。这种人的气质和诗的情境的高度统一,在中国诗人中几乎是罕见的。

　　苏金伞在《苏金伞诗选(自序)》中说:"我生长在农村,十二岁以前完全在农村生活,一步也没有离开过家和我的那个小山村……生活影响了我一生的创作。决定了我写诗的题材主要是农村,连我写诗的风格,也朴素得像北方的农村一样……"乡村生活是苏金伞最丰厚、最宝贵的生命经验,他写作的根,源于他对故乡的文化、生命和土地的本真认识,作为一个富有创造力的诗人,苏金伞不仅善于表现,更善于发现,他在表现乡村的艰辛与苦难的同时,更发现了蕴藏于农民身上的巨大力量:"农人的脊背,/经过烈日的烤炼/和冷雨的浇淋,/变成火成岩一般的坚固"(《农人的脊背》);"只要耕种的人多了,/耕种的日子久了,/一代一代的血汗融合起来,/土质就可以变肥"(《耕种》)……这些诗句直指大地深处,让读者可以从中感受到大地的坚实与厚重,也使大地具有了生命的品质。如果说"最懂大地的是乡下人"(《土的气息》),那么最懂乡下人(农民)的诗人是苏金伞。他充分地将自己的根植栽于大地,无愧于"泥土诗人"的荣誉,他的诗歌的泥土的气息正是中华民族于此生息的大地的气息。在这方面,苏金伞在新诗史上占据着属于自己的位置。

三、纯粹而开放的诗艺

　　苏金伞是有韵味的当代诗人。对新诗的贡献不仅在诗质,还在于诗艺,他的诗艺纯粹而开放。他充分地汲取了中国古典诗歌的养分,予以现代化的改造,铸就了自己的诗歌品格。对现实主义的传承与坚守是他诗歌的基本品质,朴素、恬淡、坦率、诚恳构成他诗歌的灵魂。文学的一个最基本的特征,就是用内心体验的言语进行形象的建构。那些质朴的词语和意象一旦进入他的诗歌中,在被反复吟唱和不断擦亮之后,就会变得极富张力感染力,成为他诗歌生命的一部分。

　　　　农民一有土地,/就把整个生命投入了土地;/活像旱天的鹅,/一见了水就连头带尾巴钻进水里。
　　　　恨不得把每一块土,/都送到舌头上,/是咸是甜,/自己先来尝一尝。

　　这首名为《三黑和土地》的诗是苏金伞最脍炙人口的诗作,曾被选入中学教材,表现了农民得到自己的土地之后无边的幸福感,平实的语言、简洁的句式,充分体现了现实主义诗歌的特色。

同时,苏金伞的诗艺又是开放的,浓厚的现代主义的情怀和醇厚的浪漫主义的声韵同样是他诗歌的鲜明特色,能够"给人以更多的太阳,/给人以更多的蓝天"(《黄叶》)。在"无论谁从巫山下经过,都会被打湿衣袖,/一直到大海都晾不干!"(《遇神女峰》)中,他创造性地运用了如变形、隐喻、象征、抽象、幻化、通感等现代主义表现手法,膨胀了诗歌的巨大空间,给予读者无限的审美想象和心灵的愉悦。

  在大雪覆盖下,/土壤开始松散发香,/各种生命虽然都在冬眠,/但根须却在向深处暗暗伸长。
  农民熟悉大地的心,/就像熟悉他们的红薯窖:/里面一定有个温室,/正在把春天孵抱。

——《雪跟夜一般深》

以雪的深度"丈量"夜的漫漫,诗人大胆地把象征主义融入现实主义,在感知方式上以客观化的外倾抒情方式传递心灵对现实的体验与感受,屋外屋内,雪和人,雪的寓意和人的心灵叠化成一幅现实生活的写意画,委婉而深邃的意境蕴含其中,农民美好的内心世界,表现得是那样的悠然、透明、空灵。

诗歌一向被认为是最贴近人的心灵、最具灵性品质的艺术,甚至被荷尔德林称为"最清白无邪的事业"。它是人类精神家园里一股最具灵性的活水,来自人类高贵的心灵,又浇灌提升世俗的灵魂。影响和感动我们的,是你触到了另一颗心灵的震颤。自言"三生修来是诗人"的苏金伞一生以诗为业,以诗自命,沉醉于诗,献身于诗,他以自己杰出的诗作和伟岸品格诠释了"诗人"的价值和意义,也使读者对诗歌保持着足够的尊重和敬意。

"依我看,无论是对我们这块乡土的体验,还是对我们这个时代的把握,苏金伞都以真正诗的方式做出了独到的表达;无论是烈酒或清茶,苏金伞都有高标的独树力作乃至精品;无论诗情和诗才,尤其是创造力,老诗人都是不让后生晚辈的。毫无疑问,苏金伞应该而且必定能够融入我们今天乃至今后的诗歌创作河流里去,并以这样的方式留在历史长河中。"

苏金伞和他的诗歌,再一次显现了艺术流传过程中两个难以改变的法则:时间对真正的艺术品有利,诗人对文学的意义在于其"诗",而不在其"名"。

原载《兰州学刊》2013 年第 8 期

简述苏金伞农村诗歌创作的三个高峰

赵战委

苏金伞(1906—1997),河南睢县人,在中国现当代文学史上以"土地诗人"著称。自1926年发表作品《拟拟曲》(原载《洪水》)起,创作周期长达70余年,这在我国诗歌界是罕见的,在河南更是绝无仅有的。"晚晴斋里明霞绮丽,诗情氤氲,这里的主人是河南诗界的骄傲!"①

苏金伞的诗紧扣时代脉搏,思想内涵充实,艺术风格上质朴自然、清新隽永,有鲜明的中原地域特色,是我国现当代诗歌史上乡土诗派的重要代表人物之一。他先后出版的诗集有《地层下》《鹁鸪鸟》《窗外》《苏金伞诗选》《苏金伞新诗选》等。

苏金伞一生以诗歌为业,自谓"三生修来是诗人"。他忠实地记录了二三十年代中国农民的苦痛生活,参与了如歌如荼的抗战热潮,也热情讴歌了新中国成立后神州大地上翻天覆地、日新月异的沧桑巨变。

苏金伞的诗歌创作历程,依据《苏金伞诗选》,大致可分为三个高峰期,现试分述如下。

一、第一个高峰

这个时期可界定为抗战爆发至新中国成立之前。

苏金伞抗战前的一些诗歌,重意象的刻意描摹,着意经营诗的唯美氛围的构建,而与当时的社会现实并无多大关联,因此表现出想象力丰富、辞藻瑰丽、意境丰美的特点,如其发表在戴望舒主编的《新诗》上的《雪夜》:

> 雪夜的靴声是甘美醉人的。/雪片潜入眉心,/衔啄心中新奇的颤震,/像锦鸥投身湖泊擒取游鱼。
>
> 羊角灯抖着薄晕,/仿佛出嫁前少女的寻思,/羞涩——但又不肯辍止。

---

① 张俊山:《河南新文学大系》,河南人民出版社,1996年。

美则美矣,但诗人这种"并不以狐的有无为得失,重在猎获雪夜的情趣",与当时深陷于水深火热之中的底层百姓的生活是大有距离的。诗的语言雕琢、晦涩,主题若明若暗,而这也恰正是现代派诗歌的明显弱点。

1937年7月7日,抗日战争爆发,这场悲壮艰苦的民族解放战争激励着苏金伞,他以高昂的爱国热情,写出了《我们决不逃难》一诗(载《七月》)。这首诗是苏金伞摆脱现代派脱离现实斗争和形式主义诗风的明显标志。

在漫长的八年抗战中,日本侵略者的血腥暴行、全民族抗战的热潮和广大人民的苦难生活,使苏金伞的思想感情发生了深刻的变化,一大批优秀诗篇陆续涌现,而其中尤以反映农村和农民生活的居多,苏金伞的诗创作道路上从而出现了第一个高峰,开始形成自己的诗歌风格。他歌唱"熟透的稻粒"和收获的欢乐,他歌唱从黎明到黄昏终日劳作不息的村女。1942年左右,他发表在桂林《诗创作》上的《眼睛都睡红了》,简直是一首优美的农村风景画。在这首诗里,他深情、细致地描绘了夏季一头下工歇晌的老牛在槐树荫下酣睡的情形,它睡得如此香甜:

> 任凭:/槐花落了一脊梁,/屎壳郎在肚皮下推车;/小芦花鸡/站在角上学叫晌,/也没惊动一根睫毛。//而且,从谷田里/奔来一只赤角雷,/在路旁暴跳着/要和它抵头,/而它还酣睡着未醒呢。//等主人来牵它吃草,/它才用尾巴/掸一掸屁股上的灰尘,/慢吞吞地站起来,/——眼睛都睡红了。

如果没有对农民和土地的热爱,他决不会这样热爱农民的宝贝——黄牛,也决不会写出这样优美、欢快的诗句。

当然,诗人决不只是描绘农村的风景画,而是进一步通过现象,深刻揭示了当时农村生活的苦难。在《货郎挑》里,诗人沉痛地写道:

> 乡村和城市/永远是绝望的赛跑者/赖货郎挑的援助/才勉强不至于弃权//但也有些/一听见布郎鼓的声音/就哭泣了/因为她的妈妈/未能为她们买一根扎花线/或一盒最下等的粉粒

诗人形象地刻画了四十年代中国旧农村惊人的贫困。在《跟妈妈说》一诗里,诗人通过农村小姑娘之口,揭露了农村贫苦老婆饿死三天无人掩埋,只有她家的黑狗替主人挖墓穴的悲惨景象。当时,穷人连在地主田地里挖野菜的自由也没有。诗人愤怒地反问"难道野菜也是他种的吗"?震动全国的1942年河南大灾荒的惨景,在诗人的笔下也有反映。当旱灾过去,麦浪翻滚的时候,播种的人们"已被尸车载去,/只有在墓穴里/做着丰收的梦。/而我和燕子,/这灾荒的幸存者/反而做了田野的主人"。《摘棉花》和《农人的脊背》可以说是40年代苏

金伞写的农村诗的代表作。在《摘棉花》一诗里,诗人沉痛地描绘了当时农村里常见的悲惨景象:

> 孩子爬在地下啃泥土,/声音已经哭哑了,/妈妈毫不关心地在摘棉花;/对于怀中的棉絮,/却又如此地溺爱。//中国的孩子就是这样地被看待着的。//我摘下一个棉花桃,/塞在孩子的手里,/他马上放在嘴边舔着咬着,/痴呆地笑了。//中国的孩子就是这样地容易满足的。//那女人反而怪起我来:/"吓,那是作孽的,/一个棉花桃要纺几丈线哩!"

不用多解释,一首十四行的小诗,已充分揭示了穷苦农民被迫劳动,惜物如金,和农民后代在苦难里挣扎成长的残酷现实,诗人以"画外音"方式对残酷现实的控诉也跃然纸上。在《农人的脊背》一诗中,诗人深情地写着:

> 农人的脊背,/经过烈日的烤炼/和冷雨的浇淋,/变成火成岩一般的坚固。//上面经常有/犁耙和箩筐挤压的纹印,/绳索抽勒的疤痕。/脊柱一天比一天弯了,/仍然背着沉重的布袋/把粮食背进别家的仓房。

而地主们却贪婪地企图在农民的脊背上"种植更多的灾难","寻求更多的脂肪"。诗人愤怒地警告地主们,在农民无法忍受的时候:

> 这脊背/也有无穷的力量。//你看,那满载谷物的大车,/像山一般重,/一声呐喊,/就被掀翻在禾场上。//现在/就正用这同样的姿势/来掀翻另一种更为沉重的东西,/——那牢牢地压在脊背上的残酷的统治。

这首诗形象地写出了旧中国农民的受难和斗争,代表了农民的心声。诗的风格朴素、含蓄,诗的气质低沉有力,犹如久旱不雨时,天边突然响起一声惊雷,这声音预告着新中国的即将到来。

二、第二个高峰

1948年6月开封解放后,苏金伞和嵇文甫、李俊甫教授等一起进入解放区,开始了新的生活。此时,诗人精神焕发,心情振奋,诗如泉涌。诗里所表达的亲切、欢快的感情也是过去所没有的。从此,苏金伞的诗创作出现了第二个高峰。他在《老牛回家》一诗里,这样描述农民即将分到牲口的喜悦心情:他们"摸摸角,摸摸脊背,/看了这个看那个,/有时还掰开嘴看看年纪"。他们亲切地和牲口对话,保证牲口还家后,再不会"吊着嘴受饿"。

在《三黑和土地》一诗里,他用这样形象化的语言,形容农民在土地还家后的欢快心情:

> 活像旱天的鹅,/一见水就连头带尾巴钻进水里。//恨不得把每一块土,/都送到舌头上,/是咸是甜/自己先来尝一尝。//恨不得自己变成一粒种子,/躺在土里试一试,/看温暖不温暖,/合适不合适。

这些翻身农民甚至认为今天豆子种在自己地里,跟种在自己心上一样。在《农技站派来一位女同志》一诗里,他描述了新中国第一代知识分子和农民同吃、同住、同劳动的情形。坐在火车上他甚至还忘情地歌唱山坡上的绵羊群和乡间的小土路。他由热爱农村自然而然地热爱祖国。他深情地认为:

> 在我的祖国,/每一粒土都是无价的珍宝;每一片云/都像是我贴身羊毛衫一样温暖;/每一只飞鸟/都像是我喂熟的一样可亲。//呵,我的祖国,/即使我走千里万里,/走一生一世,/也不能离开你的脚跟!

可是,就是这样一位热爱祖国、热爱人民的诗人,竟在1957年被错划为"右派",并被下放农村"劳动改造"。难能可贵的是,当时已年过50岁的老诗人,并未因遭受严重的政治打击而消沉下来。他克服了政治、经济和生活的重重困难,和农民们亲密相处,建立了深厚的感情。他继续呕心沥血地写下一首首歌唱农村和农民的诗篇。1962年、1963年他写的《扯秧》(组诗)、《歇畔》、《燕子》和《家》等一系列抒情诗,不仅依然保持着朴素、含蓄、清新的风格,更可贵的是在诗里流露出对未来的信心。毫不夸张地说,只有坚信党、坚信社会主义的人,只有和人民同呼吸、共命运的人,才能历经种种磨难而不失赤子之心,才能从心灵深处流露出这样的激情,发出这样美好的声音。

不幸的是,十年"浩劫"又把诗人逼入绝境,因而诗写得很少。

三、第三个高峰

党的十一届三中全会后,苏金伞重新焕发了青春,创作的激情重新回到了他的身上,短短两年时间里,他发表的诗歌数量就超过了过去的二十年,而且诗的技巧更加成熟。这是诗人的第三个创作高峰。

苏金伞这一时期诗作的特点是:歌唱农村新景象、新人物的诗增多,欢悦的感情流露在字里行间,诗的音乐性明显增强。在《最好的早晨》里,他用挣脱冰雪、冲出峡谷的河流,和像刚从地下钻出,又猛然耸入天外的群山,象征思想解放、精神焕发的劳动者和建设者。他歌唱在高山水利工地上和农民一起抡锤、打眼、放炮的县委书记(《绝壁上》)。他歌唱从梧桐树叶下爬出来的、像乳桐一样茁壮成长的农村儿童。在《大麻叶》里，被拟人化了的大麻叶对往年敲破上工钟还不见农民出工，现在天刚破晓，又没有钟声，全村人却为收割小麦一齐出动的景象感到不可理解。诗人在篇末点题，解答了大麻叶的疑问：

  不要问了，大麻叶！/你不同样是长在责任田中？/要不，怎么会这么肥壮，/一棵一棵都像初生的泡桐。

  这篇通过典型事物歌颂农村生产责任制的短诗，真切地反映了当时农村的新气象。

  年届耄耋，仍童心不泯。诗人以其神来之笔，饱含浓情，尽情挥洒，纵声歌唱他心中的美好世界。

  只有植根于生活，生命之树才能常青，诗的花朵才能永不凋谢。从根本上说，诗在文字之外，诗在生活之中。只有紧跟时代、热爱生活，才能产生革命的真情实感，才能从心灵里流露出真挚的诗情，不断写出激动人心的好诗。

  半个多世纪以来，苏金伞走的正是这样一条道路。豫东大平原农村里诗一般的童年生活，培养了他热爱农村、热爱农民的"基因"。抗日战争中，从伏牛山农村到关中平原的流亡生活，使他更加理解也更加热爱农村和农民。新中国成立后，他多次深入农村生活，分享了翻身农民的喜悦，特殊的遭遇又使他和大别山的农民同甘共苦、相依为命。正是几十年来和农民的血肉联系，才使诗人的生活之树常青，在诗创作中接连三次出现高峰，诗的花朵永不凋谢。他的短诗《蒲公英》就是诗人对自己诗的写照。蒲公英遍布中国农村的土地上，在春雷中生出"小小的蓓蕾"，在红日照耀下"开出耀眼的黄花"，虽然"沉重的牛蹄和马蹄"，"一再把它们踏碎，/不久在蹄窝里又绽出绿意"，但"蒲公英植根在农民的心上，/烂入农民的记忆，/又在农民的坟地上生生不息"。苏金伞的诗也像小小的蒲公英一样，多半是十几行的短诗，朴素、含蓄，但由于它与农民血肉相连，因此，生生不息，永不凋谢。

原载《安阳师范学院学报》2014年第1期

作品年表

苏金伞作品年表

诗歌

1926 年
　　散文诗《拟拟曲》作于 1926 年 5 月 2 日,发表于《洪水》1926 年 7 月 16 日 2 卷 21 期。

1933 年
　　《登鼓楼》《元宵夜步》作于 1933 年 2 月 14 日。

1934 年
　　《出狱》作于 1934 年 6 月 1 日,发表于《现代》第 5 卷 2 期。

1935 年
　　《雪夜》作于 1935 年,发表于《新诗》1937 年第 6 期。
　　《春荒》,《山雨》1935 年第 6 期。

1936 年
　　《土的气息》,《大公报》副刊《文艺》1936 年 2 月 3 日。
　　《午饭》,《大公报》副刊《文艺》1936 年 8 月 28 日。
　　《午睡》,《大公报》副刊《文艺》1936 年 11 月 1 日。
　　《乱葬岗》作于 1936 年 10 月。

1937 年
　　《夜巷》,《大公报》副刊《文艺》1937 年 3 月 19 日。
　　《气》,《大公报》副刊《文艺》1937 年 5 月 16 日。
　　《雕刻》,《大公报》副刊《文艺》1937 年 6 月 25 日。
　　《我们不能逃走——写给农民》1937 年 10 月 10 日作于开封,发表于《七月》

1937 年第 2 期。

1939 年

作《稻草担子》。

1941 年

作《斑鸠》。

1942 年

作《雷》,发表于洛阳《行都日报·大地》1944 年 4 月 1 日。

《眼睛都睡红了》作于 1942 年 3 月,发表于《诗创作》1942 年第 13 期,收入诗集《地层下》。

《新的电线杆·黄昏》作于 1942 年 3 月。

《一个女宣传员》作于 1942 年 3 月。

《雨后》作于 1942 年 5 月。

《货郎挑》,《诗创作》1942 年第 17 期。

《无弦琴》作于 1942 年 10 月。

《睡眠——记一个朋友的谈话》作于 1942 年秋天。

1943 年

《腊月是结婚的日子》,《新蜀报》1943 年 4 月 26 日。

《窗外》作于 1943 年 11 月。

《摘棉花》1943 年作于潭头河南大学。

长诗《大树》,《文艺生活》。

1944 年

《离家》作于 1944 年,后收入《抗战时期的新诗作家和作品》。

《睡吧》,《大公报》(桂林版)1944 年 2 月 1 日。

《村女》《黄叶》作于 1944 年 5 月。

《农人的脊背》《村女》,《青年文艺》1944 年第 6 期。

《天亮了,但仍下着雨》作于 1944 年 9 月 25 日。

《芦花和棉絮》作于 1944 年 10 月。

《晴天》作于 1944 年 11 月 8 日。

《鹅》作于 1944 年 11 月 15 日。

《徘徊》作于 1944 年 11 月 29 日。

《写照》作于 1944 年 11 月 29 日，收入诗集《窗外》。

《你走了》作于 1944 年 12 月。

《小屋》作于 1944 年 12 月 31 日。

1945 年

《跟妈妈说》作于 1945 年 1 月，发表于《抗战文艺》。

《红叶》，《高原》1945 年第 3 期。

《法西斯的溃灭》作于 1945 年 5 月 22 日，发表于《西京日报》1945 年 6 月。

《当我从群山……——走出沦陷区》，1945 年 7 月重庆《文学杂志》新一卷二期上。

《农人的脊背》约作于 1945 年。

《秋天的小河》作于 1945 年 11 月 6 日。

1946 年

《台阶上》作于 1946 年。

《未春诗抄》（组诗）作于 1946 年国民党宣布伪宪法大唱"还政于民"之时，收入诗集《窗外》。

《马蹄》作于 1946 年反饥饿示威游行后。

《钟声》作于 1946 年 5 月 1 日。

《迎接自己的队伍》（组诗）作于 1946 年 4 月 4 日。

《啄木鸟》作于 1946 年。

《控诉太阳——哀闻一多先生》作于 1946 年 7 月 18 日，发表于 1946 年 8 月 2 日《大公报·文艺》上，收入诗集《鹁鸪鸟》。

《太阳》，《师友》1946 年 10 月 1 日。

《两只残废的蟋蟀》作于 1946 年 10 月。

《坦克车游行》1946 年 10 月 15 日作于开封，在蒋介石政府破坏和平谈判后，此诗未能发表。

《头发》作于 1946 年 10 月 19 日，收入诗集《窗外》，后又收入《新诗选读 111 首》。

《国民身份证》作于 1946 年 11 月 6 日，收入《新文萃》。

《破草帽》（组诗）作于 1946 年 11 月。

《玉蜀黍》1946 年 12 月 26 日修改旧作。

《诉》作于 1946 年 7 月 16 日。

1947 年

《黄河又回来了啦》作于 1947 年 1 月,发表于《新诗歌》1947 年第 2 期。

《乌桕树的梦》,《春潮》1947 年第 2 期。

《剩余》作于 1947 年 2 月 6 日,收入诗集《地层下》。

《冰雪季》作于 1947 年 2 月 8 日。

《碉堡》作于 1947 年。

《麦》作于 1947 年 2 月。

《鹁鸪鸟》作于 1947 年 3 月,发表于《中学生》1947 年第 7 期。

《地层下》作于 1947 年 4 月,收入诗集《地层下》,代《春蛰》发刊词,上海《新诗歌》1947 年第 5 期转载《地层下》。

《耕种》1947 年 9 月 22 日作于开封。

1948 年

《歌的王国》作于 1948 年 5 月 30 日。

《在豫皖苏军区》1948 年 6 月作于初入解放区。

《在汝河岸上》1938 年 7 月 3 日作于豫西根据地鲁山。

《初见刘伯承、陈毅、陈赓三将军》1948 年 7 月 15 日作于鲁山。

《三黑和土地》作于 1948 年 9 月正定华北大学,收入诗集《鹁鸪鸟》。

《送鞋》1948 年 10 月 11 日作于正定华北大学,1949 年 5 月改于北京。

《修桥》1948 年 10 月 19 日作于正定华北大学。

《宿营——来北平途中》1948 年 12 月作于解放北平途中。

《吴老——为吴玉章同志歌唱》作于 1948 年 12 月。

1949 年

《毛主席来了》发表于 1949 年 3 月 29 日《人民日报》。

《庆祝南京解放》作于 1949 年 4 月。

《向人民政府欢呼》作于 1949 年 9 月。

《鲁迅还活着——朗诵在鲁迅先生逝世十三周年纪念会上》1949 年 10 月 19 日作于开封。

1950 年
《犁耙地》,《河南文艺》1950 年 1 卷 1 期。

1954 年
《手榴弹和松鼠》,《人民文学》1954 年第 4 期。

1956 年
《猎豹》作于 1956 年。
《场边夜话》作于 1956 年 7 月 15 日。
《棉花老人》作于 1956 年 8 月。
《红灯》作于 1956 年 9 月。
《灯光》作于 1956 年 11 月 1 日。
《在火车上》作于 1956 年 11 月 29 日。

1957 年
《三门峡》作于 1957 年 3 月 4 日。

1958 年
作《夜怎么这样黑》。

1959 年
《花园》作于 1959 年 6 月。

1962 年
《矿山偶得》(组诗)作于 1962 年 7 月。
《雨》作于 1962 年 7 月,发表于《河南日报》1962 年 9 月 6 日。
《扯秧》(组诗)作于 1962 年 7 月,发表于《奔流》1962 年第 8 期。
《豹子的吼声》作于 1962 年 8 月,发表于《河南日报》1962 年 9 月 9 日。
《歇畔》1962 年 8 月。
《燕子》1962 年 9 月。
《鹿群》,《人民文学》1962 年第 12 期,这是右派摘帽后发表的第一首诗,主编李季曾因此受到批判。

1963 年

《家》作于 1963 年 1 月。

《碾米》作于 1963 年 6 月。

《等待》作于 1963 年。

《劳模三唱》,《诗刊》1963 年第 3 期。

《听苏殿选发言》作于 1963 年 2 月 8 日,发表于《河南日报》副刊 1963 年 2 月 9 日,收入《河南三十年诗歌选》。

1964 年

《闹婚》,《长江文艺》1964 年第 3 期。

《农技站派来一位女同志》,《延河》1964 年 7—8 期合刊。

1976 年

作《沙漠》。

1977 年

作《看苹果》。

1978 年

《绝壁上》作于 1977 年 10 月,发表于《诗刊》1978 年第 1 期。

《周总理的脚步》发表于《河南文艺》1978 年第 1 期。

《待嫁的姑娘》作于 1978 年 2 月。

《十只金凤凰》,《人民文学》1978 年第 2 期。

《春天的呼唤》作于 1978 年 5 月。

《北方的朋友》《女子采油队》《一丛淡红色的波斯菊》1978 年 10 月作于参观大庆油田。

《缆绳》作于 1978 年 12 月 10 日。

《读〈天安门诗抄〉》,《河南日报》1978 年 12 月 17 日。

1979 年

《怒向刀丛觅小诗——读〈天安门诗抄〉》,《人民日报》1979 年 2 月 25 日。

《光辉的文献》,《奔流》1979 年第 3 期。

《缆声》,《人民文学》第 1 期。

《大庆是石油的母亲》,《奔流》1979 年第 1 期。

《骏马》作于 1979 年 5 月。

《战士》,《解放军文艺》1979 年第 7 期,获解放军文艺社颁发的对越反击自卫战优秀文学作品荣誉奖。

政治抒情诗《题张志新烈士遗像》,《奔流》1979 年第 7 期。

《踏着夜露回来》作于 1979 年。

《扫帚谣》,《奔流》1979 年第 12 期。

《桐花谣》作于 1979 年。

《松花江呵》作于 1979 年。

《试马》作于 1979 年。

1980 年

《试马》,《人民文学》1980 年第 7 期。

《太行绿意》作于 1980 年 6 月。

《反省》,《人民日报》1980 年 5 月 10 日,悼念刘少奇同志。

《看电影》作于 1980 年。

《追逐》作于 1980 年。

《寻找》,《梁园》创刊号。

《走出牛栏》作于 1980 年,发表于《诗刊》。

《葡萄和茅草》作于 1980 年,发表于《奔流》。

1981 年

《山口》(组诗),《莽原》1981 年创刊号,获 1981 年河南优秀文艺作品奖。

《重见洛河》,《洛阳日报》1981 年 5 月。

《农村二题》,《人民文学》1981 年第 9 期,包括《雪跟夜一样深》《大麻叶》。

《海的收获》(组诗)(包括《海滨市场》《贝壳》《在海边走着》《海浪》),《诗刊》1981 年第 10 期。

《寻找》,《上海文学》1981 年第 11 期。

《蒲公英》,《莽原》1981 年第 1 期。

《桐叶》作于 1981 年。

《最好的早晨》作于 1981 年 3 月。

《避雨》,《莽原》1981 年第 1 期。

《我是怎样写起诗来的》,《诗刊》1981 年第 3 期,收入《我和诗》一书。

1982 年

《无题》作于 12 月。1980 年 10 月和青勃等同志，从郑州出发，经西安、成都、重庆、武汉、南京，然后经太湖去杭州由上海返郑，历时两个月。饱览祖国江山之美，瞻仰了各地名胜古迹，心胸为之豁然开朗，归来成诗四句，聊志此行。

1983 年

《金色的世界》（三首）作于 1983 年 10 月。

《诗四首》1983 年 8 月 14 日改旧作。

《我开始写诗的时候》，《星星》1983 年第 4 期。

《我和新诗》，《河南师大学报》1983 年第 5 期。

《我是怎样写起诗来的》，选入《我和诗》一书中。

1984 年

《窝》作于 1984 年 1 月。

《房脊上》作于 1984 年 1 月。

《我的诗跟爆竹一同响着》，《河南日报》1984 年 2 月 2 日，他祝贺新春的诗歌。

《儿时的田野》（组诗）作于 1984 年 2 月。

《需要一场透雨》，《当代》1984 年。

《旅葵和月季》作于 1984 年 5 月。

《我是中国人》作于 1984 年 5 月。

《胎芽》作于 1984 年 10 月。

《"小平您好"》作于 1984 年国庆节。

《植树在黄河上》作于 1984 年 10 月。

《冰雪小辑》作于 1984 年 12 月。

《致南极考察队》作于 1984 年 12 月。

1985 年

《雪压断了苹果枝》作于 1985 年 1 月。

《题黄鹤楼》1985 年作于长江游轮上。

《新婚》作于 1985 年 6 月。

《柳丝》作于 1985 年 9 月，发表于《人民文学》1985 年第 10 期。

《燕子窝》作于 1985 年 9 月。

《胎芽》,《诗书画》1985 年第 1 期。

1986 年

《信赖》,《河南日报》1986 年 1 月 1 日。
《竹竿》,《中国作家》1986 年第 1 期。
《初晴》(组诗)作于 1986 年 2 月。
《岁月》作于 1986 年 4 月。
《在我的家乡》(组诗)作于 1986 年 6 月。
《石榴花》作于 1986 年 7 月。
《坠楼人》作于 1986 年 7 月。
《我们同属于黄河家族》1986 年 10 月作于第二届黄河笔会。
《两座桥之间》作于 1986 年 10 月。
《夜黄河》作于 1986 年 11 月。
《遇神女峰》作于 1986 年 11 月。
《眼睛》作于 1986 年 12 月。
《宫门怨》作于 1986 年 12 月。

1987 年

《早晨与孩子》作于 1987 年 1 月。
《年钟》作于 1987 年春节。
《失眠》作于 1987 年 8 月 28 日。
《在大雁翅膀下》作于 1987 年 10 月。
《高原》作于 1987 年 10 月 21 日。
《九月诗抄》(组诗),《人民文学》1987 年第 11 期。
《大海的梦》作于 1987 年 11 月。
《竹篱》,《人民文学》1987 年第 11 期。

1988 年

《追求》作于 1988 年 2 月。
《秋猎》作于 1988 年 2 月。
《风筝作于》1988 年 2 月。
《家在哪里?》作于 1988 年 2 月。
《春雪》作于 1988 年 3 月 6 日。
《雨思》作于 1988 年 5 月 2 日。

《田埂上》1988年5月27日改旧作,发表于《诗刊》1988年第12期。
《白鹭篇》(组诗)作于1988年7月31日。
《竖琴——听梁祝协奏曲》作于1988年8月14日。
《撞击》作于1988年8月19日抄。
《小战士》作于1988年8月,为纪念开封解放40周年。
《关于小河》(组诗)作于1988年8月20日。
《牛蹄下》作于1988年11月26日。
《太行山的传说》,《诗刊》1988年第12期。
《深山》,《诗刊》1988年第12期。
《收割》作于1988年12月。
《遗憾——忆一件往事》作于1988年12月。

1989年

《老槐树》作于1989年2月。
《搭船》作于1989年2月。
《一个最勇敢的人——哭胡耀邦同志》作于1989年4月15日。
《小镇三题》作于1989年5月。
《一张杨叶》作于1989年5月。
《我不知道她的名字》作于1989年6月。

1990年

《小轿和村庄》作于1990年12月6日,发表于《大河》1991年第2期。

1991年

《寄给新的春天》作于1991年1月。
《儿童节》作于1991年"六一"于晚晴居。
《一盆野菊花》作于1991年秋天。
《纤道》《窗前一根柳丝》,《河南日报》1991年1月2日。

1992年

《肖像》作于1992年5月23日。
《埋葬了的爱情》作于1992年2月27日。

1993 年

《我的小邻居》(叙事诗)作于 1993 年 5 月。
《野火与柔情》(组诗)发表于《诗刊》1993 年第 1 期。

1994 年

《立春和冬至》(组诗)作于 1994 年 5 月。

1995 年

《家》作于 1995 年 1 月。

1996 年

《新作三首》作于 1996 年 3 月 1 日—14 日。
《五个小爬虫》作于 1996 年 3 月。
《四月的黄昏》作于 1996 年 4 月。
《郁金香》作于 1996 年 4 月 7 日。
《病中寄克家、艾青老友》作于 1996 年 4 月 19 日。
《哭艾青》作于 1996 年 5 月 8 日。
《渡船》作于 1996 年 9 月 7 日。
《四月诗稿》,《人民文学》1996 年第 12 期。

诗集

《地层下》,星群图书出版公司,1947 年。
《窗外》,文化生活出版社,1949 年。
《入伍》,华东人民出版社,1951 年。
《鹁鸪鸟》,作家出版社,1956 年。
《苏金伞诗选》,人民文学出版社,1983 年。
《苏金伞新作选》,百花文艺出版社,1991 年。
《苏金伞诗文集》,河南文艺出版社,1998 年。

散文

《我与新诗》,《奔流》1982 年第 1 期。
《我的童年》作于 1983 年 2 月。
《我开始写诗的时候》,《星星》1983 年第 4 期。
《打球与写诗》作于 1983 年 11 月。
《我和新诗》1983 年 7 月,《河南师大学报》(社会科学版)1983 年第 5 期。
《病后》作于 1983 年 12 月。
《我的母亲》作于 1984 年 1 月。
《开封是我的故乡》作于 1984 年 5 月。
《诗·足球·监狱》作于 1984 年 7 月。
《何时重回开封》作于 1985 年 1 月。
《创作生活回顾》,《新文学史料》1985 年第 3 期。
《今年的春节》作于 1985 年 2 月。
《偶语》作于 1987 年 1 月。
《从腊月到春节》作于 1987 年 1 月。
《一件遗憾的事》作于 1988 年 5 月。
《我的家庭生活》作于 1988 年 7 月。
《令人苦恼又高兴》作于 1990 年。
《我是怎样写起诗来的》,《诗刊》1981 年第 3 期。
《路要自己去开创(文学之路)》,《奔流》1983 年第 5 期。
《读〈不能走那条路〉》,《河南日报》1953 年 12 月 25 日。

悼文

《悼茅公》作于 1981 年 4 月 9 日夜。
《悼念胡风》作于 1985 年 6 月。
《怀念老友樊粹庭》作于 1986 年 1 月。
《叶圣陶老人的两封来信》作于 1987 年 6 月。
《痛悼叶圣陶老人》作于 1988 年 2 月。
《曹靖华将永远活在人们心中》作于 1987 年 11 月。
《有憾于沈从文》作于 1988 年 6 月。

《悼师陀》作于 1988 年 10 月。
《忆亡友诗人李季》作于 1989 年 8 月。
《忆亡友李俊甫》作于 1990 年 1 月。
《忆亡友冯纪汉》作于 1990 年。

杂谈

《给胡风的三封信》1943 年 11 月 10 日；9 月 22 日；10 月 31 日。
《鹁鸪鸟·序》作于 1957 年。
《肃清文学上的宗派主义》作于 1957 年 12 月。
《光辉的文献》，《奔流》1979 年第 3 期。
《文艺和政治》，《奔流》1980 年第 1 期。
《"黄河在咆哮"——对谢瑞阶同志的绘画浅见》，《奔流》1980 年第 9 期。
《兰考小记》，《奔流》1981 年第 5 期。
《〈苏金伞诗选〉序》作于 1981 年 3 月。
《我是怎样写起诗来的》，《诗刊》1981 年第 3 期。
《路要自己去开创》，《奔流》1983 年第 5 期。
《写诗以外》，《文学报》1983 年 8 月 18 日。
《刘岘的木刻艺术》作于 1983 年 5 月。
《艺术三别》作于 1984 年 7 月。
《可喜还是可悲？——对"传奇文学热"的一点看法》，《文学报》1984 年 12 月。
《突破自己》作于 1985 年 7 月。
《黄河与诗》作于 1985 年 8 月。
《序〈现代抒情诗选读〉》作于 1985 年 11 月。
《谈谈申爱萍的诗》作于 1986 年 1 月。
《苏金伞、鲁枢元谈诗书信》作于 1986 年 3 月 10—14 日。
《要不要"根"？》作于 1986 年 3 月。
《关于我的处女作》作于 1986 年 9 月。
《李準的两首小诗》作于 1987 年 2 月。
《谈谈自己的一首小诗》作于 1987 年 3 月。
《论诗"短见"》，《诗刊》1987 年第 4 期。
《新的一代诗人》作于 1988 年 3 月。
《王怀让的杂文》作于 1988 年 10 月 19 日。

《〈野山·野味·野性〉小序》作于 1990 年 7 月。

《诗人应有赤子之心》,《诗探索》1994 年第 3 期。

备注:以上除注明作品发表的刊物及收录的诗集外,其他诗歌、散文、杂谈及悼文均可见于《苏金伞诗文集》河南文艺出版社 1998 年版。

研究资料索引

苏金伞研究资料索引

张结:《寄诗人苏金伞》,《大公报》(香港版)1981年11月30日。

谷丰:《论苏金伞的新诗创作》,《郑州大学学报》(哲学社会科学版)1981年第4期。

李铁城:《论苏金伞的诗歌创作》,《莽原》1982年第2期。

西羽:《滴滴汗水撒在泥土里——苏金伞的诗歌创作》,《诗探索》1982年第3期。

阎豫昌:《历史的脚步声——读〈苏金伞诗选〉》,《河南日报》1983年7月24日。

刘岚山:《他在寻找着……》,《文学书窗》1983年第8期。

石发亮:《小河淌水和铮铮响泉——论苏金伞诗歌创作的成就》,《河南师大学报》(社会科学版)1983年第5期。

张俊山:《读苏金伞诗歌断想》,《河南师大学报》(社会科学版)1983年第5期。

吴奔星:《一首被失落的诗——读苏金伞的〈离家〉》,《奔流》1983年第6期。

青勃:《田野上的蒲公英——苏金伞散论之一》,《诗刊》1983年第10期。

青勃:《他在向祖国倾诉——苏金伞散论之二》,《河南师大学报》(社会科学版)1983年第5期。

张结:《质朴的美和力量——记苏金伞》,《文艺报》1983年第12期。

阎豫昌:《论苏金伞的诗》,《河南新文学大系·理论批评卷》,河南大学出版社,1996年。

李传申:《论诗人苏金伞的艺术道路》,《中州学刊》1986年第4期。

许凤才:《时代的画卷 泥土的芬芳——苏金伞新诗研究之一》,《殷都学刊》1986年第4期。

刘家骥:《论诗人苏金伞》,《郑州大学学报》(哲学社会科学版)1990年第3期。

朱强:《纯朴的语言 深情的歌唱——杂谈苏金伞诗歌的语言风格》,《郑州大学学报(哲学社会科学版)》1992年第6期。

谢冕:《率性而为 发自真心》,《诗探索》1994年第4期。

王幅明:《大巧之朴 浓后为淡——论苏金伞〈胎芽〉的艺术特色》,《诗刊》

1994年第7期。

张俊山:《论苏金伞的诗歌语言及其诗意生成机制》,《中国现代文学研究丛刊》1996年第3期。

《一个老人说——献给九旬诗翁苏金伞》,《全国新书目》1997年第5期。

李铁城:《凄清的诗魂——送苏金伞先生远行》,《东方艺术》1997年第2期。

张雁泉,易成俊:《苏金伞前期诗歌创作简评》,《郑州工业高等专科学校学报》2001年第4期。

曹超:《苏金伞前期诗歌创作简评》,《河南纺织高等专科学校学报》2002年第1期。

刘同般:《评苏金伞的诗歌创作》,《商丘师范学院学报》2005年第4期。

韩爱平:《植根泥土 诗意芬芳——简论苏金伞和他的诗》,《平顶山学院学报》2006年第3期。

安春华:《苏金伞:一个诗人的名字》,《新闻爱好者》2007年第6期。

张晓雪:《现代语境中的乡土与家园——从苏金伞的诗歌谈乡土家园的诗性重构》,《河南社会科学》2009年第6期。

李耀威:《在中原土地上行走——苏金伞诗歌的三重空间》,《世界文学评论》2011年第1期。

白玉红:《解读苏金伞诗歌的灵魂价值》,《兰州学刊》2013年第8期。

李海英:《政治无意识下乡土抒情的迂回——以苏金伞的诗歌创作为例》,《中州大学学报》2014年第1期。

赵战委:《简述苏金伞农村诗歌创作的三个高峰》,《安阳师范学院学报》2014年第1期。

编 后 记

  接手编纂《苏金伞研究》资料的工作,始于去岁冬末,至今已一年有余。此书是"中原作家群研究"系列丛书中第二阶段的任务,搜集资料过程中虽有轻车熟路之方便,亦有诗歌整理不同于小说的细碎与艰难。尤其是苏金伞诗歌起步较早——他于1926年即在创造社杂志《洪水》开始发表诗歌,因此早期资料的搜集不太容易,现有的图书馆馆藏资源和网络资源也很难找到,于是不得不在大量旧书刊中求证查阅。新的过程新的感受,工作中不时有发现新资料的惊喜,也会有不经意间冒出的新挑战。

  正如青勃所说:"苏金伞确是中国诗苑里的一颗明星。他是群星中有自己的风格,自己的声音,自己的光芒的一个。中国新诗已经有六十余年的光辉历程,苏金伞是新诗运动的第二梯队成员。"①苏金伞创作历时较长,自上世纪二十年代始持续到九十年代末生命的止息,是"五四"以来我国诗歌界创作周期最长的诗人。他曾自言:"三生修来是诗人",其"童心"般的诗歌情怀、单纯而执着的写作精神令人可叹可佩。虽然经历了"反右"和"文革"给他带来的痛苦和折磨,可是一旦重获自由,他又焕发了作诗的青春热情,耄耋之年还将自己的诗推向更高的境界。苏金伞一生创作了300多首诗,出版了《窗外》《地层下》《入伍》《鹁鸪鸟》《苏金伞诗选》等诗集,其诗歌呈现出"甘蔗两头甜"的状态——在上世纪四十年代和八十年代达到两个高峰。不仅如此,苏金伞还身兼河南省第一届文联主席的重任,在国家重建、百废待兴中带领大家打开了河南文学创作的新局面。

  苏金伞曾说:"诗贵朴素,我终生追求的就是这两个字。因为我土生土长,身上和灵魂都浸透了泥土的气息。一切华丽的外衣对我都是不相称的。而且我根本就不会用彩色的羽毛炫饰自己。"②他怀着一颗"童心"去写作,在诗歌的天地里留下了时代风云变幻中个人的情感印痕。苏金伞的诗歌也如其人一样,

---

① 青勃:《他在向祖国倾诉——苏金伞散论之二》,《河南师大学报》(哲学社会科学版)1983年第5期。
② 苏金伞:《我是怎样写起诗来的》,《诗刊》1981年第3期。

风格自然、朴素、真实，具有散文化的美。他多采用直白的口语化表达，其诗虽没有学院式的高贵和典雅，却有平民化的质朴和亲切。他常常用白描与象征相结合的艺术手法进行表现，追求意境，因此其诗朴素但不粗疏，单纯又不乏含蓄。不仅如此，苏金伞来自豫东平原农村，对土地、农民有着深厚的感情。在诗歌中，他就像田野的蒲公英、天空的布谷鸟，深情地俯瞰大地关注着民生，自始至终唱着农村的歌，因此形成了其诗另一显著特点——浓郁的乡土气息和地方风味。泥土气息浓厚的诗歌，是苏金伞自我营造的精神家园。除此以外，对黑暗现实的不满和反抗也是他诗歌的重要主题，这主要表现在四十年代他的创作中，比如《头发》《控诉太阳》等。但是，与苏金伞诗歌创作不相称的是，苏诗研究很滞后，多年以来不到百篇，苏金伞诗歌的深刻意蕴和独特价值尚未得到足够的发掘和研究，其地位也未得到充分的肯定，这不免令人遗憾。因此，如今编辑苏金伞诗歌研究资料，以期引起大家对这位创作丰富、风格独特的老诗人及其诗歌的关注，也算尽了笔者的绵薄之力。

本研究资料沿袭往日编纂体例，分为四个部分。第一部分"自述·访谈·印象记"有所改动，因没有"访谈"，所以只集中了"自述·印象记"的文章；"研究论文选辑"是此书重要的部分，集中了苏金伞诗歌思想内容、艺术手法、情感、意境等研究论文，选辑力求全面展现苏金伞诗歌研究状况；"作品年表"按照时间顺序罗列了苏金伞的诗歌，尽量把所发表的期刊列出，有些未发表或不确定发表的诗歌则列出所收录的诗集，以供查阅；"研究资料索引"则收录了苏金伞诗歌研究的论文篇目，时间截止到 2016 年 8 月。"作品年表"和"研究资料索引"中有些诗歌和研究论文由于年代久远未能找到发表刊物，故资料尚存不详备之处，在此呈教于诸君。

编选工作中，得到了吴圣刚教授、沈文慧教授、王雨海教授、吕东亮博士以及同仁们的大力支持和热心指导，在此一并致谢。另外，由于本人才疏学浅，编选之中难免有疏漏和不足，敬请各位专家学者批评指正。

樊会芹
2016 年 12 月于信阳师院